Ängste im Jugendalter

Europäische Hochschulschriften
Publications Universitaires Européennes
European University Studies

Reihe VI
Psychologie

Série VI Series VI
Psychologie
Psychology

Bd./Vol. 722

PETER LANG
Frankfurt am Main · Berlin · Bern · Bruxelles · New York · Oxford · Wien

Johannes Bach

Ängste im Jugendalter

Evaluation eines Programms zur Prävention von Angststörungen bei 10 bis 14-jährigen Schülern

PETER LANG
Europäischer Verlag der Wissenschaften

Bibliografische Information Der Deutschen Bibliothek
Die Deutsche Bibliothek verzeichnet diese Publikation in der Deutschen Nationalbibliografie; detaillierte bibliografische Daten sind im Internet über <http://dnb.ddb.de> abrufbar.

Zugl.: München, Univ., Diss., 2003

D 19
ISSN 0531-7347
ISBN 3-631-52087-5

www.peterlang.de

...und je größer die Angst,
desto größer die Freude darüber,
sie bewältigt zu haben.

(von Keyserlingk)

Vorwort

Die hier vorliegende Publikation entspricht meiner Dissertation, die unter gleichem Titel im März 2003 am Department für Psychologie der Ludwig-Maximilians-Universität München eingereicht worden ist. Das Promotionsvorhaben wurde am 21. Juli 2003 erfolgreich abgeschlossen.

Mein Dank gilt allen, die mich bei meinem Dissertationsvorhaben unterstützt und an der Durchführung und Auswertung des Präventionsprogramms mitgewirkt haben. Als erstes möchte ich meinen Eltern danken, die mir mein Studium ermöglicht und mich immer in materieller und ideeller Weise unterstützt haben. In letzter Zeit zeigte sich besonders deutlich, dass es bei der Durchführung und Weiterentwicklung eines Präventionsprogramms von großem Vorteil ist, auf die profunde Erfahrung zweier Pädagogen zurückgreifen zu können, welche sich mit den Problemen des Schulalltags bestens auskennen.

Meinem Doktorvater Herrn Prof. Dr. Klaus Ulich möchte ich für die äußerst freundliche und fundierte Betreuung danken. Er hatte immer ein offenes Ohr für meine Rückfragen und mich immer wieder zur Konkretisierung der Fragestellungen und Präzisierung des Themas ermuntert. Gleichermaßen möchte ich mich bei Frau Prof. Dr. Sabine Walper bedanken, die mir insbesondere bei der Vorbereitung der Befragung und Auswertung mit vielen Anregungen weitergeholfen hat. Wolfgang Dworschak danke ich für zahllose Gespräche, seine profunden fachlichen Kenntnisse und seine emotionale Unterstützung.

Frau PD Dr. Essau möchte ich dafür danken, dass sie mir die vorläufige Version des FREUNDE- Programms bereits lange vor der Veröffentlichung im deutschsprachigen Raum zur Verfügung gestellt hat. Den Schulleitern, allen Lehrerinnen und Lehrern der beiden Hauptschulen, welche an dem Projekt beteiligt waren, gilt mein besonderer Dank. Ohne ihre Bereitschaft zur Teilnahme und Unterstützung wäre die Durchführung des Programms nicht möglich gewesen. Dies gilt natürlich gleichermaßen für die Schüler, welche im Zentrum dieser Arbeit stehen und denen ich eine Reihe hilfreicher Erkenntnisse verdanke. Mein Dank gilt auch Frau Sabine Kölbl und Stefanie Wenig, die mit der Vorbereitung und Durchführung des Programms und der mühevollen Eingabe der Daten einen maßgeblichen Anteil am Gelingen des Projektes hatten. Die Herren Stephan Krieger und PD Dr. Helmut Küchenhoff vom statistischen Beratungslabor waren mir bei der statistischen Analyse der Daten eine große Unterstützung.

Mein besonderer Dank gilt jedoch meiner Freundin Constanze, welche mich immer wieder zum Weiterarbeiten ermunterte, die mir viele Anregungen gab und mir vor allem aufzeigte, dass psychologisches Handeln und Forschen auch und gerade in der Schule gefordert ist.

München, Dezember 2003 Johannes Bach

Inhaltsverzeichnis

Einleitung

Ängste stellen das zentrale Merkmal einer ganzen Reihe von Problemen und Störungen des Kindes- und Jugendalters dar: sei es direkt als Symptom wie bei der Depression oder sei es indirekt in Form eines angstvermeidenden Verhaltens wie dies bei Zwangsstörungen der Fall ist. Insofern können Ängste als eines der wichtigsten Probleme psychischer Störungen angesehen werden. Deswegen erstaunt es sehr, dass nur in erschreckend geringem Maße Wissen und Erfahrungen über effektive psychologische und pädagogische Strategien im Umgang mit Ängsten vorhanden sind. Während im klinischen Bereich einige Programme durchgeführt wurden und Evaluationsstudien vorhanden sind, wurden im Bereich der Gesundheitsvorsorge und Prävention die Angststörungen bisher vernachlässigt.

Die bestehenden Programme zur Prävention von Ängsten im Kindes- und Jugendalter sind fast ausschließlich kognitiv-behaviorale Programme, welche bislang überwiegend im klinischen Kontext erprobt wurden. Deswegen richtet sich das besondere Augenmerk der vorliegenden Untersuchung auf die Frage der Wirksamkeit des FREUNDE- Programms als universellem Programm im schulischen Kontext. Es besteht weiterhin ein besonderes Interesse an der Fragestellung, inwieweit dieses kognitiv-behaviorale Programm an der Hauptschule sinnvoll und wirksam durchgeführt werden kann. Hierbei soll überprüft werden, welche Vorzüge und Schwächen des Programms in Bezug auf diese Teilnehmer auffallen und ob Modifikationen vorgenommen werden müssen, um das Programm in der Hauptschule erfolgreich durchführen zu können. Die zentrale Fragestellung lautet: führt das FREUNDE- Programm zu einer Reduktion der Ängstlichkeit, zu einer Verbesserung sozialer Fertigkeiten und zu einem Anstieg angstbezogenen Wissens. Von großem Interesse sind weiterhin insbesondere Geschlechtseffekte und der Vergleich von Hochängstlichen mit Normalängstlichen.

Die vorliegende Arbeit besteht aus einem theoretischen Teil, in welchem die Entstehung und Prävention von Ängsten erläutert wird, und einem empirischen Teil, in welchem die Interventionsstudie beschrieben und diskutiert wird. Im theoretischen Teil werden in einem ersten Schritt die Lebensphase Jugend genauer gekennzeichnet und die Lebenswelten des Jugendlichen beschrieben. In einem zweiten Schritt werden nach einer begrifflichen Klärung unterschiedliche Aspekte der Angst erläutert. Hierzu wird Angst im Spannungsfeld zwischen normalem Entwicklungsphänomen und klinischer Störung erörtert. Weiterhin werden zentrale Bereiche wie die kognitive Dimension der Angst und soziale Ängste erläutert. Ein besonderes Augenmerk wird auf die Betrachtung der Schulängste gelegt, da sie für die vorliegende Untersuchung von großer Bedeutung sind. Anschließend werden Geschlechtsunterschiede und Erklärungsmodelle der Ängstlichkeit diskutiert und die Frage nach Herangehensweisen der Erfassung aufgegriffen. In einem dritten Schritt werden Möglichkeiten der Prävention und Intervention von Angststörung diskutiert. Nach einer Diskussion der Präventionsproblematik wird auf unterschiedliche kognitiv-behaviorale Programme eingegangen und empirische Befunde vorgestellt. Abschließend werden die Wirkweise des FREUNDE- Programms erläutert und Studien zur Wirksamkeit des Programms beschrieben.

Im empirischen Teil der Arbeit wird die Interventionsstudie zur Prävention von Ängsten an der Hauptschule beschrieben. Zunächst werden die Methoden der Untersuchung vorgestellt und die Ergebnisse des Prätests skizziert. Anschließend wird das Studiendesign der Untersuchung und die Programmdurchführung beschrieben. Der Darstellung und Diskussion der Ergebnisse folgen die Implikationen für die Weiterentwicklung des Programms. Abschließend werden die Befunde in Hinblick auf ihre praktische Relevanz angesprochen und zukünftige Forschungsvorhaben diskutiert.

1. Entstehung und Prävention von Ängsten im Jugendalter

1.1 Rahmenbedingungen

1.1.1 Der Jugendliche als Gestalter seiner Entwicklung

1.1.1.1 Konzeption von Entwicklung

Zunächst soll das dieser Arbeit zu Grunde liegende Konzept von Entwicklung beschrieben werden, in einem zweiten Schritt werden dann die entscheidenden Veränderungen im Übergang von Kindheit und Jugendalter dargestellt.
Das handlungstheoretische Paradigma sieht den Jugendlichen in bisher nicht gekanntem Maße als Akteur und als Gestalter seiner Entwicklung. Vorläufer waren endogenistische Konzeptionen, in denen ein internes Entwicklungsprogramm abgespult wird, und exogenistische Konzeptionen, in denen Umwelteinflüsse den Menschen in entscheidender Weise geprägt, wenn nicht sogar determiniert haben (Fend 2000). Das handlungstheoretische Paradigma hingegen sieht den Heranwachsenden weder passiv von inneren Entwicklungskräften, noch von äußeren Einflüssen bestimmt, sondern befindet sich ständig in handelnder Auseinandersetzung mit den Bedingungen seiner Umwelt (Oerter & Dreher 2002; Silbereisen 1996).
Unter dieser Prämisse hat der Jugendliche prinzipiell die Möglichkeit, sich eigenständig zu entwickeln und seine Identität zu entfalten. Dies gilt allerdings nur bedingt, da die Möglichkeiten des Jugendlichen faktisch durch seine biologischen Voraussetzungen und die gesellschaftlichen Bedingungen teilweise erheblich eingeschränkt werden. Deswegen wurde die individualistische Betrachtungsweise des Heranwachsenden um die Interaktion mit den ihn umgebenden Faktoren erweitert. Entwicklung wird in diesem Zusammenhang als ko- konstruktivistischer Prozess angesehen, welcher in einer gemeinsamen Wirklichkeitskonstruktion des Jugendlichen mit seiner Umwelt stattfindet (Oerter & Noam 1999).
Was die Person anbetrifft, wird davon ausgegangen, dass sie in der Lage ist, über seine Umgebung und sich selbst zu reflektieren. Sie belässt es jedoch nicht bei dieser Reflexion, sondern gestaltet ihre Umgebung aktiv mit. Diese Eigenaktivität der Person lässt sich nach Silbereisen auch als Selbstentwicklung durch Handeln kennzeichnen (Silbereisen 1986). Die Umwelt wird in diesem Ansatz als ein vielfach in sich verschachteltes System verstanden. Die einzelnen Systeme stehen ihrerseits wieder in Wechselwirkung: z.B. wirkt das System Schule auf das System Familie und umgekehrt. Die einzelnen Systeme sind in ihrem jeweiligen historischen Kontext zu betrachteten: sie stellen Momentaufnahmen dar und sind wandelbar.

Das Konzept des Ko- Konstruktivismus zielt auf den Prozesscharakter der Beziehung zwischen Person und Umwelt ab. Hiermit werden einseitige oder passive Determinationsverhältnisse ausgeschlossen:

> „Entwicklung erfolgt auf der Folie von selbstreflexiven Prozessen der Person und ihrer Bezugspersonen, also auf der Basis von Diskursen, die ihrerseits auf einem je eigenen Verständnishorizont aufbauen. Die Ko- Konstruktion erfolgt aber jeweils angesichts interner und externer Handlungsvorgaben." (Fend 2000, 209).

Bei dieser Sichtweise wird auch die motivationale bzw. willentliche Komponente einbezogen: Entwicklung vollzieht sich nicht als zufälliges oder biologistisches Geschehen, sondern kann von der Person durch bewusste Handlungen gesteuert und beeinflusst werden: der Mensch gilt als Gestalter seiner Entwicklung (Silbereisen 1996). Gegenüber exogenen Kontextprägungen und endogenen Entwicklungsvorstellungen vollzieht sich hiermit eine Veränderung des Menschenbildes in wichtigen Kernpunkten: die aktive Selbstgestaltung des Jugendlichen tritt in den Vordergrund. Der Jungendliche lernt, mit Hilfe sozialer Partner Aufgaben zu bewältigen, die er bisher alleine noch nicht meistern konnte. Hierbei führt die Ko-Konstruktion von Lösungsstrategien zu einer Weiterentwicklung des Jugendlichen (Oerter & Noam 1999). Dies ist insbesondere für pädagogische und intervenierende Ansätze von zentraler Bedeutung: es ist zum einen wichtig, die Konstruktionen des Heranwachsenden kennen zu lernen und zu berücksichtigen. Es ist weiterhin wichtig, am Erfahrungshorizont der Jugendlichen anzusetzen und gemeinsam Lösungsstrategien zu erarbeiten.
Im Umgang mit Alltagsproblemen fokussiert das handlungstheoretische Modell auf eine starke Ressourcenorientierung: es wird davon ausgegangen, dass mit dem Aufbau von Fähigkeiten und unterstützenden Systemen eine bessere Bewältigung von Alltagsproblemen möglich ist. Dies bezieht sich zum einen auf sozial- kognitive Kompetenzen: zunächst muss der Jugendliche in der Lage sein, ein Problem zu durchschauen und analysieren zu können. Zum anderen gehören hierzu Problemlösestrategien, die es dem Heranwachsenden ermöglichen, eine Aufgabe erfolgreich zu bewältigen. Eine wichtige Rolle nehmen weiterhin die sozialen Stützsysteme ein: es ist wichtig, dass entscheidende Bezugspersonen wie die Peers oder die Familie miteinbezogen werden, um die Strategien auch im Alltag und längerfristig sinnvoll nutzen zu können (Fend 2000).
Neben der Handlungskomponente spielt die rationale Auseinandersetzung mit den Aufgaben eine wichtige Rolle: indem der Jugendliche lernt sich mit den unterschiedlichen selbst gesetzten oder von der Umwelt gestellten Aufgaben auseinander zu setzen, bewältigt er sein Leben. Er ist erst nach und nach stärker in der Lage, sich langfristige Ziele zu setzen, Handlungsalternativen zu prüfen und die Ergebnisse rational zu bewerten (Dreher & Dreher 1991). Diese grundsätzliche Beschreibung des Jugendlichen als handelnden und rationalen Wesens darf jedoch nicht darüber hinwegtäuschen, dass aus unterschiedlichsten Gründen wie

z. B. Statusdenken einerseits rationale Präferenzhierarchien aufgestellt werden können, die Entscheidungen jedoch anders ausfallen.

1.1.1.2 Veränderungen im Jugendalter

Eine Reihe von Veränderungen finden im Übergang vom Kindes- zum Jugendalter statt: insbesondere das Alter zwischen 10 und 14 Jahren stellt hierbei eine sehr wichtige Phase dar. In diesem Alter vollziehen sich zentrale körperliche, kognitive und sozial-kognitive Veränderungen oder sind bereits abgeschlossen. Hierbei zeigen sich große Unterschiede zwischen den Heranwachsenden, insbesondere die Mädchen sind den gleichaltrigen Jungen häufig deutlich in Einzelaspekten der Entwicklung voraus (Oerter & Dreher 2002). Im Folgenden werden einige entscheidende Veränderungen skizziert, die in Hinblick auf die Studie von Bedeutung sind.
Die Identitätsentwicklung stellt das zentrale Thema des Jugendalters dar. Begrifflich lässt sich diese nicht trennscharf von der Selbstentwicklung unterscheiden, wenngleich einige Versuche hierzu unternommen wurden (Flammer & Alsaker 2001; Pinquart & Silbereisen 2000). Generell kann man sagen, dass das Selbstkonzept in diesem Alter noch sehr instabil ist. Deswegen kann diese Phase des Heranwachsenden als besonders änderungssensitiv bezeichnet werden. Weil diese Sensitivität sowohl in Bezug auf negative selbstbezogene Kognitionen als auch auf positive Einschätzungen gilt, kann die Veränderbarkeit sowohl als Chance als auch als Risiko bezeichnet werden (Habermas 2001; Höfer 2000; Pinquart & Silbereisen 2000). Für dic noch geringe Konsistenz in Bezug auf das Selbstkonzept sprechen auch die unterschiedlichen Rollen, welche der Jugendliche in unterschiedlichen Kontexten einnimmt. Eine Untersuchung von Harter (1999) zeigte, dass drei Viertel der Jugendlichen sich in unterschiedlichen Beziehungskontexten nicht nur unterschiedlich verhalten, sondern auch unterschiedlich wahrnehmen und beschreiben.
Mit zunehmendem Alter nimmt die Differenziertheit und Strukturiertheit der einzelnen Bereiche des Selbstkonzepts zu (Roth 1999; Sedikides & Brewer 2001). Es kommt hierbei auch zu einer zunehmenden Ausbildung des schulischen bzw. beruflichen Selbstkonzepts, welches deutlich nach Schultypen differiert: Gymnasiasten besitzen ein deutlich höheres schulbezogenes Selbstwertgefühl als Hauptschüler. Neben äußeren Einflüssen wie z.B. Einschätzung durch die Peers wirkt sich die körperliche und psychosexuelle Entwicklung in beträchtlichem Maße auf das Selbstbild des Heranwachsenden aus. Dies führt häufig zu Verunsicherungen: insbesondere die Mädchen erleben die körperlichen Veränderungen zu Beginn der Pubertät sehr intensiv und leiden häufig unter den allgemeinen Körperidealen. Sie haben insgesamt ein negativeres Körperselbstbild als die Jungen (Flammer & Alsaker 2000; Höfer 2000).

Was die kognitive Entwicklung anbetrifft, sind in dieser Entwicklungsperiode die Heranwachsenden allmählich zu abstrakt-logischem Denken fähig. Sie lernen immer stärker, abstrakte Begriffe zu bilden und sich von konkreten Objekten oder Handlungen zu lösen (Oerter & Dreher 2002). Des Weiteren sind die Jugendlichen in stärkerem Maße als bisher in der Lage, sowohl über eigene Handlungen als auch über Kognitionen zu reflektieren. Diese Fähigkeit ermöglicht den Jugendlichen eine Überprüfung ihrer Vorstellungen und Einstellungen. Die stärkere Fähigkeit zur Selbstreflexion beinhaltet jedoch auch die Gefahr einer erhöhten Selbstaufmerksamkeit: Da die Jugendlichen insgesamt eine Tendenz zur Verallgemeinerung einzelner Eigenschaften auf die Gesamtpersönlichkeit haben, besteht die Gefahr der Übergeneralisierung einzelner negativer Kognitionen auf die Gesamtpersönlichkeit (Habermas 2001; Roth 1999). Die erweiterten kognitiven Fähigkeiten ermöglichen ihnen jedoch andererseits eine kritischere Realitätsprüfung als bisher. Dies gilt insbesondere aus dem Grund, weil der Jugendliche stärker als bisher in der Lage ist, systematisch Hypothesen zu bilden und zu überprüfen. Deswegen kann der Heranwachsende auch neue Strategien des Problemlösens erwerben und anwenden (Fend 2000). Die größere Komplexität des Denkens ermöglicht Jugendlichen weiterhin, längerfristige Ziele in kurzfristige Ziele aufzuteilen bzw. aufgrund ihrer größeren analytischen Fähigkeiten, komplexere Probleme zu überdenken und in kleinere Einheiten aufzuteilen. Dies ist insbesondere für die Lösung schwieriger Aufgaben von Bedeutung (Dombeck et al. 1996).
Wichtig für den Umgang mit Gleichaltrigen sind vor allem sozial-kognitive Fähigkeiten. Der Jugendliche ist stärker als bisher in der Lage, vom eigenen Standpunkt bzw. von der eigenen Wahrnehmung zu dezentrieren und die Perspektive anderer einzunehmen. Diese Fähigkeit kann als eine Voraussetzung dafür angesehen werden, die Einstellungen, Handlungen und Gefühle anderer besser zu verstehen und darauf eingehen zu können. Hierdurch wird dem Jugendlichen stärker als bisher ermöglicht, den Standpunkt eines anderen zu tolerieren, welcher der eigenen Position widerspricht: an die Stelle des Ausschließlichkeitsdenkens tritt nach und nach stärker die Befähigung zu dialektischem Denken. In Bezug auf Gruppen kann dies auch zu einer stärkeren Bereitschaft zu Gemeinschaftsentscheidungen führen – der Jugendliche ist stärker als bisher in der Lage eigene Bedürfnisse zurückzustellen und mehrere Argumentationsstränge in die Entscheidungsfindung mit einzubeziehen.

1.1.2 Lebenswelten des Jugendlichen

1.1.2.1 Bedeutung der Familie

Die Familie stellt die primäre Sozialisationsinstanz des Jugendlichen dar. In der vorliegenden Arbeit soll jedoch nicht auf die Bedeutung der Familie als Ganzes oder auf die Geschwisterbeziehungen eingegangen werden, sondern nur kurz der elterliche Einfluss auf den Heranwachsenden skizziert werden. In diesem Zusammenhang ist ein Paradigmenwechsel zu beobachten: während bis vor einigen Jahren Strukturmerkmale der Familie im Blickpunkt des Interesses standen und als Einflussvariablen untersucht wurden, sind inzwischen Prozessvariablen in den Vordergrund getreten. Dies liegt auch daran, dass herausgefunden wurde, dass Prozessvariablen wie das Familienklima und der Erziehungsstil der Eltern einen wesentlich größeren Einfluss auf die Befindlichkeit der Jugendlichen haben als Strukturmerkmale wie z.B. die Familienform (Fend 1998; Walper & Gerhard 1999). Ein Beispiel für die genauere und differenziertere Beschreibung stellt die innerfamiliäre Kommunikation dar, welche ein guter Indikator für die Qualität der Beziehung der Familienmitglieder untereinander ist: die negative Kommunikation zwischen Eltern und Kindern kann sowohl Ausdrucksform als auch Ursache einer Reihe von Konflikten sein (Ullrich 1999; Ullrich & Kreppner 1997).

Es bestehen beträchtliche Unterschiede im Umgang der Eltern mit ihren Kindern, welche sich vor allen Dingen in den Dimensionen Anerkennung und Wertschätzung, Anforderungen und Zugänglichkeit äußern. In der Beschreibung des Elternverhaltens hat man sich in der modernen Erziehungsstilforschung von festen Typen abgewendet und wählt statt dessen eher einzelne Dimensionen, durch die sich der Erziehungsstil besser erfassen lässt (Flammer & Alsaker 2001). Will man elterliches Erziehungsverhalten genauer kennzeichnen, bietet es sich an, diese Dimensionen anhand von Eigenschaftspolen zu beschreiben, welche sowohl die positive als auch die negative Dimension des Handelns genauer kennzeichnet bzw. die Extreme ausleuchtet. Hierzu gehören die Dimensionen emotionale Wärme bzw. Kälte und geringes bzw. hohes Ausmaß an Kontrolle (Stapf 1975; Tausch & Tausch 1973).

Ein sehr wichtiger Aspekt der Dimension der emotionalen Wärme wird durch die unterstützende Erziehung oder *parenting* beschrieben, welche die Ausgewogenheit und das Klima der Eltern-Kind-Interaktion genauer charakterisiert. Hierbei steht die Frage im Vordergrund, ob ein konstruktives, partnerschaftliches Verhältnis zwischen Eltern und Kindern besteht und das Verhältnis durch „Wärme und Liebe" geprägt ist (Schwarz et al. 1997). Dem steht auf der anderen Seite als negativer Aspekt ein kontrollierendes oder strenges Verhalten gegenüber. Diese Dimension dient auch als Unterscheidungskriterium zwischen autoritativem und autoritärem Erziehungsstil. Während der autoritative Erziehungsstil durch emotionale Wärme und Zuneigung geprägt ist und vor allen Dingen Lob und Ermunterung als erzieherische Maßnahmen einsetzt, lassen autoritäre Eltern keine Diskussion über Regeln zu und erklären sie nicht. Sie fordern in erster Linie Gehorsam und verhängen Strafen bei Nichtbeachten der Regeln (Flammer & Alsaker 2001; Schwarz & Silbereisen 1996).

Das zweite Dimensionspaar besteht aus Einfühlungsvermögen und Überbehütung. Das Einfühlungsvermögen oder die Empathiefähigkeit kennzeichnet ein

emotional warmes Erziehungsverhalten und bildet somit gut positive Aspekte des Familienklimas ab (Schneewind et al. 1995). Während sich einfühlsames Elternverhalten auf die Entwicklung des Heranwachsenden positiv auswirkt, stellt Überbehütung einen negativen Aspekt der Erziehung dar: hier wird dem Heranwachsenden nicht der nötigen Raum zur freien Entfaltung gelassen. Deswegen läuft der Jugendliche ständig Gefahr, von seinen Eltern vereinnahmt oder für deren Ziele instrumentalisiert zu werden (Fend 1998; Spence & Dadds 1996).
Weiterhin stellt ein positives Engagement der Eltern für die Belange der Kinder und hierbei insbesondere für die Schule einen wichtigen Bereich der Erziehung dar. Es ist von Bedeutung, dass die Eltern sich für die Aktivitäten der Kinder interessieren, sie daran Anteil nehmen und sie unterstützen. Andererseits darf es nicht zu einer übertriebenen Erwartungshaltung oder einem unrealistischen Anspruchsniveau führen, welches die Kinder überfordert (Gartner & Jirasko 1999). Weitere Probleme können auch durch die negative Kommunikation zwischen Eltern und Kindern entstehen. Dies gilt insbesondere, wenn das elterliche Verhalten die Heranwachsenden in ihrer Entwicklung einschränkt oder behindert. Hier ist es wie in den anderen Bereichen sehr wichtig, dass den Heranwachsenden die nötige Autonomie zugestanden wird (Pinquart & Silbereisen 2000; Ryan et al. 1995; Ullrich & Kreppner 1997).
Eine großangelegte Untersuchung von Gray und Steinberg (1999) mit 8900 Jugendlichen zeigte, dass die Dimensionen der elterlichen Zuneigung, Verlässlichkeit und Gesprächsbereitschaft positiv korrelierten mit schulischen Leistungen, psychosozialer Reife und negativ korrelierten mit Depressionsneigung. Strenge Kontrolle seitens der Eltern korrelierte hingegen mit Problemverhalten. In mehreren Untersuchungen konnte auch ein Zusammenhang zwischen strengem, kontrollierendem Verhalten der Eltern und Ängstlichkeit der Kinder aufgezeigt werden: die Ängstlichkeit war dann am höchsten, wenn die wahrgenommene Kontrolle seitens der Eltern hoch war (Gruner et al. 1999; McClure et al. 2001; Muris et al. 1998). Eine bedeutende Rolle für die Unsicherheit der Heranwachsenden spielt auch ein überbehütendes Verhalten seitens der Eltern, welches nicht genügend Freiraum zur Entfaltung der Heranwachsenden lässt (Spence & Dadds 1996).
Auch wenn Prozessvariablen wie das Erziehungsverhalten im Vordergrund stehen, gibt es jedoch einige andere Faktoren, welche sich negativ auf die Entwicklung der Heranwachsenden auswirken. Hierbei ist zu beachten, dass die einzelnen Risikofaktoren kumulieren und deswegen in Zusammenhang zu betrachten sind (Noam 1996; Resch 1999). Eine wichtige Risikoquelle stellt der sozioökonomische Status der Eltern dar: hier zeigte sich, dass Armut nicht nur direkt im Sinne einer Knappheit an materiellen Ressourcen und Folgeproblemen wirkt, sondern auch eine verminderte Familienkohäsion und einen weniger demokratisch-unterstützenden Erziehungsstil zur Folge hat (Conger et al. 1994; Walper 1988). Eine indirekte Wirkung kann jedoch auch im Sinne einer negativeren

Wahrnehmung des Erziehungsverhaltens der Eltern durch die Kinder bestehen (Walper et al. 2001). Einen weiteren wichtigen Risikofaktor für die Entwicklung der Heranwachsenden stellen psychische Störungen der Eltern dar; diese Problematik ist in Abschnitt 1.2.9 genauer beschrieben.
Als eines der zentralen Themen der Kommunikation zwischen Eltern und Kindern und als Quelle unterschiedlichster Probleme kann die Schule genannt werden. Hierbei gilt es, die unterschiedlichen Perspektiven und Bedürfnisse von Eltern, Schülern und Lehrern, welche indirekt in die Familie einwirken, zu berücksichtigen. Denn weil die Schule ein zentrales Betätigungsfeld des Jugendlichen ist, befindet sich dieser immer im Spannungsfeld zwischen Eltern, Mitschülern und Lehrern (Projektgruppe Belastung 1998; Ulich 1993). Das Pendeln zwischen Schule und Elternhaus birgt eine Reihe von Problemen, welche von unterschiedlichen Erwartungen bis hin zu massiven Konflikten reichen. Diese Probleme können sich beispielsweise in Schulangst oder Schulverweigerung äußern (vgl. Abschnitt 1.2.7). Deswegen wird eine Verstärkung der Kooperation von Eltern und Lehrern gefordert. Dies könnte auch in mehr schulischer Mitbestimmung der Eltern bestehen, damit gemeinsam über die Belange von Schule entschieden werden kann. Ob dies in Form von direkter Beteiligung am Unterrichtsgeschehen, Hospitationen, Übernahme von Arbeitsgemeinschaften oder eher im Bereich des Austausches über Inhalte und Prozesse geschieht, bleibt offen (Pekrun 2001; Ulich 2001). Wichtig wäre in jedem Falle ein stärkerer Informationsaustausch mit den Eltern über das Geschehen in der Schule und zu Hause – Voraussetzung ist jedoch ein beidseitiges Interesse an einer solchen Kooperation.
Betrachtet man die zeitliche Entwicklung der Beziehungen, lässt sich sagen, dass im Verlaufe des Jugendalters die Bedeutung der Familie für den Jugendlichen in den Hintergrund tritt, während die Peers immer stärker an Bedeutung gewinnen (Flammer & Alsaker 2001; Oerter & Dreher 2002; Seiffge-Krenke 1997). Dieser Übergang ist jedoch nicht ausschließlich als Ablösungsprozess zu verstehen. Die Eltern bleiben nach wie vor als wichtigste Instanz im Hintergrund bestehen, insbesondere im Hinblick auf Werte und Einstellungen sind die Kinder ihnen nach wie vor sehr ähnlich (Fend 2000). Die Peers nehmen eher eine erweiternde und ergänzende Funktion ein, die den Jugendlichen die Ablösung vom Elternhaus erleichtern (Reitzle & Riemenschneider 1996). Gleichzeitig kommt es zu einem Wandel der Kommunikation mit den Eltern: asymmetrische Beziehungen werden immer stärker von symmetrischen oder reziproken Beziehungen abgelöst (Ullrich 1999). Die Jugendlichen bestimmen immer stärker die Themen der Kommunikation und übernehmen die Rolle des Gesprächsleiters. Ulrich und Kreppner (1997) fanden zudem einen positiven Zusammenhang zwischen Symmetriegrad der Kommunikation mit den Eltern und der Schulleistung. Zu einer tatsächlichen Ablösung kommt es hingegen erst gegen Ende der Adoleszenz und im frühen Erwachsenenalter, wenn allmählich auch finanzielle Unabhängigkeit erreicht ist. Aufgrund der verlängerten Ausbildungszeiten ist je-

doch die Beschreibung der verlängerten Jugendphase zutreffend (Fend 2000; Oerter & Dreher 2002).

1.1.2.2 Bedeutung der Schulumgebung

Die Schule nimmt eine ebenso zentrale Stellung im Leben der Jugendlichen wie die Familie ein: *„Schulisches Lernen stellt die Hauptbeschäftigung der Jugendlichen dar. Die Schule ist während des größten Teils des Jahres die Welt des Jugendlichen."* (Flammer & Alsaker 2001, 230). Dies gilt insbesondere für den zeitlichen Aufwand, da der Jugendliche durchschnittlich fast so viel Zeit in der Schule und mit schulbezogenen Aktivitäten wie ein erwerbstätiger Erwachsener bei der Arbeit verbringt (Alsaker & Flammer 1999; Projektgruppe Belastung 1998). Die Schule ist aus mehreren Gründen die zentrale Sozialisationsinstanz des Heranwachsenden: sie dient der Qualifikation zum Erlernen eines Berufes bzw. ermöglicht ein Studium, sie ist der wichtigste Ort zum Erlernen der gesellschaftlichen Regeln und Normen und der Interaktion mit Gleichaltrigen.
Während es den meisten Kindern zunächst Spaß macht, in die Schule zu gehen, nimmt diese Freude am Lernen mit zunehmendem Alter und hier insbesondere in der Adoleszenz ab. Dies gilt für Jungen noch stärker als für Mädchen und für Hauptschüler mehr als für Gymnasiasten (Fend 1997, 2000). Es liegt jedoch nicht daran, dass die Jugendlichen kein Interesse an Unterrichtsthemen hätten, sie sehen vielmehr keine Möglichkeit, sich an den Themen zu beteiligen, mitzubestimmen und Selbstwirksamkeitserfahrungen zu machen (Flammer & Alsaker 2001; Satow 1999a, 1999b). Wie die Shell Jugendstudie 2002 zeigte, gehen nur etwa ein Drittel der Schüler gerne oder sehr gerne in die Schule, hierbei sind die Mädchen noch etwas motivierter als die Jungen. Demgegenüber gibt etwa ein Fünftel der Schüler an, sich in der Schule explizit unwohl zu fühlen. Die Rate der Hauptschüler ist hierbei etwa doppelt so hoch wie die der Gymnasiasten (Linssen et al. 2002). Hinzu kommt die Tatsache, dass immer mehr Schüler dem Unterricht fernbleiben. Die Problematik der Schulverweigerung und des Schuleschwänzens hat in so beträchtlichem Maße an Bedeutung gewonnen, dass spezielle Interventionsprogramme entwickelt wurden (Bernstein et al. 2001; King et al. 2000).
Eine besondere Stellung nehmen die Klassen- oder Schulwechsel ein, welche für die Schüler ein kritisches Lebensereignis darstellen (Oelsner & Lehmkuhl 2002). Es dauert hierbei einige Zeit, bis die Schüler sich in der neuen Klasse oder Schule orientiert und ihren Stand gefunden haben. Deswegen sind insbesondere die fünfte und sechste Klasse eine für die Schüler wichtige Phase der Neuorientierung und zugleich eine schwierige Übergangszeit, weil hier die Weichen für die weitere Schullaufbahn gestellt werden.
Für die meisten Schüler sind in diesem Kontext die Leistungsanforderungen der Schule und speziell Prüfungssituationen die größten Stressoren, da sie für sie

häufig eine Überforderung darstellen. Hierbei kommen mehrere Faktoren zusammen: zum einen sehen sich die Schüler den Lehrern ausgesetzt, welche über Wissens- und Notenmacht verfügen (Ulich 2001). Des Weiteren stehen die Schüler in einem ständigen sozialen Vergleich mit ihren Mitschülern: die Situation des sozialen Lernens ist hierbei immer auch eine Situation der sozialen Bewertung (Breidenstein & Kelle 2000; Schnabel 1998). Die spezifischen Merkmale der Prüfung spielen in diesem Kontext eine wichtige Rolle: Die Schüler setzen sich dann am stärksten unter Druck, wenn die Prüfungssituation unkontrollierbar erscheint und eine hohe subjektive Valenz besitzt (Fend 1997). Hierbei kann es zu einem Teufelskreis zwischen Schulangst, ungenügender Leistung, niedriger Motivation und geringer Lernleistung kommen. Diese Chronifizierung des Versagens wird durch den sozialen Vergleich mit anderen Schülern der gleichen Klasse noch verstärkt (Flammer & Alsaker 2001). Auch wenn die Lehrer sich bemühen, diese Vergleiche zu minimieren und sich nicht von vorherigen Noten beeinflussen zu lassen, besteht hier eine Gefahr der vereinfachten Typisierung (Kuklinski & Weinstein 2001).
Hinzu kommen die hohen Erwartungen der Eltern an die Schulleistungen ihrer Kinder, welche häufig unrealistisch sind und somit einen sehr negativen Einfluss auf das Wohlbefinden der Kinder haben. Die übertriebenen Erwartungen beziehen sich sowohl auf die einzelnen Zensuren als auch auf die Schulart ihrer Kinder (Gartner & Jirasko 1999; Ulich 1993). Die Eltern erwarten von ihren Kindern letztlich einen mindestens genauso guten Bildungsabschluss wie sie ihn selbst erreicht haben, weswegen es häufig zu Konfliktsituationen kommt, wenn dieses Ziel nicht erreicht wird (Ullrich & Kreppner 1997).

Tab. 1: Schulform und soziale Herkunft (Prozentangaben; Linssen et al. 2002, 63)

	Unter-schicht	**Untere Mittel-schicht**	**Mittel-schicht**	**Obere Mittel-schicht**	**Ober-schicht**	**Gesamt**
Hauptschule	49	33	20	8	8	21
Realschule	22	26	30	23	18	25
Gymnasium	15	25	41	54	65	41
Gesamtschule	8	10	4	7	6	7
Sonstige	5	5	6	8	3	6

In diesem Zusammenhang fallen Jugendliche mit erhöhtem Bildungsrisiko auf: zu diesen zählen Schulabbrecher oder Schüler mit einem für ihren Berufswunsch zu niedrigen Bildungsabschluss. Ein wichtiger Risikofaktor hierfür stellt der Bildungs- und Sozialstatus der Eltern dar. Dieser wurde in der Shell Jugendstudie über die Anzahl der Bücher erfasst, die im Haushalt vorhanden sind. Es zeig-

te sich, dass etwa die Hälfte (49%) der Jugendlichen, die in einem Haushalt mit wenigen Büchern leben, ein Bildungsrisiko aufweisen, hingegen nur etwa ein Drittel der Haushalte mit vielen oder sehr vielen Büchern (Linssen et al. 2002).
In diesem Kontext fällt auch die hohe Korrelation zwischen Schulform und sozialer Herkunft auf (vgl. Tab. 1). Es zeigt sich, dass die Hälfte der Unterschichtkinder in die Hauptschule gehen, während fast zwei Drittel der Oberschichtkinder das Gymnasium besuchen. Erschwerend hinzu kommt die Tatsache, dass ein Wechsel zwischen den Schulformen nicht leicht gelingt und somit bereits früh die Weichen für eine Schullaufbahn gestellt werden. Dies gilt im positiven wie im negativen Sinne.
In der Hauptschule befinden sich aus mehreren Gründen eine ganze Reihe von Schülern mit erhöhtem Bildungsrisiko. Zum einen ist der Anteil von Kindern aus Familien mit Risikofaktoren besonders hoch: hierzu zählen niedriges Einkommen, Gewalt im Elternhaus, geringer Bildungsgrad (Forkel et al. 2001). Dies schlägt sich auch in der Einschätzung der Schüler nieder: die wahrgenommene Gesamtbelastung in der Hauptschule ist deutlich höher als in der Realschule und dem Gymnasium. Während die Unterschiede in der sechsten Klasse beträchtlich sind, nähern sich die Werte im Vergleich in der achten Klasse etwas an, der Unterschied blieb jedoch bestehen (Projektgruppe Belastung 1998). Dies liegt sicherlich auch in den durchschnittlich schlechteren Noten an der Hauptschule und die größere Gefahr des Sitzen- Bleibens als an den anderen Schultypen. Unter den Hauptschülern finden sich mehr als doppelt so viele Sitzenbleiber wie unter den Gymnasiasten. Auch der Anteil der Schüler, deren Versetzung gefährdet ist, ist in der Hauptschule (32%) deutlich höher als in der Realschule (28%) und im Gymnasium (23%; Linssen et al. 2002). Das Klassenklima in der Hauptschule ist zudem wesentlich schlechter als am Gymnasium. Dies liegt auch am Verhältnis der Schüler untereinander: die Hauptschüler sehen sich in wesentlich stärkerem Maße durch ihre Mitschüler belastet als die Gymnasiasten (Silbereisen & Albrecht 1990). Es zeigte sich weiterhin, dass an der Hauptschule die Akzeptanz mit dem erwarteten Schulabschluss am geringsten ist, weswegen es häufig zu Streit innerhalb der Familie kommt. Insgesamt haben die Hauptschüler unter dem schlechten Image ihrer Schule zu leiden: sie sind anscheinend unsicherer und fühlen sich in einer schlechteren Position als Realschüler und Gymnasiasten. Die Folge ist neben einer sehr hohen wahrgenommenen Belastung eine geringe Identifikation mit der Schule, die aufgrund der Misserfolgserfahrungen in einen Teufelskreis von geringer Leistungsmotivation und Resignation münden kann (Projektgruppe Belastung 1998).
Ähnliche Ergebnisse zeigten sich bei einer Voruntersuchung zur vorliegenden Studie, die mit jeweils 50 Schülern einer Hauptschule und eines Gymnasiums durchgeführt wurde. Hierzu wurde den Jugendlichen die Aussageliste zum Selbstwertgefühl (ALS) vorgelegt. Hierbei wurden identische Fragen zu den Bereichen Schule, Familie und Freizeit gestellt und ein Summenscore der einzelnen Bereiche gebildet. Es zeigte sich, dass die Hauptschüler im Durchschnitt

(M=8,4) ein deutlich geringeres Selbstwertgefühl in Bezug auf die Schule hatten als die Gymnasiasten (M=11,5). Die statistische Analyse mittels T-Test ergab, dass der Unterschied signifikant war (T=2,95; p<.01). In den Bereichen Freizeit und Familie erzielten die Gymnasiasten ebenfalls etwas höhere Werte als die Hauptschüler, die Unterschiede waren jedoch nicht signifikant (vgl. Abb.1).

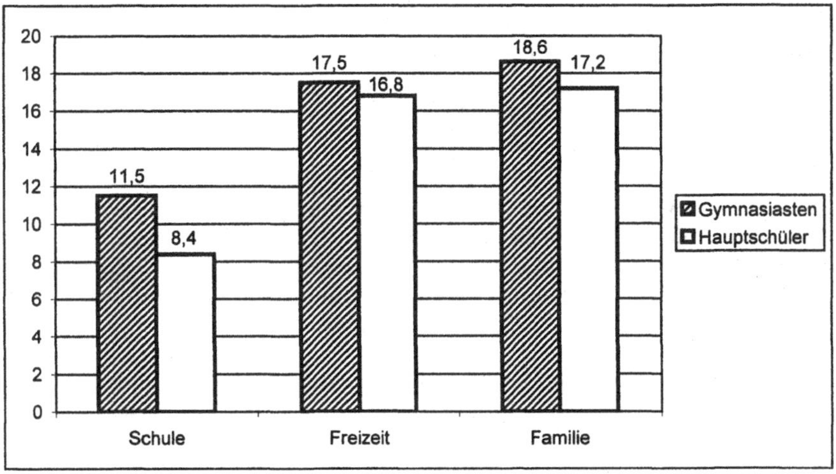

Abb. 1: Gruppenvergleich Selbstwert Gymnasiasten und Hauptschüler (Mittelwerte)

Man kann also sagen, dass die Hauptschüler sich in Bezug auf die Schule deutlich negativer einschätzten als die Gymnasiasten, in den Bereichen Freizeit und Familie hingegen kaum Unterschiede zwischen den Schultypen bestanden.
Ähnliche Ergebnisse zeigten sich in der Shellstudie bei den Zukunftserwartungen: während nur 20% der Gymnasiasten unsicher sind, ob ihre beruflichen Wünsche in Erfüllung gehen, sind sich 40% der Hauptschüler hinsichtlich ihrer beruflichen Wünsche unsicher. Das Gleiche gilt für die allgemeinen Zukunftserwartungen: 59% der Gymnasiasten sind eher zuversichtlich in Bezug auf die Zukunft, wohingegen nur 36% der Hauptschüler eher zuversichtlich sind (Linssen et al. 2002).
Zusammenfassend kann man sagen, dass die Hauptschule in Bezug auf Voraussetzungen und Einstellungen der Schüler ein besonderes Problempotenzial aufweist. Zieht man weiterhin in Betracht, dass Förderschulen ein noch leistungsschwächeres und schwierigeres Klientel zu versorgen haben, die Klassenstärke hier jedoch wesentlich kleiner ist und die Lehrer besser für die spezifischen Probleme ausgebildet werden, kommt man nicht umhin festzustellen, dass in der Hauptschule zwar in hohem Maße Problemfelder vorhanden sind, diese aus

strukturellen Gründen jedoch nicht systematisch bewältigt werden können. Es fehlen einerseits gezielte Maßnahmen zur Förderung der Schüler und Entlastung der Lehrer, es besteht andererseits ein erhebliches Forschungsdefizit, welches insbesondere den Interventionsbereich betrifft.

1.1.2.3 Bedeutung der Peers

Während im Kindesalter die Familie die zentrale Rolle für die Heranwachsenden spielt, wächst der Einfluss der Peers mit zunehmendem Alter und nimmt im Jugendalter eine immer wichtigere Position ein. Der Beitrag der Peers kann nicht durch andere Interaktionspartner ersetzt werden, weil einander ebenbürtige Personen sich gegenseitig ganz anders herausfordern als Mitglieder der verschiedener Generation (Reitzle & Riemenschneider 1996). Peers lassen sich als Gleichaltrige beschreiben, deren zentrale Merkmale reziproke Beziehungen zueinander bzw. eine gleiche Stellung in der Gruppe oder Klasse sind (v. Salisch 2000). Peers besitzen weiterhin einen ähnlichen Stand in der sozial-kognitiven, emotionalen und körperlichen Entwicklung und können sich deswegen besonders gut austauschen.

Die Auseinandersetzung mit den Gleichaltrigen bzw. die Entwicklung neuer und reifer Beziehungen beschrieb bereits Havighurst (1948) als eine eigene Entwicklungsaufgabe: für fast alle Heranwachsenden ist das gute Auskommen mit anderen Jugendlichen von zentraler Bedeutung (Dreher & Dreher 1985, 1991). Dies ist darauf zurückzuführen, dass Gleichaltrige einerseits gemeinsam besser in der Lage sind, die Übergänge zu meistern, andererseits versuchen sie immer auch selbst, eine neue, gelungene Passung zwischen ihnen und ihrer Umgebung zu erreichen. Durch ihre Freundschaften und die wechselseitige Auseinandersetzung und Unterstützung erleichtern sie auch eine bessere Ablösung vom Elternhaus. Andererseits stellen gute Beziehungen zu den Eltern einen guten Prädiktor für das gute Funktionieren freundschaftlicher Beziehungen dar (Reitzle & Riemenschneider 1996, Zimmermann 1999).

Die Heranwachsenden haben zwar bereits in der Kindheit Erfahrungen mit Gleichaltrigen gemacht und soziale Fähigkeiten erworben, was ihre Erwartungen und die Einschätzungen der gegenwärtigen sozialen Beziehungen beeinflusst. Aufgrund ihrer kognitiven Entwicklung haben sie im Jugendalter jedoch in stärkerem Maße als bisher die Möglichkeit ihre Beziehungen zu reflektieren. Die verbesserte Perspektivenübernahme erleichtert ihnen zudem, Verständnis für die Gefühle und Verhaltensweisen des Gegenübers aufzubringen. Dies ermöglicht ihnen auch ein Aufrechterhalten von Beziehungen zu Gleichaltrigen, welche ihnen nicht in allem gleich sind (Flammer & Alsaker 2001).

Wichtig für die Peer-Beziehungen ist insbesondere die Qualität der Interaktion zwischen den Beteiligten, welche im Gegensatz zu Lehrer-Schüler- oder Eltern-Kind-Interaktionen durch Symmetrie gekennzeichnet ist. Die Dominanzhierarchien zwischen Jugendlichen müssen erst ausgehandelt werden. Hierbei findet in wesentlich stärkerem Maße eine Ko- Konstruktion der Realität statt als in der Auseinandersetzung mit Erwachsenen: *„In friendship, cooperative co-construction occurs as friends work with one another to reach mutually agreed upon conclusions and, thereby, come to respect one another for using these means"* (Youniss & Smollar 1985, 4). Peer-Kontakte werden im Gegensatz zu familiären Kontakten weitgehend freiwillig gewählt. Die Zusammensetzung einer Klasse ist zwar vorgegeben und kann nicht beeinflusst werden, die wichtigeren Kontakte innerhalb der Klasse können jedoch frei gewählt werden (Scott et al. 2001). Ein Unterschied zur Beziehung zu den Eltern besteht auch noch darin, dass Peers einen großen Einfluss aufeinander ausüben, jedoch keine Verantwortung füreinander haben und deswegen auch nicht auf erzieherische Ziele Rücksicht nehmen müssen (Flammer & Alsaker 2001).

Peers stellen weiterhin eine wichtige Quelle der Selbstbewertung und des Selbstwertgefühls dar: die Bedeutung der Bewertung durch Dritte steigt mit zunehmendem Alter deutlich an. Aufgrund des noch eher instabilen Selbstkonzepts führt negatives Feedback hierbei zu sehr starken Verunsicherungen. Aber auch umgekehrt gilt, wer eine geringe Selbstachtung hat, sieht sich eher der Zurückweisung durch die Peers ausgesetzt (Habermas 2001; Pinquart & Silbereisen 2000). Weiterhin kann die Qualität der Freundschaften als guter Prädiktor für spätere Beziehungen und als Schutzfaktor gegen Risikoverhalten angesehen werden (Buhs & Ladd 2001; Dekovic 1999). Betrachtet man die Rand- oder Problemgruppen innerhalb der Peers differenzierter, lassen sich vor allen Dingen zwei Gruppen unterscheiden: die Abgelehnten werden mit negativen Emotionen und abwertenden Beschreibungen belegt; die Nichtbeachteten haben zwar auch keine Freunde und sind eher isoliert, werden hingegen emotional neutral oder positiv behandelt (Asher & Coie 1990). Die Gruppe der Nichtbeachteten zeigt leichtes Rückzugsverhalten, sie sind insgesamt aber eher unauffällig, wohingegen die Abgelehnten ein deutlich aggressives oder abweichendes Verhalten zeigen und ein erhöhtes Risiko für Jugenddelinquenz aufweisen (Bagwell et al. 1998; Coie et al. 1995). Für die Gruppe der Nichtbeachteten hingegen lässt sich ein erhöhtes Risiko für die Ausbildung einer Angst- oder Depressionserkrankung jedoch nur vermuten, da es noch an aussagekräftigen Längsschnittstudien mangelt.

Jugendliche, die über keine gegenseitig bestätigten Freundschaften verfügen, beurteilen sich negativer als reziprok befreundete Jugendliche (Bishop & Inderbitzen 1995; Rokach 2000). Die offenen und verdeckten Feindseligkeiten sowie mangelnde Sicherheit bei den Jugendlichen verstärken negative Befindlichkeit und schlechtere Anpassung. Sie stellen somit einen deutlichen Risikofaktor für spätere Fehlentwicklung dar. Insbesondere der Übergang zwischen Kindheit und frühem Jugendalter hat sich hier als wichtige Phase erwiesen: Präadoleszente mit reziproken Freundschaften erwiesen sich zwölf Jahre später als Erwachsene

ebenfalls als weniger belastet, das Selbstwertgefühl war über diesen Zeitraum hinweg angestiegen (Bagwell et al. 1998; St. James-Roberts & Singh 2001).
Die Kehrseite der Peer-Beziehungen kann jedoch in der Isolation einzelner bestehen, die nicht zur Gruppe dazugehören. Jugendliche ohne zufriedenstellende Freundschaften verlieren das Vertrauen zu sich und ihren Klassenkameraden (Keefe & Berndt 1996). Neuere Forschungsarbeiten haben gezeigt, dass etwa 5 bis 10% der Schüler so schlechte Erfahrungen mit ihren Gleichaltrigen gemacht haben, dass man sie als Opfer bezeichnen muss (Smith et al. 1999). Hierbei gibt es eher direkte Formen des Mobbings bzw. des beleidigenden und verletzenden Verhaltens durch die Mitschüler. Soziale Isolation hingegen kann als indirekte Form des Mobbings angesehen werden und stellt eine sehr belastende Erfahrung für die weitere Entwicklung der Jugendlichen dar. Durch die Isolation werden diese nämlich von den positiven Funktionen der Peer-Beziehungen ausgeschlossen, ziehen sich zurück und entwickeln teilweise eine erhöhte Selbstaufmerksamkeit (Habermas 2001; Rokach 2000). Dies ist die Kehrseite der Peer-Beziehungen – die Gleichaltrigen üben einen sehr starken Konformitätsdruck aufeinander aus: es gibt bestimmte Voraussetzungen, um zu einer Gruppe dazugehören und in ihr bleiben zu können (Oerter & Dreher 2002). Dies führt zu einem Gruppendruck und zur Gruppenselektion, was wiederum zur Folge hat, dass die Mitglieder einer Gruppe sich durch sehr ähnliche Interessen und Verhaltensweisen kennzeichnen lassen. Dies gilt gleichermaßen für positive Eigenschaften wie für Problemverhaltensweisen. Deswegen beinhalten Peer-Beziehungen immer auch ein beträchtliches Potenzial für Risikoverhaltensweisen. Diese werden auch innerhalb der Peer-Beziehungen beispielsweise als Initiationsritus für die Aufnahme in die Gruppe als wichtig angesehen. Ob sich hierbei Jugendliche mit gleichen Interessen zusammentun oder die Jugendlichen durch die Verhaltensweisen der Peers geprägt werden, lässt sich nicht eindeutig beantworten (Flammer & Alsaker 2001). Die Ablehnung durch die Peers hat weitreichende Folgen: in Querschnittsuntersuchungen zeigte sich deutlich, dass Jugendliche, welche von Gleichaltrigen abgelehnt werden, unzufriedener und einsamer sind als andere Kinder (Coie et al. 1995). Dieser Zusammenhang zeigte sich konsistent von den Vorschulkindern bis hin zu den Teenagern. Schulkinder, die von ihren Klassenkameraden abgelehnt wurden, berichteten negative Selbstbewertungen bis hin zu mehr depressiven Symptomen (v. Salisch 2000). Der Ausschluß von Peerbeziehungen stellt einen wichtigen Risikofaktor für geringes Selbstwertgefühl im Jugendalter dar: Jugendliche mit engen Freundschaften haben höhere Selbstachtung als ohne (Bishop & Inderbitzen 1995). In zwei Längsschnittuntersuchungen hingegen konnten keine deutlichen Effekte nachgewiesen werden (French et al. 1995, Ollendick et al. 1992).
Zusammenfassend kann man sagen, dass die Befundlage bei internalisierenden Störungen weitaus weniger eindeutig ist als bei externalisierenden Störungen, was den Einfluss der Ablehnung durch die Peers darstellt. Die Befunde hinsicht-

lich der Freundschaft als protektiver Faktor ist hingegen konsistent (Bagwell et al. 1998).

Da die Peers eine solch wichtige Stellung in Bezug auf die Entwicklung oder Fehlenwicklung der Heranwachsenden einnehmen, ist es von zentraler Bedeutung, diesen Einfluss bei einer Interventionsmaßnahme zu nutzen. Dies ist einerseits sinnvoll, weil Jugendliche gegenseitig als Modelle fungieren und am stärksten voneinander lernen. Andererseits vereinfacht ein solcher Ansatz den Transfer in den Alltag und ermöglicht langfristigere Effekte der Interventionsmaßnahme. Deswegen wurde in der vorliegenden Arbeit der Ansatz des Peer-Lernens verwendet und ein Programm im Schulkontext durchgeführt.

1.2 Angststörungen im frühen Jugendalter

Im folgenden Kapitel sollen nach dem Versuch einer Begriffsklärung unterschiedliche Aspekte der Angst erläutert werden. Hierzu gehört Angst im Spannungsfeld zwischen normalem Entwicklungsphänomen und klinischer Störung. Weiterhin werden zentrale Bereiche wie die kognitive Dimension der Angst oder soziale Ängste erläutert. Ein besonderes Augenmerk wird auf die Betrachtung der Schulängste gelegt, da sie für die vorliegende Untersuchung von großer Bedeutung sind. Anschließend werden Geschlechtsunterschiede und Erklärungsmodelle der Ängstlichkeit diskutiert und die Frage nach Herangehensweisen der Erfassung aufgegriffen.

1.2.1 Definition von Angst und begriffliche Klärung

Eine umfassende Definition des Begriffes Angst ist sehr schwierig, da jede Angsttheorie ihre eigene Definition der Angst aufstellt. Diese lassen sich nach zwei Arten von Definitionen unterscheiden: in der ersten Theoriegruppe wird der Begriff Angst einem weiteren Begriff gleichgesetzt wie z.B. Hilflosigkeit, Stress oder Gefühl. Diese Art von *Realdefinition* ist vor allem dann nützlich, wenn der Begriff, durch welchen Angst ersetzt wird, klar umrissen ist. Bei einer Reihe von Theorien und Begriffen wie z.B. Angst als Synonym für Stress ist dies jedoch nicht der Fall, was zu begrifflichen Unschärfen führt.
Die zweite Klasse von Definitionen versucht Angst durch die vorausgehenden und begleitenden Phänomene zu beschreiben, z.B. ‚Angst als konditionierte Schmerzreaktion'. Dies wird auch als *operationale Definition* bezeichnet:

> *„Angst ist ein subjektiv erlebter Gefühlszustand, der durch Introspektion erschlossen werden kann und damit nur der erlebten Person zugänglich ist." (Lazarus-Mainka & Siebeneick 2000, 13)*

Eine zentrale Gemeinsamkeit der Beschreibungen von Angst besteht in der Betonung der Subjektivität der Wahrnehmung und Bewertung von Situationen und Prozessen. Diese erschweren in vielen Fällen den Zugang zu Ängsten – sowohl durch die Person selbst als auch eine adäquate Betrachtung und Beschreibung durch den Beobachter. Andererseits sind für eine wissenschaftliche Erforschung der Angst äußerlich beobachtbare und messbare Phänomene der Angst Voraussetzung – dies ist jedoch nur in wenigen Fällen möglich und umfasst nur einen geringen Ausschnitt der Problematik. Deswegen kommt der Introspektion der Person und den Selbstauskunftsmethoden eine wichtige Bedeutung zu. Es muss, wie durch die Betonung der subjektiv-wahrnehmenden Komponenten angedeutet, phänomenologisch gearbeitet werden über die Ursache der Angst kann jedoch keine Aussage gemacht werden:

> *„Auslösende Bedingungen für das Erleben der Angst können sowohl diskrete Reize aus der Umwelt, die präzise beschrieben werden können, als auch komplexe, gedanklich vorgestellte Reize und schwer zu beschreibende, nicht fassbare oder nicht immer bewusste Inhalte sein." (Lazarus-Mainka & Siebeneick 2000, 13)*

Aufgrund der Unklarheit der auslösenden Faktoren wird in der Literatur zwischen der Angst *per se* und der Angst *vor etwas* unterschieden. Mit diesen unterschiedlichen attributiven Beschreibungen ist ein zentraler Gegenstand der Angstforschung angesprochen, der in der Angstliteratur diskutiert wurde und auf den noch näher eingegangen wird (vgl. Angstwürfel): der Versuch einer begrifflichen Trennung zwischen Angst und Furcht. Die Unterscheidung wird je nach Auslösefaktor vorgenommen: Angst vor einer bestimmten Gefahr wird als Furcht bezeichnet, während Angst als solche keinem (bewussten) Gefahrenmoment oder Reizstimulus zuzuordnen ist oder mehrdeutige Gefahrenquellen beinhaltet (Lazarus 1966). Je nach theoretischem Hintergrund ist jedoch die Verwendung der Begriffe zu klären, da beispielsweise im Englischen die Begriffe *fear* und *anxiety* meistens synonym verwendet werden.
Der dritte zentrale Begriff *Ängstlichkeit* beschreibt die Persönlichkeitsdisposition, welche einem Individuum zugeschrieben wird und von Angst als zeitlich begrenzter Zustandsvariablen abzugrenzen ist. Ängstlichkeit kann als überdauernde Eigenschaft einer Person, die sich in unterschiedlichen Situationen äußert, beschrieben werden:

> *„Während der Begriff ‚Angst haben' einen aktuellen Zustand beschreibt, kann Ängstlichkeit als Persönlichkeitseigenschaft definiert werden, die einem Individuum zugewiesen wird, das in vielen Situationen mit Angst reagiert." (Lazarus-Mainka & Siebeneick 2000, 13)*

Zuckermann hat in diesem Kontext Ängstlichkeit pragmatisch als Summe von Zuständen beschrieben (Zuckermann 1976). Der Begriff der Ängstlichkeit findet jedoch nur im deutschen Sprachraum Verwendung, im anglo-amerikanischen Sprachraum wird eher zwischen Angst als Zustand (*state*) und Angst als Eigenschaft (*trait*) unterschieden (vgl. Abschnitt 1.2.4). Des Weiteren wird im Englischen in stärkerem Maße der Begriff *worry* (Besorgnis) als zentrale kognitive Komponente der Angst oder als synonymer Begriff zur Angst verwendet. Er umfasst die kognitive Komponente der Angst: sich negative, unkontrollierbare Gedanken über zukünftige Ereignisse zu machen (Ollendick et al. 2001). Von einer klaren Definition der Begriffe oder einheitlichen Sprachregelung ist man jedoch weit entfernt, was zuweilen zu Missverständnissen führen kann.
In der vorliegenden Arbeit werden die Begriffe Angst, Ängstlichkeit und Furcht synonym verwendet, da dies bei den meisten theoretischen und empirischen Arbeiten der Fall ist. Im jeweiligen Kontext bzw. je nach theoretischem Hintergrund werden die Begriffe genauer definiert.

1.2.2 Angst als normales Entwicklungsphänomen

Für die meisten Kinder stellt Angst eine alltägliche Erfahrung im Umgang mit Einflüssen der Umgebung dar, welche im Entwicklungsprozess eine bestimmte Funktion übernimmt: *„Normal fear, defined as a normal reaction to a real or imagined threat, is considered to be an integral and adaptive aspect of development" (Gullone 2000, 429).* Angst stellt eine notwendige Reaktion dar, welche auf Gefahr hin ausgelöst wird und ein rasches, kurz entschlossenes Handeln ermöglicht. Sie funktioniert wie ein Schutzmechanismus und löst in dem Individuum ein Schutzverhalten aus. Ohne Angst wäre ein Überleben und eine Weiterentwicklung nicht möglich. Angst ist demnach ein unverzichtbares menschliches Grundgefühl und gehört notwendig zur normalen Entwicklung des Heranwachsenden (Barrett 2000; Strian 2000). Eine der wichtigsten Erfahrungen von Kindern ist der Erwerb der Fähigkeit, Gefahr (mit Hilfe von Angst) zu antizipieren und adäquat zu reagieren bzw. sich Hilfe zu holen. Die Angst erstreckt sich auf alle Wahrnehmungs-, Vorstellungs- und Verhaltensbereiche des Menschen. Es ist wichtig, normale und adaptive Ängste von klinischen Ängsten oder Phobien anhand bestimmter Kriterien wie Persistenz oder Beeinträchtigung des alltäglichen Lebens zu unterscheiden, auch wenn man davon ausgeht, dass der Übergang zwischen normalen und pathologischen Ängsten fließend ist. Deswegen soll zunächst der Fokus auf normale Ängste und deren Entwicklungsmuster gerichtet werden, um Hinweise zur Erstellung von Kriterien zur Identifikation pathologischer Ängste erhalten zu können.

Im Verlaufe der Entwicklung macht jedes Kind unterschiedliche Angstphasen durch. An verschiedenen Punkten der Entwicklung macht es die soziale Umgebung für den Heranwachsenden notwendig, neue Fertigkeiten, Vorstellungen und Gefühle zu entwickeln, indem sie ihn immer wieder herausfordert. Ängste bzw. wie mit ihnen umgegangen wird, spiegeln die Herausforderungen während der Kindheit wider, sie *„sind Herausforderungen, die ein Kind in Bezug auf die Realität annimmt."* (Crotti & Magni 2002, 200). Hierbei verändern sich mit der kognitiven, emotionalen und Wahrnehmungsentwicklung die Inhalte, Qualität und Intensität der Ängste (Kendall 2000; Laucht et al. 2000). Generell kann man sagen, dass ein Großteil der Kinder unterschiedliche Ängste hat und dies auch auf Nachfragen zugibt: eine aktuelle Studie in Holland zeigte, dass 75,8 % der Kinder im Alter von 4 bis 12 Jahren Angst vor wenigstens einem Stimulus hatten (Muris et al. 2000). Für einen Großteil der Heranwachsenden sind diese Kinderängste harmlos, altersbezogen und wechselhaft in ihrer Frequenz, Intensität und Dauer, sie besitzen den Charakter eines Übergangsphänomens, welches aufgrund der kognitiven und emotionalen Entwicklung von selbst aufhört. Andererseits gibt es eine Gruppe von Kindern, für die Ängste zu einem wachsenden bzw. andauernden störenden Problem wird, welches sie in der Ausübung alltäglicher Handlungen einschränkt. Bei ihnen kommt es zu einer Chronifizierung

von Ängsten, welche eine Intervention notwendig macht, da sich ohne Behandlung keine Verbesserung zeigt (Barrett 2000; Spence 1998).
Die meisten Kinder machen eine erste Erfahrung mit Schreckreaktionen auf furchteinflößende Reize im Kleinkindalter (0-6 Monate), wenn sie ein lautes Geräusch hören oder den Verlust von Unterstützung erfahren (Ollendick et al. 2001). Zwischen dem 4. und 6. Monat nimmt das Lächeln des Kindes gegenüber fremden Personen im Vergleich zu vertrauten Personen ab. Es folgt gegen Ende des ersten Jahres die Furcht vor fremden Personen und fremden Objekten (Gullone 2000). In dieser Zeit (8.-24. Monat) erlebt das Kind Trennungsangst, welche im Gegensatz zu früheren Ängsten ein Indiz für kognitive Reife ist: das Kind hat die Fähigkeit erworben, sich zu erinnern und zwischen bekannten und unbekannten Personen zu unterscheiden. Die Trennungsangst verschwindet dann allmählich und kann nach Eintritt in den Kindergarten oder die Schule wieder auftreten (Schmidt-Traub 2001).

Altersstufe	**Alter**	**Typische Ängste**
Frühe Kindheit und Kleinkindalter	0-4 Jahre	Fremde, Trennung, laute Geräusche, helles Licht, Verlust physischer Unterstützung
Vorschulalter und Schulbeginn	4-8 Jahre	Tiere und Insekten, Dunkelheit, Tod, Verletzung, Ärzte, vorgestellte Gestalten, Stürme, Schule
Mittlere Kindheit und frühes Jugendalter	8-12 Jahre	physische Verletzung, soziale Beziehungen, Unterlegenheit, Schule

Abb. 2: Übersicht über zentrale Angstquellen nach unterschiedlichen Altersstufen (vgl. Schmidt-Traub 2001)

Zusammenfassend kann man sagen, dass Kinder im Alter von 0 bis 2 Jahren konkrete Reizbedingungen wie Lärm, Schmerz, Wegfall eines Halts, fremde Personen und Situationen fürchten (vgl. Abb. 2). Diese Reize verlieren jedoch mit dem Älterwerden ihre angstinduzierende Wirkung (Lazarus-Mainka & Siebeneick 2000). Im Alter zwischen zwei und vier Jahren beginnen sich Ängste vor eingebildeten Wesen und Dingen wie Geistern oder Monstern zu entwickeln und gewinnen zunehmend an Bedeutung. Im Vorschulalter spielen vor allen Dingen die Angst vor dem Alleinsein, der Dunkelheit und vor Tieren eine zentrale Rolle. Ein wichtiges Lebensereignis für die Entwicklung des Heranwachsenden und seine Ängstlichkeit stellt der Schulbeginn dar. In der Schule gewinnen soziale Vergleichsprozesse und Bewertungssituationen in bisher nicht vorhandenem Maße an Bedeutung und bestimmen sowohl die sozialen Interaktionen der Kinder als auch die Wahrnehmungs- und Bewertungsprozesse. Insbesondere kurz nach dem Eintritt in die Schule, bei Veränderungen innerhalb der Schule wie einem Lehrer- oder Klassenwechsel oder bei einem Schulwechsel treten in verstärktem Maße schulbezogene Ängste auf (Ollendick et al. 2001).

Gleichzeitig wächst die Angst vor übernatürlichen Phänomenen, Scheitern, Kritik, körperlichen Verletzungen oder dem Tod (Gullone 2000; Muris et al. 1997). Erst mit 10 Jahren sind Kinder richtig in der Lage zu begreifen, dass der Tod unwiderruflich ist. Deswegen steigt in diesem Alter die Angst vor körperlicher Verletzung, schwerer Krankheit und vor dem Sterben. Dies ist insbesondere bei denjenigen Schülern ausgeprägt, die eine hohe Grundängstlichkeit aufweisen und bereits ein Familienmitglied durch Tod verloren haben (Muris et al. 1997). Die Frage, worüber sich Kinder Sorgen machen, führte zu ähnlichen Ergebnissen: am häufigsten wurden die drei Gebiete Schule, Gesundheit und persönliche Verletzungen genannt (Silverman et al. 1995).
Im Vergleich zu den jüngeren Kindern treten im Jugendalter eher abstrakte Ängste in den Vordergrund, welche sich einerseits stärker auf abstrakte oder globale Stimuli und andererseits eher auf das Versagen in Leistungssituationen oder die soziale Bewertung allgemein beziehen. Die Jugendlichen malen sich beispielsweise Situationen aus, in denen sie vor der Klasse bloßgestellt werden oder sich lächerlich machen (Gullone 2000). Hinzu kommt die für eine beträchtliche Anzahl von Schülern reale Angst, vom Lehrer nicht gebührend geschätzt zu werden oder sitzen zu bleiben (Crotti & Magni 2002). Die individuellen Unterschiede in Bezug auf Ängste sind in diesem Alter besonders groß. Obwohl sich die Jugendlichen große Sorgen um die eigene körperliche Unversehrtheit machen, sind die häufigsten Sorgen eher sozialer Natur. Diese unterscheiden sich zwischen Klassenkameraden und Freunden. Während sie bei den Klassenkameraden Angst vor Zurückweisung, Ausschluss von sozialen Aktivitäten oder Ignorieren in der Gruppe haben, stehen bei den Freunden die Sorge vor Enttäuschung und Vertrauensbruch im Vordergrund. Diese Ängste hängen mit den unterschiedlichen Funktionen zusammen: während Freundschaft Intimität und emotionale Unterstützung leisten soll, liefern die Mitschüler ein Zugehörigkeitsgefühl und Akzeptanz (Silverman et al. 1995).
Die spezifischen Entwicklungsmuster von Ängsten konnten in unterschiedlichen Studien nachgewiesen werden. Es zeigten sich sowohl Unterschiede, was die Auftrittsfrequenz und Intensität der Ängste anbetrifft, als auch in Bezug auf die Inhalte. Generell kann man sagen, dass mit zunehmendem Alter die Intensität der Ängste abnimmt, dies gilt insbesondere für bestimmte Teilbereiche wie die soziale Ängstlichkeit, andererseits kommt es bei einer kleinen Gruppe von Schülern jedoch zu einer Chronifizierung von Ängsten (Gullone & King 1997; Keller et. al 1992). Zudem konnten deutliche Unterschiede in Bezug auf die Angstinhalte festgestellt werden. Bauer (1976) unterteilte Kinder in drei Altersgruppen (4-6, 6-8, 10-12 Jahre) und fand heraus, dass 74% der jüngsten Gruppe Angst vor Geistern und Monstern hat, hingegen 53% der mittleren Gruppe und nur 5% der ältesten Gruppe. Umgekehrt berichteten nur 11% der jüngsten Gruppe Angst vor körperlicher Verletzung oder physischer Gefahr, jedoch 53% bzw. 55% in den beiden älteren Gruppen. Muris et al. (2000) kamen zu ähnlichen Ergebnissen bei ihrer Befragung von Ängsten im Kindesalter. Sie untersuchten die drei

am häufigsten genannten Ängste in den Altersgruppen 4-6, 7-9 und 10-12 Jahren genauer. Der am meisten genannte Angststimulus in allen drei Gruppen waren Tiere. Die zweit-wichtigste Angstquelle waren bei den 4-6 und 7-9jährigen vorgestellte Geschöpfe, während sie bei den 10 bis 12jährigen soziale Bedrohung war. Die dritthäufigste Nennung war bei den Jüngsten Bedrohung durch die Umwelt, bei der mittleren Gruppe erschreckende Träume und Filme und bei den Ältesten gekidnappt zu werden. Ähnlich wie bei der Studie von Bauer zeichnete sich bei Muris ein Entwicklungsmuster ab. Im Laufe der Entwicklung werden frühere Ängste als harmlos angesehen, andere Ängste hingegen werden in eine „altersentsprechende Form" transformiert. Unabhängig vom Alter wird die Angst vor dem Alleinsein und die Sorge um das körperliche und seelische Wohlbefinden genannt (Lazarus-Mainka & Siebeneick 2000).
Die Prävalenz der Ängste ändert sich ebenfalls im Altersvergleich, es treten signifikante Unterschiede zwischen den Altersgruppen auf: die Gruppe der 7-9jährigen berichtete am meisten von Ängsten (87%), gefolgt von den 4-6jährigen (71%) und den 10-12jährigen (67,8%)(Muris et al. 2000). Hierbei spielen jedoch auch methodische Probleme eine Rolle: je nachdem, ob Fragebögen zu Ängsten eingesetzt werden oder offen gefragt wird, kommt es zu sehr unterschiedlichen Ergebnissen (vgl. Abschnitt 1.2.11).

1.2.3 Systematisierung von Ängsten (Angstwürfel)

Ängste sind im Jugendalter ubiquitär: pathologische Ängste sind weniger häufig als normale Ängste, aber dennoch nicht selten. Kliniker und Wissenschaftler haben die schwierige Aufgabe, zwischen pathologischen Ängsten und Angst als normalem Entwicklungsphänomen zu unterscheiden. Im DSM III-R wurde eine Subklasse von Ängsten im Kindes- und Erwachsenenalter gebildet, was später mit dem DSM-IV allerdings wieder revidiert wurde. Kategoriale Modelle bieten jedoch insgesamt eine nicht zufriedenstellende Annäherung an die Problematik der pathologischen Angst, während dimensionale Ansätze erst allmählich an Bedeutung gewinnen (Döpfner et al. 2000). Wie bereits angedeutet, sind Ängste situationsspezifisch, zeitlich begrenzt und direkt mit der normalen Entwicklung verbunden. Insbesondere aus entwicklungspsychologischer Perspektive erscheint die Übertragung der Angstkonzepte aus dem Erwachsenenalter auf das Kindes- und Jugendalter aus mehreren Gründen problematisch (Barrett 2000). Einerseits ist die tägliche Erfahrungswelt des Jugendlichen eine vollkommen andere als die des Erwachsenen. Andererseits sind die Erscheinungsformen von Ängsten sehr unterschiedlich und altersspezifisch, wie beispielsweise bei der Schulangst deutlich wird. Deswegen soll zunächst ein übergreifendes theoretisches Rahmenmodell aufgestellt werden, bevor auf die Spezifika der Ängste im Jugendalter in Abgrenzung zum Erwachsenenalter eingegangen wird.

Hilfreich erscheint in diesem Zusammenhang eine übergreifende, phänomenologische Klassifikation, welche sowohl für Ängste im Kindes- und Jugendalter als auch für Erwachsenenängste zutreffend ist. Diese Strukturierung der Ängste nach drei Dimensionen wird in Anlehnung an die Beschreibung von Stallings und March (1995) vorgenommen, die den Ansatz von Roberts et al. (1989) weiterentwickelt haben.

Zunächst wird die zeitliche Dimension von Ängsten genauer betrachtet und zwischen Angst als kurzfristiger Zustand (*state*) und Angst als Persönlichkeitseigenschaft (*trait*) oder Ängstlichkeitsdisposition unterschieden (Spielberger 1966). Angst kann einerseits als Zustand oder auch als bewusstes Erleben eines unangenehmen Erregungszustandes und Reaktion in einer bestimmten Situation wie z.B. Schulprüfung oder Zahnarztbesuch erlebt werden. Die Person ist hierbei in der Lage, diese Erfahrung zu beschreiben und mitzuteilen. Von außen ist diese Reaktion nicht immer sichtbar, sie stellt eine private Erfahrung dar. Die Bedrohung durch eine situative Anforderung wird erkannt, das Auftreten von Anzeichen autonomer Erregung wie z.B. Zittern, feuchte Hände, Anstieg von Blutdruck und Herzfrequenz registriert. Körperhaltung, Stimme oder Gesichtsausdruck sind gute Indikatoren für Angstreaktionen. Deswegen lässt sich diese auf vier Messebenen erfassen: sprachliche Mitteilung, körperliche Erregung, Verhalten und Gesichtsausdruck (Schwarzer 2000).

Auf der anderen Seite kann Angst als Persönlichkeitsmerkmal beschrieben werden, welches dauerhaft über die Zeit ist und treffender durch den Begriff der Ängstlichkeit charakterisiert wird (vgl. Abschnitt 2.4.1). Zentral hierfür ist die Erinnerung einzelner Angstwahrnehmungen einer Person in unterschiedlichen Situationen. Auch wenn dieser Wahrnehmungs- und Bewertungsprozess subjektiv ist, spielt der soziale Vergleich mit anderen eine Rolle. Mit Hilfe des Vergleichs von Reaktionen in verschiedenen Situationen wird die Bereitschaft, ängstlich zu reagieren, ermittelt. Spielberger (1966) hat Angstzustand und Ängstlichkeit in einer gemeinsamen Theorie vereinigt und für einen Test operationalisiert. Sein Ansatz hat alle späteren Herangehensweisen an das Thema Angst stark beeinflusst, weswegen er hier kurz beschrieben werden soll. Die zentralen Aussagen der Theorie lauten: (1) Ein Angstzustand wird ausgelöst, wenn ein Individuum eine Situation als bedrohlich einschätzt; (2) je bedrohlicher die Situation eingeschätzt wird, desto stärker fällt die Angstreaktion aus; (3) je länger die Situationseinschätzung unverändert anhält, desto stärker fällt die Angstreaktion aus; (4) Personen mit hoher Ängstlichkeit nehmen selbstwertrelevante Informationen bedrohlicher wahr als Personen mit niedriger Ängstlichkeit; (5) die Auslösung von Angstreaktionen kann direkt zu offenem Verhalten oder zu innerpsychischen Abwehrvorgängen führen; (6) häufig auftretende Stresssituationen können eine Person dazu veranlassen, spezielle Bewältigungshandlungen oder Abwehrmechanismen zu entwickeln (Spielberger 1966). Problematisch ist die Unterscheidung der beiden Pole der Zustandsangst und Eigenschaftsangst insofern, da sie dieselben Symptome abbilden, welche stark von umgebenden Faktoren beeinflusst werden, die jedoch in der Analyse nur bedingt berücksichtigt werden können. Inwiefern interne oder umgebende Faktoren ausschlaggebend für die Aufrechterhaltung oder das Verschwinden der Angst sind, kann demnach nicht gesagt werden (Stallings & March 1995).

Die zweite wichtige Dimension stellt die Spezifität der Ängste dar: es wird zwischen globalen oder generellen und bereichsspezifischen Ängsten unterschieden. Auf der einen Seite gibt es eine situationsübergreifende Ängstlichkeit, welche häufig nicht zielgerichtet ist. Hierzu gehören auch unbestimmte oder diffuse Ängste, welche sich der bewussten Erfahrung und sprachlichen Reflexion entziehen. Auf der Verhaltensebene kann sich diese generelle Angst in Unsicherheit oder Rückzugsverhalten äußern. Bei einigen Menschen steht die bedrohliche und angsterregende Wahrnehmung ihrer Umwelt im Vordergrund. Die globale Ängstlichkeit kann Folge einer Generalisierung von einer angstinduzierenden Situation auf andere ähnliche Situationen sein. Dies gilt beispielsweise in Leistungssituationen: ein Schüler mit Misserfolgserfahrungen in Mathematik und Chemie wird eventuell ängstlich an eine Problemstellung in Physik oder Biologie herangehen und birgt ein erhöhtes Risiko zur Ausprägung einer Schulangst. Tritt diese Misserfolgserfahrung zudem noch in anderen Kontexten wie z.B. der Peer-Gruppe und im Sport auf, ist die Gefahr der Generalisierung gesteigert (Bögels & Zigterman 2000; Southam-Gerow 2001). Die globale Angst kann allerdings auch als Kumulation verschiedener einzelner Angstzustände verstanden werden (Schwarzer 2000).

Neben den generellen oder globalen Ängsten zeigen sich andererseits eindeutig definierbare, spezifische Ängste wie zum Beispiel Prüfungsangst. Diese beziehen sich auf einen konkreten Stimulus oder Auslöser wie dies z.B. bei der Höhenangst oder Schlangenphobie der Fall ist. Ein Schwerpunkt der Betrachtung wird in der Regel auf situationsspezifische Ängste gelegt, weil sich ein Großteil der Ängste auf bestimmte Situationen oder Stimuli bezieht (Muris et al. 2002c; Silverman & Ginsberg 1995).

Des Weiteren entziehen sich die globalen Ängste häufig auch der bewussten Wahrnehmung, sie sind eher als diffuses negatives Gefühl zu kennzeichnen. Hierdurch sind sie für eine systematische wissenschaftliche Betrachtungsweise ungeeignet.

Schließlich kann man als dritte Dimension je nach Schweregrad zwischen normalen, subklinischen und klinischen Ängsten unterscheiden. Um Aussagen über den Grad der Beeinträchtigung durch eine Angststörung machen zu können, müssen alle drei Merkmale berücksichtigt werden. Die Kombination der drei Dimensionen lassen eine differenzierte Betrachtung der Ängste zu und liefern eine Entscheidungshilfe zur Unterscheidung der normalen Ängste von den Pathologien: es kann z.B. zu kurzen, extrem schweren Angstepisoden kommen, die man trotzdem nicht als klinisch bezeichnen würde. Dies kann beispielsweise eine (normale) Reaktion auf ein kritisches Lebensereignis wie z.B. Kriegs- oder Gewalterfahrung sein. Andererseits fällt es schwer zu beurteilen, ob eine länger

andauernde Ängstlichkeit einer Person Teil der Persönlichkeit ist oder pathologisch wirkt.
Mit Hilfe der Grafik sollen die unterschiedlichen Dimensionen der Angst veranschaulicht werden (vgl. Abb. 3). Innerhalb dieses Würfels lassen sich alle Angstformen sowohl nach kategorialer als auch nach dimensionaler Diagnostik beschreiben. Die klinischen Angstformen stellen hierbei einen Teil des Gitternetzes auf der Deckplatte des Würfels dar (vgl. Abb. 3).

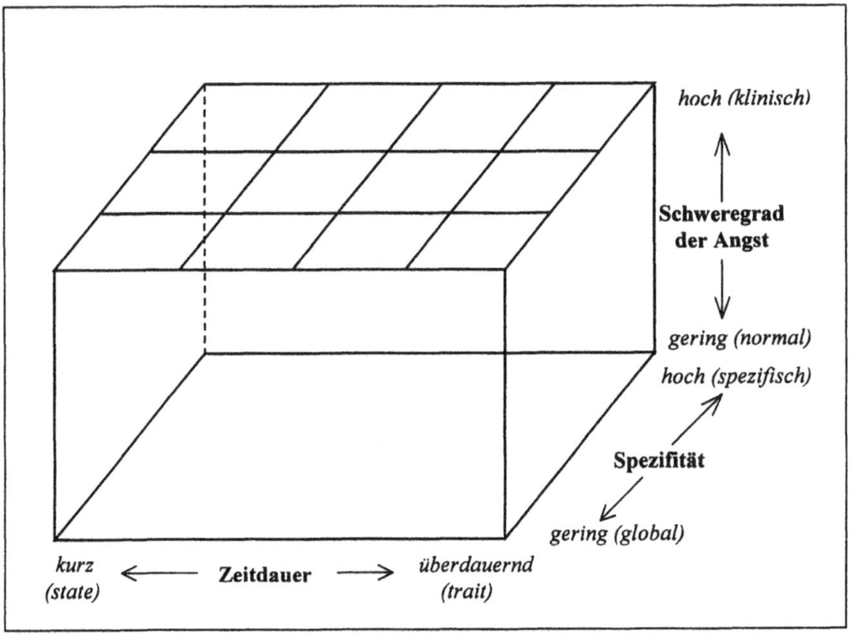

Abb. 3: Angstwürfel zur Systematisierung von Ängsten

Hiermit lässt sich gleichzeitig die Problematik einer kategorialen Diagnostik verdeutlichen: mit Hilfe des Gitternetzes – der kategorialen Diagnostik nach ICD 10 oder DSM IV – kann nur ein Bruchteil der Angststörungen erfasst werden, es stellt ein viel zu grobmaschiges Netz für eine umfassende Diagnostik dar. Die subklinische Häufigkeit von Angstformen, insbesondere von schulspezifischen Ängsten, sind jedoch 10 bis 20mal so häufig, stellen also einen wichtigen Problembereich der Angststörungen dar.
Gleichzeitig muss man davon ausgehen, dass es keinen trennscharfen Unterschied zwischen klinischen und subklinischen Angstformen gibt, sondern der

Übergang von Normalität zu Pathologie fließend ist (Rutter & Sroufe 2000; Stallings & March 1995). Deswegen sollen in der vorliegenden Arbeit sowohl die klinischen Ängste als auch die subklinischen Ängste und methodischen Probleme bezüglich der Diagnostik diskutiert werden. Resch (1999) betrachtet diesen Übergang im zeitlichen Verlauf und postuliert in diesem Zusammenhang, dass sich der Weg von Normalität zur Pathologie durch psychosoziale Primärprophylaxe umkehren lässt. Dies ist insbesondere für die Durchführung eines Präventionsprogramms von Ängsten von zentraler Bedeutung.

1.2.4 Sorge als kognitive Dimension der Angst

Im Gegensatz zu der großen Anzahl empirischer Arbeiten zum Thema Kinderängste wurden nur sehr wenige Studien zum Bereich Sorgen oder Besorgnis (*worry)* als kognitive Komponente der Angst bei Kindern durchgeführt. Dabei sind eine Reihe von Ähnlichkeiten zwischen Studien zu Ängsten bei normalen Kindern und Sorgen festzustellen (Ollendick et al. 2001). Obwohl sie beide einen Stressor darstellen, kann argumentiert werden, dass sie eine wichtige kognitive Funktion erfüllen: Angst und Sorge erhöhen die Aufmerksamkeit und triggern somit biologische Reaktionen wie Flucht oder Verhaltenshemmung. Hierbei zeigen sich spezifische Muster von kognitiven Prozessen, welche eine hohe Vigilanz für mögliche Gefahren aufrechterhalten (Bögels & Zigterman 2000; Mathews 1990).

Bei der Erforschung der kognitiven Angstkomponente (*worry*) sind zwei voneinander unabhängig verlaufende Traditionsstränge zu beobachten. Zum einen wurde das Konstrukt in der Literatur zur Leistungsangst (vgl. Abschnitt 1.2.7) und zum anderen in der klinisch-psychologischen Literatur verwendet. Im ersten Fall ist die Besorgnis sehr eng auf die Anforderungen vor oder während einer Leistungssituation wie z.B. einer Prüfung gerichtet (Schwarzer 2000). In diesem Fall bezieht sich *worry* auf die Zweifel an der eigenen Kompetenz und auf Gedanken des Versagens in der Prüfung. Hierbei werden Leistungsrückmeldungen als selbstkonzeptrelevante Indikatoren angesehen und internalisiert (Lazarus-Mainka & Siebeneick 2000). Im zweiten Fall werden unterschiedlichste Alltagsbesorgnisse untersucht, welche das alltägliche Handeln begleiten. Besorgnis stellt hier einen wichtigen Schlüssel zum Verständnis der Struktur der Angst, insbesondere ihrer kognitiven Dimension dar. So wie man Furcht als biologisches Alarmsystem der Person zur Vorbereitung der Flucht ansehen kann (Barlow 1998), kann Besorgnis als besonderer Zustand des kognitiven Systems angesehen werden, welches adaptiv zur Antizipation zukünftiger möglicher Gefahren ist. Im Gegensatz zu anderen Spezies ist der Mensch in der Lage, zukünftige Ereignisse in sein kognitives System zu integrieren, weswegen Besorgnis vielleicht ein einzigartiges menschliches Phänomen ist (Mathews 1990). Unsere Organisation von Besorgnis führt uns dahin, dass wir Probehandlungen durchfüh-

ren bzw. in Gedanken mögliche aversive Ereignisse und Reaktionen durchspielen. Diese Vorgehensweise hätte große Vorteile, da wir von möglichen negativen Ereignissen nicht überrascht werden können und Reaktionsalternativen gespeichert haben. Diesen Prozess würden wir allerdings nicht als Besorgnis, sondern als Coping- oder Problemlösemechanismus bezeichnen. Sich sorgen gleicht Problemlösen in gewisser Weise: aber statt eine zufriedenstellende Lösung zu finden, wird die Gefahr konstant aufgezählt, ohne dass eine Lösung gefunden wird. In extremen Fällen von exzessiver Sorge werden Szenarien entworfen, welche keine Entsprechung in der realen Welt haben und zu denen es keine erfolgreichen Problemlösestrategien gibt (Muris et al. 1998; Spence et al. 1999).
Was sind dann die Entscheidungskriterien, die normale und hilfreiche Sorgen von der pathologischen Dimension unterscheiden? Zunächst unterscheiden sich Personen in der Wahrnehmung von Hinweisreizen auf zukünftige Bedrohungen. Exzessive Besorgnis ist verbunden mit einer verstärkten Tendenz, selektiv bedrohliche Hinweise in der Umgebung wahrzunehmen und zu überschätzen. Ein zweiter Aspekt besteht darin, dass eine Reihe von ambivalenten Hinweisreizen eher als bedrohlich wahrgenommen wird. Diese Interpretation externer Hinweisreize kann gekoppelt sein mit einer gesteigerten negativen Attribution interner Zustände wie Fähigkeiten oder Eigenschaften. Der dritte Unterschied besteht möglicherweise darin, dass sich bei der Organisation von Gedanken über aversive Ergebnisse Unterschiede widerspiegeln, wie Gefahrensituationen oder Gefahrenstimuli im Langzeitgedächtnis gespeichert werden. Es wird davon ausgegangen, dass zu großen Sorgen neigende Personen mehr angstkongruentes Material speichern und in engerer Art und Weise zuordnen und deswegen auch eine größere Wahrscheinlichkeit zum Abruf bedrohlicher Reize haben (Bögels & Zigterman 2000; Mathews 1990).
Die Mehrzahl der Untersuchungen zu *worry* beschäftigte sich mit selbstbezogenen Kindersorgen (Muris et al. 1998, 2000; Silverman et al. 1995). Innerhalb dieser Sorgen konnte eine Veränderung mit dem Alter festgestellt werden. Vasey und andere (1994) teilten die Kinder in drei Altersgruppen ein (5-6, 8-9, 11-12 Jahre) und fanden heraus, dass sich die meisten selbstbezogenen Sorgen im Alter von 5-6 Jahren zeigten. Insgesamt zeigte sich, dass diese Art von Sorgen mit zunehmendem Alter abnimmt. In den beiden älteren Gruppen bezogen sich die Sorgen eher auf kompetentes Verhalten, soziale Bewertung und psychisches Wohlfühlen. Die Ergebnisse von Vasey et al. (1994) wurden in wesentlichen Punkten in der Studie von Muris et al. (2000), der spezifische Sorgen untersuchte, repliziert. Im Alter von vier bis sechs Jahren wurde die Sorge, von den Eltern getrennt zu werden, sehr hoch eingeschätzt (24,1%), diese nahm allerdings extrem schnell ab (5,6 % der 7-9jährigen und 0% der 10-12jährigen). Ein umgekehrtes Ergebnis zeigte sich bei der Sorge vor Prüfungen: diese kam bei den jüngsten nicht vor, zeigte sich bei der mittleren Gruppe als dritthäufigste und war die häufigste Sorge der älteren (46,7 %). Kindliche Sorgen treten demnach

als Übergangsphänomen auf und reflektieren die besonderen Umstände des jeweiligen Alters (Ollendick et al. 2001).
Eine Reihe weiterer Ergebnisse zu kindlichen Sorgen lieferte eine aufwändige Untersuchung mit 273 Kindern von Silverman et al. (1995). Kinder sollten in dieser Untersuchung Selbst-Report-Maße vervollständigen, indem sie über Natur und Vorkommen von Sorgen in Bezug auf 14 vorgegebene Bereiche Auskunft gaben. Gesundheit, Schule und physische Verletzung waren die am häufigsten berichteten Sorgen in dieser Studie. Hierbei lag die Sorge um physische Verletzungen und vor Angriffen von anderen mit 56,6 % an erster Stelle. Weiterhin fiel auf, dass die Sorgen um Sicherheit und persönliche Unversehrtheit als besonders intensiv eingestuft wurden. Gleichzeitig gaben die Kinder jedoch an, dass solche Bedrohungen der Person aktuell im realen Leben sehr selten oder überhaupt nicht auftreten (Silverman et al. 1995). Die Mehrzahl der Kinder (70,7 %) konnte ebenso wenig ein Ereignis nennen, welches sie zu den Sorgen führte. Dennoch gaben 12,8% an, ihre Sorgen hätten sich nach einem aversiven Ereignis vergrößert, und 16,5 % sahen ihre Sorge durch ein Ereignis verursacht.
Was Geschlechtsunterschiede anbetrifft, zeigen sich ähnliche Ergebnisse wie in der Angstliteratur (vgl. Abschnitt 1.2.8): die Studien von Silverman et al. (1995) und Muris et al. (1998, 2000) zeigten eine signifikant höhere Anzahl von Sorgen bei Mädchen als bei Jungen, hierbei sind jedoch die Alterseffekte und andere Mediatiorvariablen zu berücksichtigen.

1.2.5 Soziale Ängste

Einen weiteren wichtigen eigenständigen Bereich der normalen Ängste nehmen die sozialen Ängste ein. Schwarzer definiert diese wie folgt:

> *„Unter sozialer Angst verstehen wir die Besorgnis und Aufgeregtheit angesichts von sozialen Situationen, die als selbstwertbedrohlich erlebt werden." (Schwarzer 2000, 118)*

Die Auslösung der sozialen Angst erfolgt durch die Art der sozialen Umgebung und durch das Verhalten der Mitmenschen und tritt angesichts einer bestehenden oder bevorstehenden interpersonellen Beziehung auf.
Nach Buss (1980) lässt sich soziale Angst in vier Arten oder Aspekten unterscheiden: Verlegenheit, Scham, Publikumsangst und Schüchternheit. Erröten gilt als ein Hauptmerkmal der *Verlegenheit* und der sozialen Angst insgesamt. Dieses Verhalten kann als Hinweis auf eine erhöhte Selbstaufmerksamkeit interpretiert werden (Beidel & Turner 1999; Melfsen et al. 2000). Albernes Grinsen, „verlegenes Lächeln" bzw. Abbruch des Blickkontaktes und Bedecken des Gesichtes sind weitere Kennzeichen. Unmittelbare Ursachen sind in ungeschicktem und fehlerhaftem Verhalten zu suchen, z.B. unangemessener Kleidung oder Verletzung von Privatheit. Hier wird deutlich, dass situationsgebundene Faktoren

die Verlegenheit bestimmen. Als Konsequenz kann bei Mitmenschen Gelächter ausgelöst werden, welches noch zu einer Verstärkung des Zustandes der Verlegenheit führt. Häufig kommt es zu einem Verlassen des Ortes, wenn die Situation für die Person unangenehm ist (Schwarzer 2000).
Das Gefühl *Scham* ist eng mit der Verlegenheit verbunden und hiervon nicht eindeutig abgrenzbar. Sie ist das Gegenteil von Stolz und folgt auf Nichterfüllen sozialer Erwartungen: z.B. Feigheit in Wettkampfsituationen kann Scham zur Folge haben. Als überdauernde Ursache ist eine Disposition zu Scham nicht bekannt. Hierbei spielt öffentliche Selbstaufmerksamkeit eine zentrale Rolle: wer sich selbst als öffentliches Subjekt wahrnimmt und ständig überlegt, was er machen soll, wird eher Schamgefühle entwickeln. Weiterhin wichtig für die Ausbildung eines Schuld- und Schamempfindens ist die Sozialisation im Elternhaus (Beidel & Turner 1999; Buss 1980; Melfsen et al. 2000).
Die typische Auslöseform der *Publikumsangst* ist die Hervorhebung einer Person in einem sozialen Kontext: Angst vor einer Ansprache oder einem Referat. Sie äußert sich auf der Ausdrucksebene in unsicherer Stimme, verkrampfter Körperhaltung oder einem blassen Gesicht. Physiologisch macht sie sich durch eine Aktivierung des Sympathikus, erhöhten Blutdruck und erhöhte Herzfrequenz bemerkbar (Schwarzer 2000).
Ein zentraler Bestandteil der sozialen Angst besteht in der *Schüchternheit*. Sie lässt sich als sozialer Rückzug, motiviert durch sozial-bewertende Aspekte (in einer neuartigen Situation), definieren: Sie macht es schwierig, neue Kontakte zu knüpfen und soziale Erfahrungen zu genießen. Sie hindert daran, eine Überzeugung auszusprechen und die eigenen Interessen durchzusetzen (Chansky & Kendall 1997; Zimbardo 1977). Sie macht nur begrenzt aufnahmefähig gegenüber dem Lob von anderen und begünstigt Selbstaufmerksamkeit bzw. eine ständige Voreingenommenheit mit der eigenen Person. Schüchternheit äußert sich sowohl auf der Gefühls- als auch auf der Verhaltensebene (Beidel & Turner 1999; Melfsen et al. 2000). Sie ist durch das Vermeiden von Blickkontakt und Abstandhalten zu anderen Personen gekennzeichnet. Hinzu kommen eine ruhige, leise Sprache und eine eher zurückhaltende Körpersprache. Diese positiven Persönlichkeitsmerkmale führen zumindest 10-20% der Schüchternen dazu, sich so zu mögen wie sie sind. Schüchternheit wird häufig als normales Übergangsphänomen in einer bestimmten Altersstufe angesehen und in seiner Bedeutung unterschätzt, dennoch bilden viele schüchterne Kinder später eine Sozialangst aus und zeigen ein sozial gehemmtes Verhalten (Beidel & Turner 1999; Greco & Morris 2001; Prior et al. 2000). Dispositionale Schüchternheit ist ein wesentlicher Faktor, der zur Auslösung eines aktuellen schüchternen Verhaltens führt. Meist spielt ein Persönlichkeitsmerkmal wie Verlegenheit oder allgemeine soziale Ängstlichkeit mit hinein: Schüchterne sehen allerdings die Ursache ihres zurückhaltenden Verhaltens eher bei sich selbst, als nach äußeren Ursachen zu suchen (Schwarzer 2000). Schüchternheit als Phänomen befindet sich wieder im Spannungsfeld zwischen normaler Ängstlichkeit und massiver Beeinträchtigung

der Persönlichkeitsentwicklung. Schüchterne besitzen zumindest ein erhöhtes Risiko zur Ausbildung einer internalisierenden Störung, einschließlich klinisch signifikanten Levels der Angst (Beidel & Turner 1999; Greco & Morris 2001). Zusammenfassend lassen sich soziale Ängste nach Döpfner (2000) insbesondere durch ein negatives Selbstbild kennzeichnen, welches sich in negativen Einstellungen zur eigenen Person und zur Umwelt durch Inkompetenzerwartungen kennzeichnen lässt. Hinzu kommt ein ineffektives Interaktionsverhalten auf verbaler Ebene (z.B. ungeschickte Formulierungen) und auf nonverbaler Ebene (z.B. mangelnder Blickkontakt) und eine geringe Interaktionsfrequenz. Weiterhin ist die soziale Informationsverarbeitung ineffektiv: das Kind entwickelt kaum Handlungsalternativen oder kann Handlungsalternativen nicht antizipieren. Diese Komponenten verstärken sich gegenseitig und können unterschiedlich stark ausgeprägt sein (Döpfner 2000). Soziale Ängste treten selten isoliert auf: es besteht eine erhöhte Vulnerabilität für die Ausprägung einer weiteren Angststörung oder einer Transformation der sozialen Angst in eine andere Störung, wenn man die Lebenszeitprävalenz betrachtet (Beidel & Turner 1999; Prior et al. 2000; Wittchen & Vossen 1996).

1.2.6 Klinische Ängste – kind- und jugendspezifische Ängste nach ICD-10 und DSM-IV

Im Folgenden sollen die klinischen Ängste nach den beiden zur Zeit in Deutschland gängigen Klassifikationssystemen ICD-10 und DSM-IV dargestellt werden, welche einen wichtigen Einfluss auf die Beschreibung von Ängsten haben.
Ängste stellen im Kindes- und Jugendalter einerseits ein normales, altersabhängiges Entwicklungsphänomen dar, sie sind andererseits als psychopathologische Störungen einzustufen, welche behandlungsbedürftig sind, wenn sie durch zeitliche Persistenz, hohen Schweregrad und eine Beeinträchtigung der Person selbst oder ihrer Umgebung gekennzeichnet sind (Craske 1997; Essau et al. 2002a; Silverman & Serafini 1998). Bei Kindern und Jugendlichen wurden Ängste bis Ende der 70er Jahre in der klinischen Diagnostik ausschließlich als normales Entwicklungsphänomen angesehen, dem keine klinische Bedeutung beigemessen wurde. In der Zwischenzeit wurden in den 80er Jahren mit dem DSM III-R (1989) drei Arten von Ängsten als kind- und jugendspezifisch klassifiziert: Störung mit Trennungsangst, mit Kontaktvermeidung und mit Überängstlichkeit. Im aktuellen DSM-IV (1998) wurden diese kind- und jugendspezifischen Ängste wieder reduziert und es blieb nur noch die Störung mit Trennungsangst erhalten. Die weiteren Angststörungen werden im Erwachsenenteil behandelt und erhalten kind- und jugendspezifische Hinweise, wenn es Abweichungen vom Erwachsenenalter gibt. In der ICD 10 (WHO 2000a) sind kind- und jugendspezifische Ängste differenzierter aufgeführt, sie werden unter der Bezeichnung der „emotionalen Störungen" klassifiziert. Alle weiteren phobi-

schen und sonstigen Angststörungen fallen im ICD-10 unter die Angststörungen im Erwachsenenteil (Petermann et al. 1995).
Die Gruppe der Angststörungen ist ein Sammelbegriff für eine inhomogene Gruppe von Störungen. Wichtiges Unterscheidungsmerkmal ist ähnlich wie bei den normalen Ängsten die Spezifität der Störung. In einigen Fällen kommt der situative Auslöser hinzu und die Frage, ob die Angst mit somatoformen Symptomen verbunden ist. In der Übersicht werden zunächst die Angststörungen des Kindes- und Jugendalters nach DSM-IV und ICD-10 aufgeführt, dann die altersübergreifenden Ängste (vgl. Tab. 2). Hierbei werden Lücken im DSM-IV deutlich, die nicht im Erwachsenenteil kompensiert werden können (Petermann et al. 2002). Nicht berücksichtigt sind Zwänge und Ängste, die durch einen medizinischen Krankheitsfaktor oder substanzinduziert sind.

Kind- und jugendspezifische Ängste

Je nach Klassifikationssystem wird den kindes- und jugendspezifischen Ängsten ein unterschiedliches Gewicht beigemessen. Dies liegt zum einen an den kategorialen Bezeichnungen und zum anderen an der Differenziertheit der zu klassifizierenden Kinderängste. Im DSM-IV (1998) fällt die Trennungsangst unter die Sammelkategorie „andere Störungen im Kleinkindalter, in der Kindheit oder Adoleszenz“, was der Bedeutung dieser Störung aufgrund der hohen Prävalenz und den bestehenden Unterschieden zum Erwachsenenalter nicht gerecht wird (Petermann et al. 2002).
Die ICD-10 verwendet vier kind- und jugendspezifische Angststörungen, die der Kategorie „emotionale Störungen des Kindesalters“ zugeordnet werden (vgl. Tab. 2), wohingegen die kindspezifische generalisierte Angststörung (F93.80) nur in den Forschungskriterien (WHO 2000b), nicht jedoch in den klinisch-diagnostischen Leitlinien (WHO 2000a) aufgeführt wird.

Trennungsangst

Die Angst vor der Trennung von wichtigen und vertrauten Personen ist im Säuglings- und Kleinkindalter in einem gewissen Ausmaß ein normales Phänomen (vgl. Abschnitt 1.2.2). Reicht sie jedoch über das übliche Alter von etwa zwei bis dreieinhalb Jahren hinaus, weist sie einen außergewöhnliche Schweregrad auf oder ist sie das gemeinsame Merkmal verschiedener angstauslösender Situationen wie z.B. Schulverweigerung und schränkt sie den Heranwachsenden in seiner Sozialentwicklung ein, so kann sie als klinische Störung klassifiziert werden (DSM-IV 1998; WHO 2000a). In beiden Klassifikationssystemen wird betont, dass die Trennungsangst von der generalisierten Angststörung abzugrenzen ist: während die Trennungsangst auf Trennungssituationen von bestimmten Bezugspersonen oder von zu Hause fokussiert, bezieht sich die generalisierte Angststörung auf eine Reihe von Situationen, Tätigkeiten und Ereignissen.

Tab. 2: Klassifikation von Angststörungen nach DSM-IV und ICD-10

DSM-IV		ICD-10	
	Störungen, die gewöhnlich zuerst im Kleinkindalter, in der Kindheit oder Adoleszenz diagnostiziert werden	**F9**	**Verhaltens- und emotionale Störungen mit Beginn in der Kindheit oder Jugend**
	Andere Störungen im Kleinkindalter, in der Kindheit oder im Jugendalter	**F93**	**Emotionale Störungen des Kindesalters**
309.21	Störungen mit Trennungsangst	F93.0	Emotionale Störung mit Trennungsangst des Kindesalters
	Kein Äquivalent im DSM-IV: Überlappung zur spezifischen Phobie möglich (300.29 bzw. F40.2)	F93.1	Phobische Störung des Kindesalters
	Kein Äquivalent im DSM-IV: Überlappung zur sozialen Phobie nach DSM-IV	F93.2	Störung mit sozialer Ängstlichkeit des Kindesalters
		F93.8	Sonstige emotionale Störungen des Kindesalters
	Kein Äquivalent im DSM-IV; jedoch identisch mit generalisierten Angststörung im Erwachsenenalter (300.02); schließt Teile der Störung mit Überängstlichkeit im Kindesalter aus dem DSM-III-R ein	F93.80	Generalisierte Angststörung des Kindesalters (nur in den Forschungskriterien und nicht in den klinisch-diagnostischen Leitlinien enthalten)
	Angststörungen (Erwachsenenteil)	**F40 bis 49**	**Neurotische, Belastungs- und somatoforme Störungen (Erwachsenenteil)**
		F40	
300.21	Panikstörung mit Agoraphobie	F40.01	Agoraphobie mit Panikstörung
300.22	Agoraphobie ohne Panikstörung in der Vorgeschichte	F40.00	Agoraphobie ohne Panikstörung
300.23	Soziale Phobie (Soziale Angststörung)	F40.1	Soziale Phobie
300.29	Spezifische Phobie	F40.2	Spezifische (isolierte) Phobien
		F41	Andere Angststörungen
300.01	Panikstörung ohne Agoraphobie	F41.0	Panikstörung
	Generalisierte Angststörung	F41.1	Generalisierte Angststörung
	Kein Äquivalent im DSM-IV	F41.2	Angst und depressive Störung, gemischt
	Kein Äquivalent im DSM-IV	F41.3	Andere gemischte Angststörungen
308.3	Akute Belastungsstörung	F43.0	Akute Belastungsreaktion
309.81	Posttraumatische Belastungsstörung	F43.1	Posttraumatische Belastungsstörung

Wiederholter sozialer Rückzug über einen längeren Zeitraum oder Schulverweigerung können als Folge dieser Störung auftreten. Es besteht ein erhöhtes Risiko für folgende schulische Probleme oder eine Beeinträchtigung der sozial-kognitiven Entwicklung (Petermann et al. 2002).

Phobische Störung des Kindesalters

Diese Störung ist als kindspezifische nur in der ICD-10 vorhanden und bezieht sich in Abgrenzung zur spezifischen Phobie auf entwicklungsphasenspezifische Ängste wie z.B. die Angst vor Tieren. Sind diese Ängste jedoch übermäßig stark ausgeprägt, halten sie über die alterstypische Phase hinweg an und sind mit einer deutlichen sozialen Beeinträchtigung verbunden, spricht man von einer phobischen Störung. Diese muss jedoch über mindestens vier Wochen andauern und darf nicht lediglich Bestandteil einer generalisierten Angststörung sein (WHO 2000a).

Spezifische Phobien

Das Klassifikationsmerkmal der spezifischen Phobien besteht in der Furcht vor einer klar erkennbaren spezifischen Situation oder bestimmten Objekten, auf die sich die Angst bezieht. Beispiele für solche phobischen Objekte und Situationen sind Angst vor Tieren, geschlossenen Räumen oder großen Plätzen. Die Angst vor solchen Objekten oder Situationen löst ein Flucht- und Vermeidungsverhalten aus. Kann die angstauslösende Situation oder das Objekt nicht vermieden werden und kommt es zu einer direkten Konfrontation mit diesen phobischen Reizen, tritt unmittelbar Angst auf und es kommt zu einer beobachtbaren vegetativen Reaktion, die im Extremfall einer Panikattacke entsprechen kann. Als weiteres Kriterium wird eine Beeinträchtigung der Funktionstüchtigkeit im Alltag oder eine Einschränkung der Sozialkontakte aufgrund des Vermeidungsverhaltens sowie die Wahrnehmung der Phobie als emotionale Belastung genannt (DSM-IV 1998; WHO 2000a).
In Unterscheidung zum Erwachsenenalter muss bei Kindern und Jugendlichen die Einsicht in die Irrealität und Unbegründetheit nicht gegeben sein. Weiterhin wird im DSM-IV gefordert, dass das Vermeidungsverhalten mindestens für sechs Monate auftreten muss, um eine Abgrenzung zu normalen, altersabhängigen Ängsten des Kindes- und Jugendalters zu gewährleisten.
Ein weiteres wichtiges Unterscheidungskriterium besteht in der Entwicklungsbeeinträchtigung, die sich z.B. in Schulproblemen oder Störung der sozialemotionalen Entwicklung äußern kann. Es empfiehlt sich vorrangig, das Vorhandensein einer phobischen Störung im Kindesalter nach ICD-10 zu prüfen, da es sich bei der Klassifikation der spezifischen Phobie in erster Linie um eine Diagnose des Erwachsenenalters handelt (Petermann et al. 2002). Bei den spezifischen Phobien wird in beiden Klassifikationen zwischen fünf Subtypen unterschieden (DSM-IV 1998; WHO 2000a):

> ***Tier-Typus:*** *Angst vor unterschiedlichen Tieren; meist in Kindheit beginnend*

Umwelt-Typus: *Angst vor Naturgewalten wie z.B. Gewitter; Beginn meist Kindheit*
Blut-Spritzen-Verletzungstypus: *Angst vor Konfrontation mit Blut, Verletzungen oder medizinischer Versorgung wie Spritzen; familiäre Häufung feststellbar*
Situativer Typus: *Ängste in bestimmten Situationen wie z.B. Fahrstuhl, Plätze; erster Gipfel Kindheit, zweiter Gipfel Mitte 20. Lebensjahr*
Anderer Typus: *Weitere angstauslösende Reize wie Angst vor Ersticken, Erbrechen*

Im Unterschied zu Erwachsenen äußert sich bei Kindern die Angst häufig in Wutanfällen, Schreien oder Klammern an Erwachsene oder vertraute Personen.

Störung mit sozialer Ängstlichkeit des Kindesalters

Eine Störung mit sozialer Ängstlichkeit des Kindesalters ist nur nach ICD-10 klassifizierbar. Das zentrale Merkmal besteht in einer anhaltenden, sozialen Ängstlichkeit in Situationen, in welchen das Kind mit fremden oder wenig vertrauten Personen konfrontiert wird. Die Angst vor sozialen Situationen bezieht sich nicht nur auf Erwachsene, sondern kann auch in Bezug auf Gleichaltrige vorhanden sein. In Abgrenzung zur normalen Schüchternheit oder Zurückhaltung verhalten sich Kinder mit sozialer Ängstlichkeit bezüglich der Angemessenheit ihres Verhaltens gegenüber Fremden übertrieben zurückhaltend und reagieren mit Verlegenheit und Scham. Deswegen können sie nur wenige soziale Beziehungen aufbauen und verhalten sich in Situationen, denen sie nicht entfliehen können, passiv, schweigend oder „weinerlich". Der übermäßige Ausprägungsgrad, die zeitliche Dauer und die folgende Entwicklungsbeeinträchtigung stellen das Unterscheidungsmerkmal zur normalen, entwicklungsbedingten Zurückhaltung gegenüber fremden oder unbekannten Personen dar (WHO 2000a). Eine Entsprechung dieser kindspezifischen Angststörung in DSM-IV gibt es nicht, die kind- und jugendspezifischen Hinweise der sozialen Phobie enthalten jedoch die wesentlichen Merkmale der Störung mit der sozialen Ängstlichkeit des Kindesalters nach ICD-10 (DSM-IV 1998).

Soziale Phobie

Die soziale Phobie ist durch eine ausgeprägte und anhaltende Angst vor Leistungssituationen oder vor Bewertungen durch andere Personen gekennzeichnet. Hierbei spielt eine zentrale Rolle, dass die Situation für die Person peinlich werden könnte, weswegen in der Folge solche sozialen Situationen gemieden werden. Die Person fürchtet, ein Verhalten zu zeigen, mit dem sie sich blamieren

könnte und das von den anderen als ängstlich, dumm oder ungeschickt wahrgenommen wird. Deswegen werden Gespräche und soziale Interaktionen ebenso gemieden wie Essen, Trinken oder Schreiben in der Öffentlichkeit – Letzteres aus Furcht vor einem ungeschickten oder unpassenden Verhalten. Weitere vegetative Symptome bestehen in Erröten, Zittern, Herzklopfen oder Muskelverspannungen (Beidel & Turner 1999; Melfsen et al. 2000). Wichtiges differentialdiagnostisches Unterscheidungskriterium zur Trennungsangst besteht darin, dass sich Kinder mit Trennungsangst im häuslichen Kontext wohlfühlen, wohingegen bei Kindern mit sozialer Phobie auch zu Hause Ängste und Unwohlsein in Bewertungssituationen ausgelöst werden können (DSM-IV 1998; ICD-10 2000a). Im Unterschied zur generalisierten Angststörung, welche ebenfalls die soziale Beurteilung und Bewertung durch andere beinhaltet, ist bei der sozialen Phobie die Sorge über das eigene Verhalten immer mit der Anwesenheit anderer Personen verbunden.
Im DSM-IV werden einige kind- und jugendspezifische Hinweise zur Diagnose der sozialen Phobie gegeben: der Kontakt mit bekannten und vertrauten Personen muss altersgemäß und kompetent ablaufen, damit man eine Entwicklungsstörung oder eine schwerwiegende Persönlichkeitsstörung ausschließen kann. Des Weiteren muss sich die soziale Angst auf Erwachsene *und* auf Gleichaltrige beziehen (DSM-IV 1998). Es gibt im Kindesalter auch andere Äußerungsformen der sozialen Phobie: als Weinen, in Form von Wutanfällen oder Erstarren bzw. Zurückweichen vor sozialen Situationen mit unvertrauten Personen. Hierbei erkennen die Kinder oft nicht, dass die Angst übertrieben und unbegründet ist (Beidel & Turner 1999; Petermann et al. 2002).

Generalisierte Angststörung des Kindesalters

Die zentralen Merkmale der generalisierten Angststörung bestehen in beiden Klassifikationssystemen in einer intensiven und übermäßigen Angst bzw. Sorge und einer furchtsamen Erwartung mehrerer Ereignisse oder Tätigkeiten in einem Bewertungskontext (DSM-IV 1998; WHO 2000b). Bei den Ereignissen handelt es sich um alltägliche Aktivitäten und Probleme, die z.B. mit der Ausbildungssituation oder mit Freundschaftsbeziehungen zusammenhängen können und die durch Angst vor negativer Bewertung gekennzeichnet ist. In beiden Klassifikationssystemen wird darauf hingewiesen, dass ein wesentliches Merkmal der generalisierten Angststörung darin besteht, dass diese Befürchtungen oder Sorgen nicht kontrolliert werden können. Diese Sorge muss über einen Zeitraum von mindestens sechs Monaten persistieren, damit die Störung klassifiziert werden kann (DSM-IV; WHO 2000b). Zu den vegetativen Symptomen können Ruhelosigkeit, Konzentrationsprobleme, motorische Anspannung, Reizbarkeit und Ein- und Durchschlafstörungen zählen. Im Gegensatz zur generalisierten Angststörung im Erwachsenenalter berichten laut ICD-10 Kinder und Jugendliche hingegen in der Regel kaum über typische Beschwerden der Angststörung, ebenso sind für Kinder die vegetativen Symptome weniger charakteristisch (WHO 2000b). Nach DSM-IV besteht der Hauptunterschied zwischen der generalisierten Angststörung im Erwachsenenalter und im Kindes- und Jugendalter in den unterschiedlichen Angstinhalten: während sich Erwachsene eher um berufliche Verpflichtungen, finanzielle Angelegenheiten und die Gesundheit der Familienmitglieder Sorgen machen, stehen bei den Kindern eher generelle Kompetenzen und die Sorge um Leistungsfähigkeit im Vordergrund (DSM-IV 1998).

Andere Angststörungen

Hiermit sind diejenigen Störungen gemeint, die in beiden Klassifikationssystemen nur im Erwachsenenalter genannt werden (vgl. Tab. 2), jedoch keine Ergänzungen für das Kindes- und Jugendalter beinhalten. Da sich die vorliegende Arbeit mit der Prävention von Angststörungen im Kindes- und Jugendalter befasst, wird auf diese klinischen Angststörungen nicht näher eingegangen. Sie würden den thematischen Rahmen der vorliegenden Arbeit sprengen.

1.2.7 Schulangst: Soziale Angst und Leistungsangst

Im Spannungsfeld der bisher aufgezeigten normalen und klinischen Ängste befindet sich die Schulangst. Sie kann als psychologisch wichtigste Emotion der Heranwachsenden im Kontext von Schule bezeichnet werden und entsteht als Folge der Leistungsbewertung und des Konkurrenzdrucks der Schüler untereinander (Ulich 2001). Die Leistungsanforderungen stellen für die meisten Schüler eine mögliche Bedrohung des Selbstwertgefühls dar (Schnabel 1998). Diesen Aspekt betont auch Strittmatter in seiner Definition von Schulangst:

> *„Schulangst wird als eine relativ überdauernde Bereitschaft angesehen, schulische und hier vor allem Leistungssituationen als persönliche Bedrohung zu empfinden. Das zentrale Element für die Entstehung von Angst ist die subjektive Bewertung einer Situation als Bedrohung. Eine bestimmte objektive Belastung wird folglich nicht in jedem Falle bei allen Schülern die gleiche Reaktion hervorrufen; denn die gleiche belastende Situation kann von verschiedenen Individuen unterschiedlich interpretiert und verarbeitet werden." (Strittmatter 1993, 12f)*

Nach Untersuchungen von King und Bernstein (2001) im amerikanischen Raum sind vom Phänomen der Schulangst etwa 5% aller schulpflichtigen Kinder und Jugendlichen betroffen, wobei die Rate in einigen Großstädten deutlich höher ist. In einer bundesweit durchgeführten Untersuchung gaben etwa 4% der Kin-

der bereits gegen Ende des ersten Schuljahres an, Angst vor der Schule zu haben.
Nicht gerne in die Schule gehen manchmal elf Prozent und häufig knapp zwei Prozent der Kinder, wobei Schuleschwänzen bereits in dieser Altersstufe bei einem Prozent der Kinder vorkommt (Döpfner et al. 1988). Auch die Ergebnisse der Shell Jugendstudie zeigten, dass nur noch etwa ein Drittel der Schüler gerne oder sehr gerne in die Schule geht, während etwa ein Fünftel der Schüler sich in der Schule nicht wohlfühlt (Linssen et al. 2002). Untersucht man die Gründe, vor denen Schüler in der Grundschule Angst haben, fallen insbesondere schlechte Noten und Prüfungen ins Auge (vgl. Tab. 3).

Tab. 3: Angstgründe in der Grundschule (vgl. Eder & Felhofer 1994, 212)

Angst vor ...	ja	manchmal	nein
schlechten Noten	28%	34%	38%
Prüfungen	27%	41%	32%
Direktor	9%	12%	80%
Klassenlehrer	5%	12%	83%
anderen Lehrern	7%	17%	77%
Mitschülern	7%	11%	82%

In einer weiteren deutschen Studie gaben von 1000 befragten Eltern 5,4% der Eltern von Jungen und 4,3 Prozent der Eltern von Mädchen an, dass Schulangst bestehe. Geschlechtsunterschiede konnten bei dieser Untersuchung nicht gefunden werden (Döpfner et al. 1998). Eder (1995) hingegen fand einen leichten Geschlechtsunterschied: Mädchen haben etwas mehr Schulangst als Jungen. Hinzu kommt die hiermit verbundene Problematik des Schule-Schwänzens. Über die Jahrgänge gemittelt kommt Schule-Schwänzen bei 5% der Kinder vor, wobei es sehr große Unterschiede in Bezug auf die Dauer gab: einige Kinder fehlten einige Tage, andere hingegen mehrere Wochen oder Monate (Bernstein et al. 2001; King & Bernstein 2001). Weiterhin konnte insbesondere zwischen Schuleschwänzen und Depression ein deutlicher Zusammenhang gefunden werden (Kearny 1993; King et al. 2000).
Schulängste sind, wie die Zahlen belegen, kein Randphänomen, sondern ein wichtiges, zentrales Problem der Schule. Sie äußern sich demnach sowohl auf der psychischen als auch auf der physiologischen Ebene. Betrachtet man den Verlauf von Schulängsten, zeigen sich sowohl gehäuft psychische Belastungen wie soziale Ängste und depressive Symptome als auch körperliche Symptome (Tab. 4). Die Betroffenen leiden häufig an gedrückter Stimmung, Nervosität, innerer Unruhe, Muskelverspannungen und Übelkeit (Metzke & Steinhausen 2001; Suhr & Döpfner 2000).

Dies spiegelt sich darin wider, dass sie häufiger und öfter unterschiedliche Ärzte aufsuchten als gleichaltrige Kinder und Jugendliche ohne Schulangst (Bernstein et al. 2001). Die mit der Schulangst verbundenen körperlichen Symptome können nach Oelsner & Lehmkuhl (2002) als Ausdruck einer zugrunde liegenden Angst- oder Depressionsstörung interpretiert werden (vgl. Tab. 4). Die körperlichen Symptome könnten laut Bernstein jedoch auch als Bewältigungsversuch familiärer Problematiken gedeutet werden: wenn die Familie nicht in der Lage ist, eine adäquate Antwort auf das Verhalten des Jugendlichen wie z.B. Schulverweigerung zu finden, besteht ein Coping-Versuch des Schülers in der Entwicklung körperlicher Symptome.

Tab. 4: Häufigkeit von Trennungsschwierigkeiten von der Mutter und körperlichen Beschwerden bei Schulangst (vgl. Lehmkuhl et al. 1988)

	Schulangst	
	N	%
Trennungsschwierigkeiten von der Mutter	5	69
Körperliche Beschwerden vor Schulbeginn	18	30
Essstörungen	10	38
Bauchbeschwerden	11	25
Erbrechen	7	14
Kopfschmerzen	4	14
Angstzustände	19	59
Mittlere Symptomanzahl	1,3	

Durch die Ausbildung einer „Störung mit Krankheitswert" macht der Jugendliche auf sich und seine Problemlage aufmerksam und erhält die Zuwendung, die ihm sonst versagt bleibt. Dieser Prozess läuft natürlich unbewusst ab und obliegt nicht der Reflexion des Jugendlichen (Bernstein et al. 1999).

Merkmale schulängstlicher Kinder

Es zeigen sich verschiedene gehäufte Kind- und Umweltmerkmale bei Kindern mit Schulängsten, welche allerdings nicht auf alle Kinder mit Schulangst zutreffen: sie besitzen eine hohe Grundängstlichkeit, sind eher selbstunsicher und weisen häufig eine erhöhte Abhängigkeit von ihren Müttern auf. Oft zeigt sich ein deutlicher Unterschied zwischen einem dominant-aggressiven Verhalten gegenüber den Geschwistern und Eltern und einer Schüchternheit und Ängstlichkeit in der Schule und anderen sozialen Kontakten. Weiterhin zeigte sich eine Häufung von unterschiedlichen auslösenden Faktoren: diese können schulspezifisch sein

wie ein Klassen- oder Schulwechsel, es kann sich aber auch um andere kritische Lebensereignisse wie z.B. Trennungserfahrungen, Verlusterlebnisse, schwere Erkrankungen oder Tod eines Familienmitgliedes handeln (Flakierska-Praguin et al. 1997; Lafreniere & Capuano 1997).
Häufig ist auch eine besondere Bedeutung des Kindes für einen Elternteil auffällig. Insbesondere überbesorgte oder ambivalente Konstellationen korrelieren hier mit einer erhöhten Schulangst und einem Fernbleiben von der Schule (Spence & Dadds 1996). Einerseits zeigt sich eine nachsichtige, unsichere, stark an das Kind gebundene Mutter und ein psychisch oder auch physisch abwesender Vater, welcher sich von der engen Mutter-Kind-Dyade distanziert und dessen Abwesenheit eine besondere Bedeutung für das Nichteinhalten von Regeln und Forderungen besitzt (Bernstein et al. 1999). Auch die innerfamiliäre Lernerfahrung spielt bei der Ausprägung einer Schulangst eine große Rolle: Eltern mit starkem Vermeidungsverhalten verstärken ihre Kinder eher nicht, sich sozialen Situationen auszusetzen und zu bewältigen, sondern zeigen besonders viel Verständnis für die Angstreaktionen der Kinder (Melfsen et al. 2000). Andererseits konnte gezeigt werden, dass extrem tadelndes Verhalten der Eltern auch die Ängstlichkeit der Kinder begünstigt und eine Korrelation zwischen Angststörungen der Kinder und ablehnendem und kontrollierendem Verhalten der Eltern besteht (Petermann et al. 2002; Rapee 1997).
Eine wichtige Rolle für die Entwicklung einer Schulangst spielen die Erwartungen der Eltern hinsichtlich der schulischen Leistungen: es werden häufig unangemessene Erwartungen in Hinblick auf die Schulart und Leistung gefordert, wodurch die Schüler in eine Belastungssituation kommen, auf die sie häufig mit Schulangst reagieren. So stimmen bei vielen Heranwachsenden die Erwartungen der Eltern nicht mit den Vorstellungen und Möglichkeiten der Jugendlichen überein (Ulich 2001), zudem ist sich ein beträchtlicher Anteil an Schülern unsicher (zwischen 12 und 17% je nach Schulart), ob sie den Schulabschluss erreichen können, den sie anstreben (Linssen et al. 2002).
Gartner und Jirasko (1999) untersuchten den Zusammenhang zwischen Ausbildungswunsch der Eltern und Prüfungsangst der Kinde und konnten in Bezug auf die Elternerwartungen mit Hilfe einer Cluster-Analyse drei unterschiedliche Gruppen identifizieren: „angstfrei fordernde" (65%), „ängstlich fordernde" (24%) und „angepasst fordernde" (11%) Eltern. Die erste Gruppe wünscht ohne Angst einen hohen Schulabschluss, die zweite Gruppe hat genauso hohe Leistungsanforderungen, weist jedoch signifikant höhere Angstwerte auf. Die dritte Gruppe von Eltern schließlich wünscht sich eine weniger hohe Schulbildung als die anderen beiden Gruppen und liegt in ihrer Ängstlichkeitsneigung deutlich über der ersten und deutlich unter der zweiten Gruppe. Der Vergleich der Gruppen zeigte, dass die Kinder der Gruppe „ängstlich fordernde" Eltern signifikant mehr Prüfungsangst und ein schlechteres Selbstkonzept aufweisen als die anderen beiden Gruppen. Auch bei der Reaktion auf schlechte Noten zeigen sich deutliche Unterschiede: die emotionale Betroffenheit der Kinder „ängstlich for-

dernder“ Eltern durch schlechte Noten ist signifikant größer als in den anderen beiden Gruppen.
Die Leistungsunterschiede hingegen sehen wie folgt aus: Die Kinder der Eltern der ersten Gruppe haben bessere Noten, während sich die beiden anderen Gruppen nicht unterscheiden. Allerdings bilden die Kinder „ängstlich fordernder“ Eltern einen stärker negativen subjektiven Eindruck aus, was ihre schulische Leistungen anbetrifft. Gleiches gilt für ihre Eltern, welche insbesondere hinsichtlich der Noten und Leistungen negativ verstärkend und besorgt reagieren: *„Dies spricht dafür, dass Eltern, die ihre Leistungsanforderungen zu hoch schrauben, sich selbst und ihren Kindern zusätzlichen ‚Schulstress' bereiten.“* (Gartner & Jirasko 1999, 279).

Genauere Kennzeichnung der Schulangst

Zur genaueren Kennzeichnung der Schulangst kann zwischen den beiden Komponenten der *Leistungsangst* und der *sozialen Angst* unterschieden werden, welche ineinander verwoben sind, da die Leistungssituation fast immer im sozialen Kontext stattfindet (Ulich 2001; Wahl et al. 1997). Deswegen findet sich eine Reihe von Ängsten, die sich unter dem Begriff der Schulangst aufsummieren lassen und die für den Schüler eine wichtigere Rolle spielen als die eng gefassten kategorialen Beschreibungen klinischer Ängste (vgl. Tab. 5).

Tab. 5: Formen der Schulangst (mod. nach Wahl et al. 1997, 208)

Leistungsangst	**Soziale Angst**
Angst, Fehler zu machen	Angst vor Nichtanerkennung
Prüfungsangst	Angst vor Zurückweisung
Auftretensangst	Angst vor Machtverlust

Auf den Begriff der Schulphobie wird in diesem Zusammenhang nicht näher eingegangen, da die Versuche der begrifflichen Abgrenzung wie die von Lempp (1991) oder Lotzgeselle (1990) problematisch erscheinen und es an empirischen Untersuchungen mangelt.
Inwiefern eine schulische Leistungssituation als bedrohlich empfunden und eine Leistungsangst entwickelt wird, hängt von verschiedenen Prozessen und Faktoren ab (Metzke & Steinhausen 2001). Die Bedrohung durch die Leistungssituation wird dann besonders intensiv wahrgenommen, wenn die Prüfung sehr bedeutsam ist und der Schüler gleichzeitig eine geringe Erfolgserwartung hat: hohe subjektive Valenz und niedrige Erfolgswahrscheinlichkeit führen zu einer stärkeren Leistungsangst (Fend 1997). Die Angst nimmt dann zu, wenn der Schüler sich vor und in der Leistungssituation hilflos erlebt und keine Möglichkeiten zur Bewältigung der Bedrohung sieht. Wenn der Schüler zudem die eigene Bega-

bung anzweifelt, löst dies eine erhöhte Angst aus, da die eigenen Defizite nicht durch einen erhöhten Aufwand ausgeglichen werden können.
Problematisch sind auch Leistungssituationen, die durch Unsicherheit und Unberechenbarkeit gekennzeichnet sind (Strittmatter 1993; Warren et al. 1996). Wenn für den Schüler weder Leistungsinhalte noch Bewertungskriterien transparent sind, sieht er sich einer ausschließlich externen Kontrolle ausgesetzt. Er kann dieser Situation nicht mit Hilfe einer gezielten Vorbereitung entgegentreten und ist deswegen nicht in der Lage Ängste abzubauen (Ulich 2001). Welche Bedeutung die ständige Leistungsbeurteilung insgesamt auf das Wohlbefinden der Schüler hat bzw. wie negativ die Schüler diese zum Teil einschätzen, ergab die Befragung von Eder und Felhofer (vgl. Tab. 6).

Tab. 6: Reaktionen auf die Leistungsbeurteilung (vgl. Eder & Felhofer 1994, 211)

Reaktion auf Leistungsbeurteilung:	absolut (N)	Prozent
macht mich nervös	249	31,1
gefällt mir nicht	156	19,5
bedrückt mich	119	14,9
macht mir Angst	96	12,0
ist mir egal	309	38,6
gefällt mir	218	27,2

In der Literatur wurde Leistungsangst häufiger durch die Komponenten *worry* (Sorge) und *emotionality* (Aufgeregtheit) unterschieden, was auf die Faktorenanalyse von Liebert und Morris (1967) zurückzuführen ist. Hierbei zeigte sich bei der Komponente *worry* (Besorgtheit) ein wesentlich deutlicherer Zusammenhang zu Leistungsgrößen als bei *emotionality* (Himmelhoch 2001; Pekrun 1991; Schellhas 1993; Schwarzer 2000). Zur Interpretation von Angsteffekten wurden deswegen überwiegend kognitive Erklärungen herangezogen: kognitive Komponenten beanspruchen Teile des Arbeitsgedächtnisses, welche zur Aufgabenbewältigung nicht mehr zur Verfügung stehen, weswegen die Konzentration auf bestehende Aufgaben beeinträchtig ist. Umgekehrt können jedoch auch negative Schulresultate zu einer Entwicklung von Schulangst führen, da bereits negative Erfahrungen in diesem Situationsbereich gemacht wurden (Pekrun 1991, 1997). Eine wichtige Rolle spielen in diesem Zusammenhang auch dysfunktionale Kognitionen und eine geringe Internalität. Satow (1999a) konnte in einer Untersuchung aufzeigen, dass Selbstwirksamkeitserwartungen Veränderungen in der Besorgtheitskomponente der Prüfungsangst erklären können. Als Konsequenz ist zu erwarten, dass Schüler mit ausgeprägter Prüfungsangst von einem gezielten Aufbau der Selbstwirksamkeitserwartungen profitieren können bzw. die Erfahrung von Selbstwirksamkeit in der Gruppe zentral für den Aufbau des Selbstwertgefühls und die Minderung der Ängste sein kann.

Die leistungsbeeinträchtigende Wirkung der Schulangst konnte in unterschiedlichen Untersuchungen bestätigt werden: eine Befragung bei 14- bis 16jährigen Schülern ergab, dass 40 Prozent der Befragten folgender Aussage zustimmten: *„Ich glaube, meine Leistungen in der Schule wären besser, wenn ich weniger Angst vor Prüfungen und schriftlichen Arbeiten hätte."* (Kanders et al. 1996, 66). Ähnliche Ergebnisse zeigten sich bei der Frage nach der Abfragesituation. Diese Ergebnisse konnten von der Projektgruppe Belastung (1998) bestätigt werden. In deren Untersuchungen wurde insbesondere auf die erlebte Leistungserwartung und die Anforderungsstruktur des Unterrichts hingewiesen. Nach einer weiteren Untersuchung von Döpfner haben rund 20% der Jugendlichen Angst, durch eine Prüfung zu fallen, und rund 13% der Jungen und 15% der Mädchen haben Ängste vor schlechten Noten (Döpfner et al. 2000). Eine etwas ältere Meta-Analyse von Seipp zu 126 Studien in unterschiedlichen Ländern ergab, dass eine bedeutsame negative Korrelation zwischen Angst und Leistung besteht (Seipp 1990; Seipp & Schwarzer 1991). Der Unterschied zwischen Niedrig-Ängstlichen und Hochängstlichen in der Leistung betrug hierbei fast eine Standardabweichung. Ob die schlechten Leistungen Ursache für die Ängste sind oder umgekehrt bleibt jedoch offen (Suhr & Döpfner 2000). Hierbei spielt die soziale Herkunft eine Rolle: Kinder aus sozial höheren Schichten zeigen eher höhere Leistungen und haben deswegen weniger Angst als die Kinder aus niedrigeren Schichten (Ulich 2001).
Prüfungsangst tritt jedoch meist nicht isoliert auf, sondern es zeigte sich eine erhöhte Prävalenzrate anderer Angststörungen und Phobien bei prüfungsängstlichen Kindern (Silverman & Ginsberg 1995). Silverman und Ginsberg vermuten, dass bei Kindern mit Ängsten und Phobien eventuell ähnliche Störungen wie bei prüfungsängstlichen Kindern vorliegen wie z.B. aufgabenirrelevante oder negative selbst-evaluative Kognitionen. In einer älteren Studie von Beidel & Turner (1988) zeigte sich, dass sechzig Prozent der prüfungsängstlichen Kinder die Diagnose einer weiteren Angststörung wie sozialen Phobie oder generalisierten Angststörung hatten. Diese Ergebnisse zu komorbiden Störungen konnten in interkulturellen Studien bestätigt werden, hinzu kam eine Häufung komorbider depressiver Symptome (Kearny 1993; King et al. 1995; Warren et al. 1996). Diese Befunde lassen sich nach Suhr und Döpfner (2000) so interpretieren, dass Prüfungsangst keine eigene, eng umschriebene Störung darstellt, sondern vielmehr ein zentraler Aspekt einer Angststörung ist. Nach Beidel und Turner (1999) könnten die Angstsymptome auch durch eine andere sozial-evaluative Situation ausgelöst werden, die Schule stellt allerdings das zentrale Handlungsfeld des Heranwachsenden dar, in dem der Schüler ständig in sozialem Austausch und Bewertungssituationen begriffen ist. Deswegen ist es wichtig, bei der Prävention von Ängsten im Schulkontext, sowohl schulspezifische Merkmale wie z.B. Klassensituation mit einzubeziehen, als auch zu Grunde liegende Probleme wie z.B. dysfunktionale Kognitionen oder Probleme der Emotionsregulation zu berücksichtigen (Pekrun 1998).

Der zweite wichtige Bereich der schulischen Angst sind die *sozialen Ängste*, welche auf die Bedrohung der sozialen Stellung des Schülers zurückzuführen sind (vgl. Tab. 5). Diese treten erst im Jugendalter in den Vordergrund und spielen eine wesentlich größere Rolle als bei Erwachsenen (Beidel & Turner 1999; Pekrun & Fend 1991). Nach Buss (1980) lässt sich soziale Ängstlichkeit in vier Arten unterscheiden: Verlegenheit, Scham, Publikumsangst und Schüchternheit (vgl. Abschnitt 1.2.5). Diese vier Teilbereiche lassen sich anhand von Beispielen im Schaubild verdeutlichen (vgl. Tab. 7).

Tab. 7: Beispiele für soziale Ängste in der Schule (vgl. Tücke 1999, 204)

Verlegenheit	
Beispielsituation:	*erste Zusammentreffen in einer neuen Klasse*
Befürchtungen bezüglich des eignen Handelns	falsche Bemerkung gegenüber einem Mitschüler
Kurzfristig befürchtete Folgen	Gelächter der Mitschüler
Langfristig befürchtete Folgen	Statusverlust
Scham	
Beispielsituation:	*Vorturnen im Sportunterricht*
Befürchtungen bezüglich des eignen Handelns	Fehler bei einer Sprungübung
Kurzfristig befürchtete Folgen	Spott der Mitschüler, Kritik vom Lehrer
Langfristig befürchtete Folgen	Statusverlust, soziale Ächtung
Publikumsangst	
Beispielsituation:	*In einer größeren Gruppe eine Frage stellen*
Befürchtungen bezüglich des eignen Handelns	Offenbarung von Unwissenheit
Kurzfristig befürchtete Folgen	Kritik vom Lehrer, herablassende Bemerkung von Mitschülern
Langfristig befürchtete Folgen	Selbstwertverlust, Statusverlust
Schüchternheit	
Beispielsituation:	*Privater Anruf bei einem Lehrer*
Befürchtungen bezüglich des eignen Handelns	Störung, Belästigung des anderen
Kurzfristig befürchtete Folgen	Tadel, Kritik
Langfristig befürchtete Folgen	soziale Herabsetzung, Isolation

Die sozialen Ängste von Schülern können zu einem Rückzugsverhalten und zu Passivität führen, welche vom Lehrer zuweilen überhaupt nicht bemerkt werden – solange entsprechende Leistungen erbracht werden und keine Mitschüler in Mitleidenschaft gezogen werden. Es kann zur Beeinträchtigung des Selbstwertgefühls und zu dauerhaften Schäden kommen, wenn die Schüler ihre sozialen Ängste auf andere Kontexte generalisieren und zum Beispiel bereits das Warten

auf den Schulbus oder das potenzielle Treffen des Lehrers im Supermarkt zu einem Problem werden. Aufgrund der befürchteten Probleme in sozialen Kontexten besteht bei Sozial-Ängstlichen eine erhöhte Selbstaufmerksamkeit, die sich in Ängsten zu ihrem Aussehen oder ihren Verhaltensweisen niederschlägt (Beidel. & Turner 1999; Melfsen et al. 2000; Tücke 1999).
Da sich der Schüler im Klassenraum einer ständigen Beobachtungs- und Bewertungssituation ausgesetzt sieht, bestehen für ihn keine Ausweichmöglichkeiten. Die sozialen Ängste führen dann zu einer massiven Beeinträchtigung des Wohlbefindens und seiner Handlungsmöglichkeiten. Weil der Schüler aufgrund der Schulpflicht keine adäquate Möglichkeit besitzt, der Situation im Klassenzimmer und in der Schule zu entkommen, sollte ein Präventionsprogramm zu Ängsten im Schulkontext insbesondere an der Wahrnehmung und Bewertung der angstrelevanten Situationen und an einer Verbesserung der Interaktionen der Schüler untereinander ansetzen.

1.2.8 Angst und Geschlecht

Psychische Störungen sind im Kindes- und Jugendalter in hohem Maße geschlechtsabhängig.
Im Gegensatz zu externalisierenden Störungen mit eindeutigen Befunden zuungunsten der Jungen zeigen sich bis zu einem Alter von 14 Jahren keine signifikanten Unterschiede zwischen Jungen und Mädchen in Bezug auf internalisierende Störungen (Ihle & Esser 2002; Petermann et al. 2002). Im Jugendalter kommt es jedoch zu einer massiven Zunahme von Angststörungen bei Mädchen, was bei Jungen hingegen nicht beobachtbar ist (Ihle 2000). Es zeigte sich weiterhin ein Interaktionseffekt zwischen Alter und Geschlecht, welcher für den Fokus auf Präventionsstörungen von Bedeutung ist. Für Jungen zeigt sich bei Überängstlichkeit eine lineare Abnahme der Symptomatik zwischen 10 und 20 Jahren, während sie bei den Mädchen nahezu stabil blieb (Craske 1997; Keller et al. 1992). Diese Längsschnittstudie legt die Interpretation nahe, dass der Verlauf von Überängstlichkeit bei Mädchen eher chronisch ist, während bei Jungen die höchste Vulnerabilität in der späten Kindheit zu suchen ist (Cohen et al. 1993).
Die Geschlechtsverteilung ist im Jugendalter noch nicht so deutlich wie im Erwachsenenalter, dennoch gibt es einen deutlich höheren Anteil an Mädchen mit Angststörungen gegenüber den Jungen, das Verhältnis beträgt etwa 1:0,6 (Poulton et al. 1997). Je nach Angststörung variiert das Verhältnis: Beidel & Turner (1997, 1999) fanden bei sozialen Phobien ein Verhältnis von 3:2 zuungunsten der Mädchen. Auch bei multiplen Ängsten weisen weibliche Jugendliche zwischen 14 und 17 Jahren eine höhere Prävalenzrate auf (Lewinsohn et al. 1997).
Die Befundlage des Geschlechtseffektes, welcher im Jugendalter beginnt und bis zum frühen Erwachsenenalter zu einem Übergewicht der Frauen mit Angststö-

rung in einem Verhältnis von 2:1 bis 3:1 führt, ist insgesamt sehr konsistent (Costello & Angold 1995; Essau et al. 2002; Ihle & Esser 2002). Zahn-Waxler und andere (2000, 457) fassen dies pointiert zusammen: *„female sex becomes the strongest risk factor for internalizing problems."*
Weibliche Jugendliche haben jedoch nicht nur häufiger eine Angststörung, sie weisen auch eine höhere Symptomschwere auf. Lewinsohn et al. (1998) beobachteten eine Reihe von psychosozialen Beeinträchtigungen, die bei Mädchen größer sind als bei Jungen: sie erleben bestimmte Ereignisse intensiver, sind weniger selbstbewusst, bewerten ihren körperlichen Zustand als schlechter, weisen ein schlechteres körperliches Training auf und berichten mehr körperliche Beschwerden. Curle und Williams (1996) fanden heraus, dass Mädchen zwei Jahre nach einem Busunglück signifikant höhere Levels von Ängstlichkeit, Depression und internalen Symptomen zeigten als Jungen. Die Autoren weisen auf Parallelen im Umgang mit Naturkatastrophen hin, bei denen Mädchen ebenfalls höhere Angst- und Stresswerte aufweisen als Jungen.
Dieser Geschlechtseffekt wird durch die höhere Komorbiditätsrate von Ängsten und Depressionen bei Mädchen gegenüber Jungen noch verstärkt (Lewinsohn et al. 1995). Bei Panikattacken hingegen zeigten sich zumindest in der Bremer Jugendstudie keine geschlechtsspezifischen Unterschiede zwischen Jungen und Mädchen (Essau et al. 1998). Die geschlechtsspezifische Lebenszeit-Prävalenz von Angststörungen nach der Bremer Jugendstudie ist in der Tabelle 8 aufgelistet.

Tab. 8: Geschlechtsspezifische Lebenszeit-Prävalenz von Angststörungen (vgl. Petermann et al. 2002, 244)

	Weibliche Jugendliche (N=614)	**Männliche Jugendliche (N=421)**	**Gesamt (N=1035)**
Agoraphobie	4,9%	2,9%	4,1%
Spezifische Phobie	4,2%	2,4%	3,5%
Soziale Phobie	2,1%	1,0%	1,6%
Generalisierte Angststörung	0,3%	0,5%	0,4%
Weitere Phobien	13,5%	9,5%	11,9%
Panikstörung	0,5%	0,5%	0,5%
Posttraumatische Belastungsstörung	1,8%	1,4%	1,6%
Irgendeine Angststörung	21,8%	13,8%	18,6%

Ähnliche Ergebnisse zeigen sich bei den normalen Ängsten: sowohl die Intensität der berichteten Ängste (Gullone & King 1997) als auch die Anzahl an berichteten Ängsten (Burnham & Gullone 1997) ist bei Mädchen größer als bei Jungen. Auch in Bezug auf Besorgnis oder Sorgen machen zeigten sich Ge-

schlechtsunterschiede: in den Untersuchungen von Silverman et al. (1995) und Muris et al. (2000) berichteten Mädchen eine signifikant größere Anzahl von Sorgen als Jungen. Neben den Unterschieden in Bezug auf die Intensität der Ängste zeigten sich inhaltliche Unterschiede: Muris et al. (2000) zeigten, dass sich Mädchen signifikant besorgter zeigten, gekidnappt zu werden als Jungen, wohingegen die Jungen eher befürchteten verletzt zu werden.
Andererseits weisen einige Ergebnisse darauf hin, dass sich im Kindes- und Jugendalter in Bezug auf klinische Störungen noch keine Unterschiede zeigen. Last und andere (1992) fand vergleichbare Raten bei 188 ängstlichgestörten Kindern und Jugendlichen zwischen 5 und 18 Jahren. Ebenfalls eine Gleichverteilung von Jungen und Mädchen zeigte sich bei Strauss und Last (1993) in einer klinischen Studie zu spezifischen Phobien. Ihle und Esser (2002) weisen insbesondere darauf hin, dass sich ein deutlicher Geschlechtseffekt erst im späten Jugendalter oder frühen Erwachsenenalter nachweisen lässt.
Selbst wenn man davon ausgeht, dass sich die häufig gefundenen stabilen Geschlechtsunterschiede erst im späten Jugend- und Erwachsenenalter zeigen, stellt sich die Frage, ob das stereotype Meinungsbild, Frauen seien ängstlicher als Männer zutreffend ist bzw. inwieweit bei dieser Einschätzung Abstriche zu machen sind. In den unterschiedlichen Untersuchungen besteht eine große Übereinstimmung in der Selbst- und Fremdeinschätzung der Mädchen respektive der Frauen. Dies spricht allerdings eher für die Hypothese von Becker (1986), dass die Geschlechtsstereotype so weit introjiziert wurden, dass es in die Selbstbewertung der Personen mit einfließt. In weiterführenden Untersuchungen stellte sich heraus, dass Mädchen sich ängstlicher einstuften, häufiger Angst vor Bewährungssituationen und Abwertung bzw. Unterlegenheit haben. Offen bleibt hingegen, ob die Mädchen oder die Frauen das Eingeständnis, ängstlicher zu sein, negativ erleben oder eher als rollenkonformes Stereotyp ansehen – vollkommen diametral zum Jungen:

> *„Wenn ein Mädchen Angst zugibt, neigt es nicht dazu, das als eine Beeinträchtigung oder einen ungünstigen Ausdruck der Weiblichkeit anzusehen. Im Falle des Jungen wird ein solches Eingeständnis als eine Schwäche in seinem männlichen Charakter erlebt... Im Wesentlichen reagieren wir auf Angst beim Mädchen, indem wir es unterstützen und ihm erlauben, für die notwendige Beruhigung und Hilfe sich an andere zu wenden. Als Folge davon lernt es (sie) nicht, dass es (sie) Angst vor den anderen verbergen muss oder soll." (Sarason 1971, 291)*

Eine Reihe von Studien weist darauf hin, dass sowohl ihr wirkliches Verhalten als auch ihr erwartetes Verhalten in eher femininer Weise eingeschätzt wird: sie sollen ein emotionaleres Verhalten zeigen, mehr weinen, Gefühle zeigen und Unterstützung einfordern (Craske 1997; Curle & Williams 1996).
Im Gegensatz hierzu werden Jungen sowohl von den Erwachsenen als auch von den Peers als kleine Männer angesehen und sollen sich entsprechend verhalten.

Weiterhin wurde einerseits festgestellt, dass Personen, die eher als feminin beschrieben werden, höhere Werte auf der Ängstlichkeitsskala erhalten als Personen, die eher maskulin beschrieben werden (Trautner 1991). Da diese Daten nach Geschlechterrollen und nicht geschlechtsspezifisch ausgewertet wurden, kann davon ausgegangen werden, dass auch Männer sich als feminin und damit als ängstlich beschreiben. Die Frage, ob Frauen ängstlicher als Männer sind, kann nicht ohne weiteres zustimmend beantwortet werden.
Eine weitere Erklärung geschlechtsspezifischer Unterschiede besteht darin, dass weibliche Personen Angsterleben eher zugeben als männliche (Ulich 2001). Dies kann auch als Erklärung dafür dienen, dass Frauen in verbalen Daten wie Fragebögen deutlich höhere Werte aufweisen, dieser Effekt sich bei nichtverbalen Daten jedoch nicht nachweisen lässt (Lazarus-Mainka & Siebeneick 2000).
Diese Sozialisationsprozesse spielen vor allen Dingen innerhalb der Familie eine große Rolle: von Mädchen wird eine größere interpersonelle Reife erwartet und weniger Ärger bzw. Missverhalten toleriert. Die Unterdrückung von Ärger und die nach innen gerichteten Selbstbeschuldigungen in Kombination mit einem niedrigen Selbstwertgefühl können bei Mädchen die Entstehung von Ängsten bzw. depressiven Problematiken fördern (Roth 1999; Zahn-Waxler et al. 2000). In Extremfällen kann dies zu einem Ressourcenmangel im Bereich der Externalität führen, welcher die Gefahr suizidaler Gedanken erhöht. In der Untersuchung von Schröer konnten hier deutliche Unterschiede in der Wahrnehmung und Bewertung der familiären Situation und geschlechtsspezifischen Risiken festgestellt werden (Schröer 1999).
Es bleibt offen, inwieweit die unterschiedlichen Problematiken und Verläufe von Ängsten bei Jungen und Mädchen bei Präventionsprogrammen berücksichtigt werden können und müssen (Barrett 2000). Es stellt sich weiterhin die Frage, inwieweit es sinnvoll ist, am bisherigen Konzept gemischtgeschlechtlicher Programmkonzepte festzuhalten, oder ob in stärkerem Maße alters- und geschlechtsbedingte Veränderungen berücksichtigt werden sollten.

1.2.9 Unterschiedliche Erklärungsmodelle für Angststörungen

Biologische Faktoren

In unterschiedlichen Untersuchungen wurde übereinstimmend gefunden, dass ein hohes physiologisches Erregungsniveau in bestimmten Situationen erlebt wurde. Kagan et al. (1988) untersuchten dies erstmals in Bezug auf Schüchternheit und gehemmtes Verhalten im Kindesalter und schlugen das Konzept der Verhaltenshemmung (*behavioral inhibition*) als ein über die Kindheit stabiles Temperamentsmerkmal vor. Ob die Verhaltenshemmung jedoch biologisch determiniert ist, erscheint eher fraglich. Deswegen wird dieser Aspekt der Ängstlichkeit unter dem Abschnitt psychische Faktoren diskutiert. Einen guten Überblick über biologische Faktoren der Entstehung von Ängsten geben Kagan et al. (1988).

Psychische Faktoren

Zur Entstehung von Ängsten bieten eine Reihe psychischer Faktoren gute Erklärungsmodelle, die sich nach Temperamentseinflüssen, kognitiven und emotionalen Faktoren aufgliedern lassen.

Temperament

Es gibt einige Temperamentsdimensionen, welche für die Entstehung von Angst bedeutsam sind: in der New Yorker Längsschnittstudie wurde zwischen den Dimensionen Annäherung/Rückzug, Anpassungsfähigkeit an neue Situationen und Stimmungslage ein Bezug zu Angstsymptomen gefunden (Thomas & Chess 1986). Ein weiteres wichtiges Merkmal besteht darin, ob und wieweit sich ein Kind von seinen Eltern beruhigen lässt, wenn es Angst hat (Rothbart & Bates 1998). Es spielt weiterhin eine wichtige Rolle, wie häufig jemand negative und positive Affekte mitteilen kann.
Große Überschneidungen zeigen sich zwischen dem von Kagan et al. (1988) untersuchten Merkmal *Verhaltenshemmung* und Ängsten. Insbesondere in der psychobiologischen Forschung wurden diese physiologischen Komponenten untersucht. Es zeigte sich bei Personen mit Verhaltenshemmung ein stärkeres Rückzugsverhalten, das sich in Meidung von Kontakten zu unbekannten Personen, Klammern an Bezugspersonen oder Unterbrechung bestehender Aktivitäten äußerte.
Rothbart und Bates (1998) gehen davon aus, dass sich einige der genannten Temperamentsdimensionen überschneiden und schlagen eine Reduktion der Temperamentsdimensionen vor. Sie unterscheiden insbesondere zwischen positivem und negativem Affekt und differenzieren den negativen Affekt weiter

zwischen angstvollem (*fearful distress*) und reizbarem Distress (*irritable distress*). Angstvoller Distress ist durch Rückzug, Angst und schlechte Anpassungsfähigkeit gekennzeichnet, reizbarer Distress hingegen durch Wut und Reizbarkeit (Rothbart & Bates 1998). Angstvoller Distress entspricht in hohem Maße dem ängstlich-vermeidenden, schüchternen Verhalten, das Angststörungen kennzeichnet. Die Unterscheidung zwischen angstvollem Distress als Kennzeichen für internalisierende Störungen und reizbarem Distress für externalisierende Störungen hat sich in der psychobiologischen Literatur durchgesetzt (Derryberry & Reed 1994).
Verhaltenshemmung als Temperamentsdimension besitzt ab dem zweiten Lebensjahr eine relativ hohe Stabilität und kann deswegen als Prototyp für die Angst angesehen werden (Kagan et al. 1988; Rothbart & Bates 1998). Biedermann und andere (1990) fanden einen Zusammenhang zwischen der Einschätzung eines Kindes als verhaltensgehemmt mit 21 Monaten und einer phobischen Störung mit 7-8 Jahren; signifikant mehr Kinder mit einer Verhaltenshemmung als Kleinkind hatten eine phobischen Störung. Gleichzeitig besitzen introvertierte Kinder eine erhöhte Aufmerksamkeit für negative Reize wie Bestrafung und gestalten sich ihre Lernumgebung entsprechend eher ungünstig (Derryberry & Reed 1994). Dieser Einfluss des Temperaments darf allerdings nicht linearkausal hin zur Ausbildung einer Angststörung betrachtet werden, sondern muss vielmehr als Anstoßfaktor angesehen werden, bei dem je nach Selbstregulationsfähigkeit des Kindes Lern- bzw. Umgebungsfaktoren zum Tragen kommen (Petermann et al. 2002).
Angstvoller Distress stellt jedoch anscheinend auch einen guten Prädiktor einer unsicheren Bindung dar und besitzt deswegen in Abhängigkeit von Elternvariablen einen besonderen Einfluss auf die Ausbildung einer Störung mit Trennungsangst (Rothbart & Bates 1998). Warren et al. (1997) führten eine Längsschnittstudie mit 172 Kindern durch, um den Zusammenhang zwischen Bindungsverhalten und späteren Angststörungen zu untersuchen. Sie führten mit 12 Monate alten Kindern den Fremde-Situationstest durch und im Alter von 18 Jahren mit den gleichen Personen strukturierte Interviews zur Erfassung gegenwärtiger und vergangener Angstepisoden. Es zeigte sich, dass 28% der Ängstlich-gebundenen eine Angststörung entwickelten, wohingegen nur 13% der Nicht-ängstlich-gebundenen eine Angststörung entwickelten.
Sowohl Temperament als auch Bindungsverhalten stellen Einflussfaktoren für die Entwicklung einer Angststörung dar. Zusammenfassend lässt sich jedoch sagen: „*Neither temperament theory nor attachment theory alone accounts for the development of anxiety disorders.*" (Bernstein et al. 1996, 1112).

Kognitive Faktoren

Kognitive Faktoren können als zentral wichtige Komponenten der Entstehung und Aufrechterhaltung von Ängsten angesehen werden: „*The basic idea behind the cognitive explanation is that anxiety results from dysfunctional ways of making sense of the World.*" (Kendall 2000, 90). Hierzu zählen eine Reihe von Wahrnehmungs- und Bewertungsprozessen, die im Folgenden genauer beschrieben werden sollen. Kognitive Verzerrungen, definiert als Fehlinterpretation sozialer Situationen und intrapsychischer Prozesse, spielen zwar auch bei anderen Psychopathologien eine Rolle, sind jedoch insbesondere für Angststörungen charakteristisch (Southam-Gerow 2001).

So werden soziale Informationen von Ängstlichen selektiv wahrgenommen und in einseitiger (ungünstiger) Weise interpretiert. Mathews (1990) konnte in einer Studie aufzeigen, dass bedrohliche Reize von ängstlichen Menschen früher wahrgenommen werden als neutrale oder positive Reize. Bei angstfreien Menschen tritt genau der umgekehrte Effekt auf. Weiterhin trat der Effekt auf, dass ängstliche Testpersonen mehrdeutige oder neutrale Reize eher als bedrohlich einstuften. Ehlers vertritt aufgrund der Untersuchungsergebnisse die These, dass die „*...selektive Aufmerksamkeit und die Tendenz zur Interpretation mehrdeutigen Materials als bedrohlich ... zur Aufrechterhaltung von Angststörungen beitragen [können], indem sie als sich selbst erfüllende Prophezeiungen wirken.*" (Ehlers 1996, 60). Diese selektive Wahrnehmung kann einerseits mit negativen sozialen Erwartungen und andererseits mit Sorgen und Befürchtungen zusammenhängen (Petermann et al. 2002). Epkins (1996) untersuchte in uneindeutigen Szenarien den Zusammenhang zwischen Ereignissen, Attributen und Hemmung und fand heraus, dass internale Attributionen für soziales Scheitern positiv mit hohen Werten von Vermeidung und Hemmung korrelierten. Weitere Studien belegen, dass hochängstliche Kinder mehrdeutige Situationen eher als Bedrohung wahrnehmen und eher Vermeidungsverhalten planen (Chorpita et al. 1996, 1998; Vasey et al. 1994). Barrett et al. (1996) konnten zeigen, dass sich diese wahrgenommene Bedrohung sowohl auf physische Bedrohung als auch die soziale Ebene bezog. Bögels & Zigterman (2000) bestätigten diese Ergebnisse und wiesen einen doppelten Bias bei Ängstlichen nach: einerseits wird die Gefahr überschätzt und andererseits werden die eigenen Handlungsmöglichkeiten unterschätzt. Ebenso fiel in einigen Studien auf, dass Ängstlichkeit und negativer Attributionsstil hoch korrelieren, was jedoch auch für andere psychopathologische Störungen wie Depression gilt (Chansky & Kendall 1997; Southam-Gerow 2001).

Es besteht weiterhin ein Zusammenhang zwischen Angst und negativen sozialen Erwartungen: Chansky und Kendall (1997) konnten zeigen, dass sich Kinder mit einer Angststörung in neuen sozialen Situationen als wenig kompetent wahrnehmen. Die ängstlichen Kinder nehmen in besonderem Maße an, von den anderen Kindern abgelehnt zu werden. Dies widerspricht den realen Erfahrungen von zurückhaltenden und ängstlichen Kindern: sie werden eher ignoriert oder zumindest neutral behandelt und nur in sehr seltenen Fällen abgelehnt (Asher & Coie 1990). Ängstliche Kinder nehmen weiterhin mehr soziale Angst wahr und erleben sich als weniger sozial kompetent als Nichtängstliche. Specht (2000) betont in diesem Zusammenhang, dass ängstlichen Kindern keinesfalls die sozialen Fertigkeiten realiter fehlen, sie haben vielmehr die feste Überzeugung, diese nicht zu besitzen und entwickeln aufgrund dessen soziale Ängste. Mit der (falschen) Überzeugung, keine sozialen Fertigkeiten zu besitzen, ist häufig eine erhöhte Selbstaufmerksamkeit kombiniert, welche sich auf negative Gedanken, irrationale Sätze und wahrgenommene autonom gesteuerte Erregungen bezieht. Aufgrund der erhöhten Selbstaufmerksamkeit kann das Kind von externen Reizen wie Personen oder Situationen abgelenkt werden: die Aufmerksamkeit für die soziale Situation ist reduziert und die Person kann nur noch bedingt flexibel handeln. Auf andere können diese eingeschränkten Handlungsmöglichkeiten teilweise so wirken, als ob die ängstliche Person über keine sozialen Fertigkeiten verfüge (Chansky & Kendall 1997).

Ein weiteres Merkmal der Angststörungen besteht in intensiven Sorgen (*worry)* oder Befürchtungen. Perrin und Last (1997) untersuchten speziell diese Komponente und fanden heraus, dass nur Kinder mit Trennungsangst ein deutlich höheres Ausmaß an sorgenvollen Gedanken aufwiesen. Die Kinder mit einer anderen Angststörung unterschieden sich hinsichtlich dieses Merkmals nicht von unauffälligen Kindern oder von Kindern mit einer hyperaktiven Störung. Das Ergebnis zeigt, dass die kognitiven Verzerrungen der Angststörungen auch störungsspezifisch sein können und nicht für jeden Angsttypus gelten.

Die Befunde zu irrationalen Gedanken bei der Entstehung von Angststörungen sind nicht eindeutig (Emelkamp & Scholing 1997). Petermann und andere (2002) weisen darauf hin, dass irrationale Gedanken einerseits zu ungünstigen negativen Erwartungen führen können, sie können allerdings bereits als Folge bestehender Ängste auftreten. Ein wichtiger Bestandteil ist neben der Irrationalität der Gedanken die negative Bewertung in Bezug auf die Inhalte (Kendall 2000). Kein Unterschied hingegen zeigte sich bei den positiven Gedanken: laut Kendall und Chansky ist demnach die Abwesenheit negativer Gedanken und nicht die Anwesenheit positiver Gedanken das entscheidende Unterscheidungskriterium zwischen ängstlichen und normalen Jugendlichen (Bögels & Zigterman 2000; Kendall & Chansky 1991).

Ein weiteres wichtiges Element besteht in der Wahrnehmung einer Situation als unkontrollierbar: Wenn im Alltag Sicherheitssignale sensu Seligman (1971) fehlen, sind aversive Ereignisse im Alltag nicht vorhersehbar und somit nicht kontrollierbar. Erlebt das Kind häufig unkontrollierbare Ereignisse bzw. tritt diese Unvorhersehbarkeit über mehrere Ereignisse und einen gewissen Zeitraum hinweg konstant auf, kann der Heranwachsende keine Kontrollerwartungen aufbauen. Er nimmt sich selbst als extern kontrolliert wahr und reagiert aufgrund dieser fehlenden Selbstbestimmung ängstlich. Längerfristig besteht zudem die Gefahr, dass bei einem sehr passiven Verhalten die Person zunächst eine massive Angststörung entwickelt, die später in eine Depression übergeht (Curry & Murphy 1995). Mangelnde Selbstwirksamkeitserwartungen stellen einen guten Prädiktor sowohl für Angst- als auch für Depressionsstörungen dar (Roth 1999; Satow &

Bäßler 1998; Satow 1999a). Neben dieser Beeinträchtigung wird der Aufbau von Selbstvertrauen und Selbstwertgefühl erschwert, welche gute Schutzfaktoren gegen die Ausbildung einer Angststörung darstellen – ein Teufelskreis aus Selbstzweifeln, Passivität und erhöhter Aufmerksamkeit kann sich aufbauen. Jugendliche mit Angststörung haben weiterhin Defizite bei effektiven Problemlösungsstrategien. Zwei Studien haben gezeigt, dass sie zu ineffektiven und vermeidenden Lösungsstrategien bei hypothetischen Situationen neigen (Barrett et al. 1996b; Chorpita et al. 1996). Diese These kann zudem dadurch gestützt werden, dass der Bias beim Problemlösen spezifisch für Kinder mit Angst- bzw. internalisierender Störung ist, da weder aggressive noch normale Kinder, jedoch einige depressive Kinder ihn zeigten (Barrett et al. 1996a).
Trotz der vielen genannten empirischen Belege bleibt kritisch anzumerken, dass die Richtung des Zusammenhangs zwischen kognitiven Verzerrungen und Angststörungen unklar bleibt: *„In other words, it is not currently known, if the cognitive factors discussed above are causes of or symptoms of anxiety disorders."* (Southam-Gerow 2001, 234).

Emotionale Faktoren

Der Mangel an einer genauen Analyse der Funktion von Emotionen ist ebenso bemerkenswert wie erstaunlich: *„The lack of emphasis on analysis of the roles and functions of emotions in the development of anxiety and mood disorders is both notable and curious"* (Zahn-Waxler et al. 2000, 452). Es besteht ein großer Bedarf an der Erforschung dysfunktionaler Regulationsmechanismen von Emotionen und ihrer Beziehung zu Psychopathologien. Die Emotionsregulation als eine der frühesten Entwicklungsaufgaben der Kindheit stellt einen zentralen Faktor für psychische Gesundheit dar und kann als Voraussetzung für sozial kompetentes Verhalten beschrieben werden (Pekrun 1998; Zimmermann 1999). Internalisierende Probleme sind nicht nur ein verstärkter Ausdruck von Angst oder Depression, sondern ebenfalls ein Bemühen, negative Emotionen zu kontrollieren oder zu unterdrücken (Southam-Gerow & Kendall 2002). Negative Emotionen werden für die meisten Kinder im Laufe der Entwicklung handhabbar: die Kinder verstehen nach und nach Bedeutung, Komplexität und Konsequenzen ihrer Gefühle und entwickeln Bewältigungsmechanismen (Himmelhoch et al. 2001). Dennoch ist zu wenig über den Zusammenhang zwischen Regulationsprozessen in Kindheit und Jugend und ihre Bedeutung für die Entwicklung einer späteren Angststörung bekannt (Zahn-Waxler et al. 2000). Saarni (1997) untersuchte den Umgang mit aversiven Gefühlen und fand innerhalb seiner Stichprobe (6-8; 10-12 Jahre) keine Alterseffekte. Für den Umgang mit Ängsten beschrieben etwa die Hälfte der Kinder entweder eine Problemlösestrategie (46%) oder Suche nach Unterstützung (47%) als beste Bewältigungs-Strategie. Achtzig Prozent der Kinder gaben an, eine Verbesserung der Gefühle nach An-

wendung der Strategie zu erwarten. Ein Vergleich entsprechender Daten mit einer Angststichprobe steht hier aus.
Eine Studie zu Emotionsregulation und sozialer Angst mit Kindern von Robin et al. (1995) ergab, dass die Kinder am ängstlichsten und sozial zurückgezogensten reagieren, die eine geringe Interaktionshäufigkeit und niedrige Emotionsregulationsfähigkeit aufweisen. Emotionsregulation wird in der Studie als Kompetenz verstanden, sich selbst zu beruhigen und das eigene Erregungsniveau positiv zu beeinflussen. Die Ergebnisse geben Hinweise darauf, dass nicht die Häufigkeit der Interaktion ausschlaggebend ist, sondern die Emotionsregulation wichtig ist. Southam-Gerow und Kendall (2002) bestätigen diese Ergebnisse. Sie fanden heraus, dass Kinder mit Angststörung im Vergleich zu normalen Kindern Defizite in ihrem Verständnis von Emotionsregulation haben: dies betrifft insbesondere den Ausdruck und die Veränderung von Gefühlen.

Soziale Faktoren

Zu sozialen Faktoren, die die Entstehung von Angststörungen beeinflussen, gehören insbesondere das elterliche Interaktions- und Erziehungsverhalten, kritische Lebensereignisse, soziale Herkunft und Schulumgebung.

Merkmale der Eltern

Persönlichkeitsmerkmale oder Psychopathologien der Eltern beeinflussen in beträchtlichem Maße das Interaktions- und Erziehungsgeschehen innerhalb der Familie, welche Auswirkungen sowohl auf das Wohlbefinden und die Eigenschaften des Kindes haben als auch auf seine Bereitschaft mit anderen zu interagieren und Bindungen einzugehen. Dieser Einfluss beginnt bereits sehr früh: eine Studie von Fyer (1993) konnte zeigen, dass Kinder, die im Alter von 12 Monaten unsicher gebunden sind, mit 17 Jahren mehr Angststörungen aufweisen.
Muris et al. (1996) beschäftigten sich explizit mit dem Zusammenhang zwischen elterlicher und kindlicher Angst. Zwischen elterlicher und kindlicher Ängstlichkeit *(fearfulness)* wurde eine positive Korrelation gefunden. Wichtiges Unterscheidungskriterium war weiterhin, wie stark die Mütter ihre Ängste zum Ausdruck brachten: je häufiger die Mütter ihre eigenen Ängste äußerten, desto höher waren die Ängste der Kinder. Die Regressionsanalyse ergab, dass die Äußerungshäufigkeit der Angst der Mutter am meisten Varianz der kindlichen Ängste aufklärte.
Dadds und Barrett (1996) konnten die weit verbreitete Vorstellung, dass ein dominierendes und überbehütendes Verhalten der Mütter zu Ängstlichkeit bei den Kindern führt, nicht bestätigen. Die Eltern ängstlicher Kinder zeigten zwar stär-

ker restriktiv-kontrollierende und aversive Interaktionsformen, diese können jedoch nicht ursächlich für die Kinderängste herangezogen werden. Dadds interpretiert die Daten vielmehr dahingehend, dass die Eltern ängstlicher Kinder diesen in besonderem Maße vermitteln, dass es wichtig ist, auf bedrohliche oder potenziell gefährliche Reize zu reagieren. Die Kinder wurden anscheinend durch diese spezifischen Informationen sensibilisiert und zeigten in der Folge ein stärker abwartendes und vermeidendes Interaktionsverhalten, welches auf Ängste verstärkend wirkt. In einer weiteren Studie von Barrett et al. (1996b) konnte gezeigt werden, dass Kinder sich dysfunktionale Reaktionen und Verhaltensmuster aneignen können, indem sie die elterlichen Erklärungen für soziale Ereignisse und Interaktionen übernehmen. Deswegen kann das Kind sich auch dann einen ängstlichen Verhaltensstil aneignen, wenn es nicht selbst direkt mit der angstprovozierenden Situation konfrontiert wird: *„Hence, it is plausible that anxious children might learn to expect negative consequences for their behavior and as a result become fearful and avoidant."* (Barrett 1996b, 188).
Ein deutlicher Zusammenhang konnte zwischen psychischer Störung der Eltern wie z.B. Angststörung oder Depression und erhöhtem Risiko für eine Angststörung beim Kind aufgezeigt werden (Beidel & Turner 1997; Kovacs & Devlin 1998; Zahn-Waxler et al. 2000). Dieses Risiko ist jedoch eher unspezifisch in Bezug auf die Art der Angststörung, d.h. es wird nicht automatisch die gleiche Angststörung an die Kinder weitergegeben. Inwiefern die Art der Störung der Eltern ein guter Prädiktor für eine Angststörung des Kindes ist, wurde in der Studie von Beidel & Turner (1997) mit sieben- bis zwölfjährigen Kindern untersucht. Hierbei zeigte sich, dass 28,7% der untersuchten Kinder eine psychische Störung aufwiesen; bei den Eltern mit psychischer Störung waren diese besonders stark ausgeprägt. Die Wahrscheinlichkeit für ein Kind, eine psychische Störung zu entwickeln, ist bei psychisch auffälligen Eltern etwa fünf- bis sechsmal so hoch wie bei normalen Eltern. Weisen die Eltern eine Angststörung auf, kommt es bei den Kindern fast zwangsläufig auch zu einer Angststörung, während bei anderen psychiatrischen Diagnosen ein breites Spektrum an psychischen Störungen sowie mehr komorbid vorhandene Störungen zu verzeichnen ist. Dennoch betonen Beidel und Turner (1997), dass man eher von einem unspezifischen Risiko für die Ausprägung irgendeiner Störung als von einem spezifischen Risiko für eine Angststörung sprechen kann. Die Ergebnisse wiesen außerdem darauf hin, dass ein besonders hohes Risiko für die Gruppe mit niedrigem sozioökonomischem Status und Psychopathologie der Eltern besteht. McClure et al. (2001) bestätigten diese Ergebnisse in einer Studie und wiesen darauf hin, dass das Risiko für das Auftreten einer kindlichen Angststörung am höchsten ist, wenn bei der Mutter eine Angststörung mit einer Depression auftritt.
Die Stabilität der Angststörungen über mehrere Generationen hinweg bzw. das Vorhandensein eines erhöhten Risikos bestätigte sich in unterschiedlichen Studien (Last et al. 1991; Mancini et al. 1996; Vitiello et al. 1990). Mancini et al.

(1996) untersuchten die Kinder von Elternteilen, die wegen einer Angststörung in klinischer Behandlung waren und fanden heraus, dass 53% der Kinder mindestens eine psychiatrische Diagnose erfüllten, wovon 49% wiederum auf eine Angststörung fielen. Im Vergleich zu einer durchschnittlichen Prävalenzrate von 17 bis 21% (vgl. Abschnitt 1.2.10) wird das stark erhöhte Risiko deutlich. Andererseits konnten Bernstein et al. (1996) aufzeigen, dass eine geringe Depressivität der Mutter einen guten Schutzfaktor gegen die Entwicklung einer Angststörung darstellt. Nimmt eine Mutter kompetent die Erziehung ihrer Kinder wahr und handelt entsprechend selbstbewusst, ist das Risiko zur Ausprägung einer Angststörung geringer.
Wenn die Eltern eine Agoraphobie ohne Angststörung oder eine Zwangsstörung haben, erhöht sich das Risiko für eine Angststörung um das Siebenfache. Dieses erhöhte Risiko wurde in den Studien von Capps et al. (1996) dahingehend bestätigt, dass diese Kinder im Vergleich zu einer Kontrollstichprobe öfter eine oder mehrere Angststörungen entwickelten, besonders häufig Trennungsangst. Die Kinder agoraphobischer Eltern lassen sich durch niedrige Kontrollerwartungen, pessimistische Gesundheitseinschätzung und starkes Grübeln über einzelne Familienmitglieder und den Tod kennzeichnen.
Aufgrund der uneinheitlichen Befundlage kann die Frage, ob der Einfluss der elterlichen Störung spezifisch zur Ausprägung einer Angststörung ist oder nur ein allgemeines erhöhtes Risiko für die Entwicklung irgendeiner Psychopathologie bildet, nicht eindeutig geklärt werden. Einig sind sich die Autoren jedoch, dass ein generell deutlich erhöhtes Risiko bei dem Vorhandensein einer elterlichen Psychopathologie besteht (Beidel & Turner 1997; McClure et al. 2001; Muris et al. 1996).

Elterliche Interaktions- und Erziehungsverhalten

Bei Angststörungen besteht eine hohe Korrelation zwischen den Generationen. Mögliche Erklärungen bestehen in biologischen und in lernpsychologischen Ansätzen. Wahrscheinlich ist eine Wechselwirkung der unterschiedlichen Bedingungsfaktoren: das ängstliche Verhalten der Eltern wirkt einerseits als Modell für das Verhalten ihrer Kinder. Andererseits verstärkt das elterliche Erziehungsverhalten häufig auch Vermeidungsreaktionen der Kinder oder die Eltern bringen für Rückzugsverhalten oder Schüchternheit besonders viel Verständnis auf, da ihnen diese Handlungsmuster besonders gut bekannt sind. Andererseits fällt es Eltern mit Angststörungen besonders schwer, sozial kompetentes Verhalten ihrer Kinder zu erkennen und entsprechend zu fördern. An den Beispielen wird deutlich, wie operantes Lernen bei der Aufrechterhaltung einer Angststörung eine große Rolle spielen kann (Chorpita et al. 1996; Kendall 2000; Petermann et al. 2002).

Elterliches Interaktions- und Erziehungsverhalten spielt sowohl bei der Entwicklung angstbezogener Phänomene als auch bei der Entstehung von Angststörungen selbst eine große Rolle (McClure et al. 2001; Rapee 1997). Hierbei sind eine Reihe von Faktoren wie Vernachlässigung, Distanz oder Emotionsausdruck seitens der Eltern, aber auch Wahrnehmungs- und Bewertungsprozesse seitens der Kinder bedeutsam. In diesen Studien haben sich aus der Fülle von Variablen insbesondere zwei Hauptfaktoren herausfinden lassen: der wichtigste Faktor lässt sich durch ein Verhalten oder die Einstellung von Akzeptanz und Wärme kennzeichnen. Dieser Faktor wird häufig durch seinen Gegenpol, nämlich negative oder feindliche Gefühle der Eltern gegenüber ihren Kindern konzeptualisiert. Der zweite Faktor bezieht sich auf die Autonomie, die Eltern ihren Kindern gegenüber gewähren bzw. die übermäßige Kontrolle, die sie auf die Kinder ausüben (Donovan & Spence 2000; Ollendick et al 2001). Diese Faktoren werden als elterliche Zurückweisung (*parental rejection*) und (übermäßige) Kontrolle (*control*) bezeichnet (McClure et al. 2001; Rapee 1997). Laut Muris et al. (1998) müssen zur Untersuchung dieser Faktoren zwei Gruppen miteinander verglichen werden: eine Stichprobe Erwachsener mit Angststörung und eine unauffälligen Gruppe soll retrospektiv hinsichtlich Ängstlichkeit und Erziehungsverhalten untersucht werden. Dies zeigte sich beispielsweise in der Untersuchung von Arrindell et al. (1983), welche in der Gruppe mit Angststörungen ein stärker kontrollierendes und zurückweisendes Verhalten und weniger Wärme ihrer Eltern wahrgenommen haben. Muris et al. (1998) fanden ähnliche Ergebnisse bei einer Untersuchung von Angststörungen bei normalen Schulkindern: es bestand eine positive Korrelation zwischen Ängstlichkeit und elterlicher Kontrolle. Die Effekte waren besonders hoch bei generalisierter Angststörung, Trennungsangst und Angst vor Umweltfaktoren. Unterschiede hinsichtlich elterlicher Zurückweisung waren weniger bedeutsam. McClure et al. (2001) bestätigten in einer Risikostudie insbesondere die Bedeutung der wahrgenommenen elterlichen Kontrolle für die Ausprägung einer Angststörung bei den Kindern. Gruner et al. (1999) konnten ebenfalls eine Beziehung zwischen elterlichem Erziehungsverhalten und Angstsymptomen bei normalen Kindern aufzeigen. Die Schüler (9 bis 12 Jahre) mussten einen Angstfragebogen (CAS) und einen Fragebogen zum elterlichen Erziehungsverhalten ausfüllen. Es zeigte sich eine positive Korrelation zwischen elterlicher Zurückweisung, ängstlichem Erziehungsstil und elterlicher Kontrolle mit Angstsymptomen bei den Kindern. Emotionale Wärme der Eltern wies in dieser Studie keinen Zusammenhang zu den Angstsymptomen auf. Die elterliche Zurückweisung stellte in dieser Untersuchung den besten Prädiktor für die Angstsymptome bei den Kindern dar.

In der Studie von Spence und Dadds (1996) werden Ergebnisse zusammengestellt, in denen die Unterschiede zwischen Eltern ängstlicher Kinder und Eltern nicht-ängstlicher Kinder deutlich werden. Besonders groß sind die Unterschiede im Umgang mit nichteindeutigen Situationen, welche von Eltern ängstlicher Kinder eher als bedrohlich eingeschätzt werden. Des Weiteren wenden sie eher vermeidende Problemlösestrategien an und reagieren in Bezug auf das Kind überbehütend, überbeschützend und kontrollierend. Die Kinder werden durch dieses Verhalten in ihren Handlungsmöglichkeiten deutlich eingeschränkt und sind nicht in der Lage, für ihre Sozialentwicklung wichtige Erfahrungen zu sammeln. Indem sie wie ihre Eltern keine effektiven Problemlösestrategien entwickeln, bestätigen sie ihre Eltern in deren Situationseinschätzung und -bewältigung.

Eine Studie von Siqueland et al. (1996) im Vergleich von 17 Problemfamilien mit 27 normalen Familien zeigte, dass die ängstlichen Kinder sowohl Vater als auch Mutter als weniger akzeptierend wahrnahmen als dies bei der Kontrollgruppe der Fall war. Weiterhin sahen sie sich in ihrer Autonomie eingeschränkt. Diese Ergebnisse konnten durch die Beobachtung mittels eines neutralen Beobachters bestätigt werden. Nimmt man als Datenquelle jedoch die elterliche Selbsteinschätzung, zeigen sich keine Unterschiede zur Kontrollgruppe. Die Befunde bestätigen die Ergebnisse von Stark et al. (1990), dass Eltern von ängstlichen Kindern ihre eigenen und die familiären Schwierigkeiten eher unterschätzen oder negieren. In dieser Studie zeigten sich ebenfalls signifikante Unterschiede der Interaktionsstile zwischen Familien mit normalen, ängstlichen und depressiven Kindern.

Siqueland und andere (1996) führen in der Diskussion unterschiedliche Interpretationsmöglichkeiten der Befunde an: das Erziehungsverhalten der Eltern könne eher als Ursache für die Ängstlichkeit des Kindes angesehen werden, es kann aber auch als Reaktion auf die Temperamentsmerkmale beschrieben werden. An dem Befund wird die zentrale Bedeutung der Wechselwirkung von Temperament des Kindes und elterlichem Erziehungsverhalten deutlich.

Die geringere Autonomie oder Offenheit geht in Familien mit ängstlichen Kindern laut Niedermeier et al. (1995) einher mit einer geringeren Wärme und Intimität. Neben den genannten Dimensionen (überkontrollierend, überbehütend) fanden sowohl Krohne und Hock (1994) als auch Schellhas (1993) einen deutlichen Zusammenhang zwischen inkonsistentem und tadelndem Verhalten der Eltern und Ängstlichkeit des Kindes. Das inkonsistente Elternverhalten erlaubt dem Kind keine Möglichkeit, Kontrollüberzeugungen zu entwickeln, woraus erlernte Hilflosigkeit folgen kann (Seligman 1971). Tadelndes Elternverhalten wirkt generell aversiv auf Kinder und bei ängstlichen Kindern zudem angstverstärkend und hemmend in Bezug auf die Entwicklung sozialer Kompetenz (Petermann et al. 2002). Insgesamt besteht jedoch ein Mangel an Studien, welche systematisch den Zusammenhang zwischen familiären Faktoren, elterlichem Erziehungsverhalten und Angststörungen untersucht (Bernstein et al. 1999).

Weitere umweltbezogene Faktoren

„Children do not exist in a vacuum. They are constantly changing and evolving." (Ollendick et al. 2001, 24). Eine Reihe weiterer sie umgebender Einflussfaktoren können eine Rolle bei der Entstehung von Ängsten spielen und wurden in empirischen Studien bisher erst zum Teil erfasst. Diese unterschiedlichen, sich jedoch überlappenden Bereiche von Lernerfahrungen spielen eine fundamentale Rolle bei der Entwicklung von Ängsten: klassisches Konditionieren, Modelllernen (stellvertretendes Lernen) und Aufnahme negativer Informationen sind die drei wichtigsten Bereiche. Ollendick & King (1991) konnten zeigen, dass ein Großteil der Kinder (88%) negative Informationsaufnahme als Ursache ihrer Ängste angaben; Modelllernen (56%) und Konditionieren (36%) zeigte sich weniger häufig. In einer ähnlichen Studie überprüften Muris et al. (1999) die Häufigkeit der genannten Faktoren als Ursache für nächtliche Ängste. Der größte Teil der Kinder (77%) sah in negativen Informationsprozessen (z.B. furchterregende Fernsehsendungen) die Ursache ihrer Ängste, Konditionieren (26%) und Modelllernen (13%) waren eher unbedeutend. Bemerkenswertes weiteres Ergebnis dieser Studie: 23% der Kinder wussten nicht, woher ihre nächtlichen Ängste kommen und hatten keine Idee zu möglichen Entstehungspfaden. Von einigen Autoren wird diese Unfähigkeit, die Ursachen von Ängsten zu bestimmen bzw. nur sehr diffuse Vorstellungen über die Ursache von Ängsten zu haben, als zentraler Faktor zur Entstehung von Ängsten angesehen (Kendall & Sugarman 1997; Kortlander et al. 1997; Petermann et al. 2002).
Kritische Lebensereignisse können ebenfalls die Entstehung einer Angststörung begünstigen bzw. Angststörungen in ihrer Persistenz beeinflussen (Döpfner 2000). Bernstein et al. (1989) fanden heraus, dass Jugendliche mit einer Angststörung deutlich mehr kritische Lebensereignisse in den vorausgegangenen Monaten erlebt hatten als Jugendliche mit niedriger Angst. Zu den häufigsten kritischen Lebensereignissen zählten Auseinandersetzungen mit Eltern, Geschwistern oder Klassenkameraden, schlechte Schulnoten, Beendigung einer Freundschafts- oder Liebesbeziehung, körperliche Misshandlung oder chronische Krankheit (Bradley & Hood 1993). Die Schule bzw. schulische Interaktionen mit Lehrern und Schülern nehmen hierbei eine besonders wichtige Rolle ein: die Schule als Ort systematischen Lernens und ständiger Leistungskontrolle stellt eine besondere Quelle der Angst dar, da von ihr eine *„facettenreiche Selbstwertbedrohung"* (Schnabel 1998, 4) ausgeht (vgl. Abschnitt 1.2.7).
Die Befunde bezüglich des sozioökonomischen Status des Elternhauses und der Entstehung von Angststörungen sind widersprüchlich: während Whitaker et al. (1990) keinen Zusammenhang finden konnten, zeigte sich bei Reinhertz et al. (1993) und Beidel und Turner (1997) bei niedrigem sozioökonomischen Status in Verbindung mit einer psychischen Störung eines Elternteils ein erhöhtes Risiko für die Entwicklung einer Angststörung. Die Untersuchungen von Schellhas (1993) weisen ebenfalls darauf hin, dass Unterschichtkinder beträchtlich höhere

Angstwerte im Kindesalter aufweisen als Mittelschichtkinder und höher für eine chronische Ängstlichkeit gefährdet sind. Andererseits zeigte sich bei den nicht-gefährdeten Kindern kein Unterschied. Selbst wenn kein direkter Zusammenhang zu niedrigem sozioökonomischem Status feststellbar ist, kann man jedoch von einem erhöhten allgemeinen Risiko ausgehen (Walper et al. 2001).

Multikausales Entwicklungsmodell

Wie in den vorherigen Abschnitten mehrfach betont wurde, kann man nicht von einem monokausalen Modell ausgehen oder von eindeutigen Ursachen sprechen, die zu einer Angststörung führen. Es gibt vielmehr eine Reihe von Entwicklungspfaden oder Risikofaktoren, die das Auftreten einer Angststörung wahrscheinlicher machen.

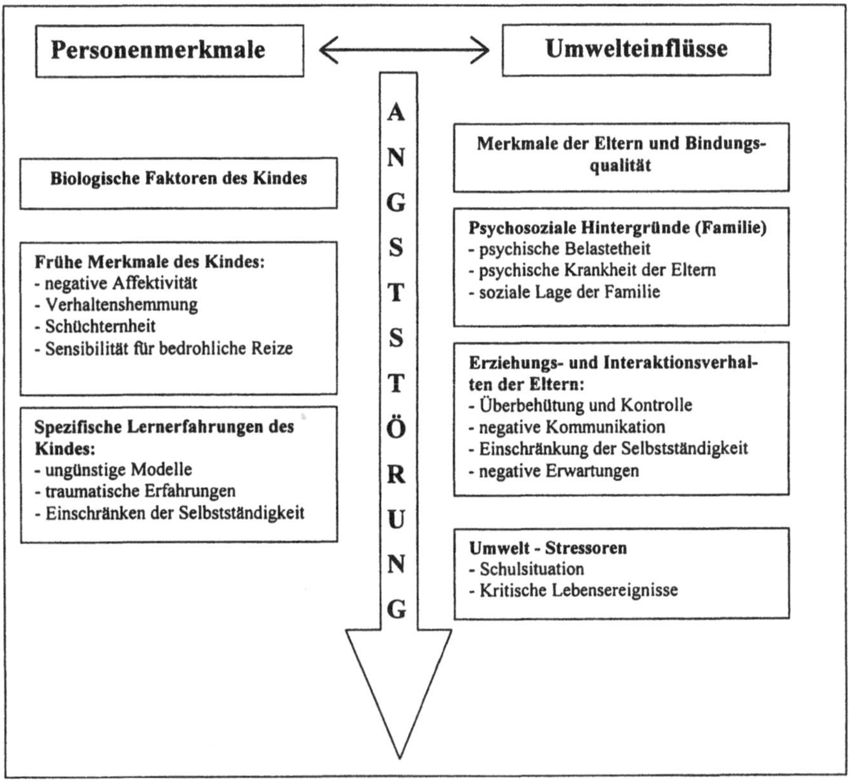

Abb. 4: Multikausales Modell zur Entstehung von Ängsten (stark mod. nach Petermann et al. 2002)

Wie diese zusammenwirken, wurde in bisherigen Studien noch zu wenig hinterfragt bzw. berücksichtigt. Hierfür wären allerdings auch aufwändige Längsschnittstudien notwendig, die bisher in der Erforschung von Angststörungen eher die Ausnahme sind (Keller et al. 1992).

In Anlehnung an die Übersicht von Craske (1997) und dessen Weiterführung bei Petermann et al. (2002) werden wichtige Faktoren zur Entstehung von Ängsten im Schaubild zusammengestellt (vgl. Abb.4). Bei den aufgeführten Einflussfaktoren wurde nach Personenmerkmalen und Umwelteinflüssen unterschieden, diese stehen neben ihrem Einfluss auf die Entwicklung der Angststörung in Wechselwirkung. Die Einflussfaktoren sind chronologisch nach dem Zeitfenster ihrer Bedeutung untereinander angeordnet. Da die spezifischen Wechselwirkungen der Faktoren sowohl untereinander als auch in Bezug auf die Ausbildung der Angststörungen aufgrund der bisherigen Studien nicht genauer spezifiziert werden konnten, wird im Gegensatz zu der Darstellung von Craske (1997) und Petermann et al. (2002) auf die Pfeile, welche eine eindeutig-lineare Zuordnung suggerieren, verzichtet.

1.2.10 Epidemiologie und Verlauf von Angststörungen

Normale Ängste nehmen im Verlaufe der Entwicklung sowohl in Bezug auf Intensität als auch Anzahl der Ängste ab bzw. es findet ein Wandel der Inhalte statt, der in unterschiedlichen Studien gut dokumentiert wurde (Costello & Angold 1995; Gullone 2000). Angststörungen lassen sich jedoch durch einen Anstieg an Häufigkeit und eine hohe Stabilität kennzeichnen. Epidemiologische Studien bei Erwachsenen haben gezeigt, dass Angststörungen einen chronischen Verlauf nehmen und ihren Beginn im Kindes- und Jugendalter haben. Keller und andere (1992) fanden in einer Längsschnittstudie heraus, dass 46% der Kinder mit Angststörungen nach acht Jahren immer noch dieses Symptombild aufwiesen und nur 14% völlig symptomfrei waren. Cohen et al. (1993) bestätigten diese Ergebnisse bei Kindern mit Überängstlichkeit: nach zweieinhalb Jahren wiesen immer noch 47% der Jugendlichen diese Störung auf. Kovacs und Devlin (1998) fanden ähnliche Ergebnisse in einer Studie über einen Zeitraum von 8 Jahren: ein Großteil der Teilnehmer erfüllte zum zweiten Messzeitpunkt immer noch die Kriterien einer Angststörung. Ein wichtiger Einflussfaktor für die hohe Stabilität der Ängste in der Untersuchung von Keller et al. (1992) kann jedoch das Vorhandensein der affektiven Störungen der Eltern sein (Essau et al. 2002a). In einem Überblick von Bernstein et al. (1996) wird demgegenüber aufgezeigt, dass die Remissionsrate je nach Angststörung bei etwa Zweidrittel liegt. Beidel et al. (1996) fanden heraus, dass bei 80% der sieben- bis 12jährigen Kinder die ursprüngliche Diagnose nach 3 Jahren nicht mehr erfüllt wurde. Diese Ergebnisse können jedoch als Symptomverschiebung interpretiert werden, da sich z.B. aus einer spezifischen Angststörung eine andere Angststörung entwickelte. Insgesamt wiesen 62% irgendeine Angststörung auf, 21% hatten immer noch Ängste auf subklinischem Niveau und nur bei 17% kam es zu einer völligen Remission. Dem stehen die Ergebnisse von Last et al. (1996) gegenüber, die eine Untersuchung über einen Zeitraum von drei bis vier Jahren durchführten und Remissionsraten von 70-96% fanden. Dies wurde in einer Untersuchung von Essau et al. (2002a) bestätigt, die jedoch auf die Gefahr der Unterschätzung der Angststörungen und auf die Problematik der Symptomverschiebung bzw. hohe Komorbidität internalisierender Störungen verweisen (Essau et al. 2002c).

Der Anstieg der klinischen Angststörungen im Jugendalter schlägt sich insbesondere in Phobien und posttraumatischen Belastungssituationen nieder (Petermann et al. 2002). Die Verläufe von Angststörungen lassen sich nur schwer beschreiben, insbesondere wenn komorbid Alkoholmissbrauch oder -abhängigkeit auftritt, was bei 11,9 % der Jugendlichen zwischen 14 bis 17 Jahren vorkommt (Lewinsohn et al. 1997). Simonoff et al. (1997) bestätigten den Anstieg von Angststörungen im Jugendalter, welcher bei Mädchen mit generalisierter Angststörung, spezifischer oder sozialer Phobie besonders hoch war.

Die Komorbidität von Angststörungen generell zu anderen Störungen und speziell zur Depression ist immens hoch und variiert in epidemiologischen Studien je nach Stichprobe (generell oder klinisch) und Messart zwischen 17% und 66% (Kendall et al. 1997; Last et al. 1997; Silverman & Ginsberg 1998) und wird wahrscheinlich sogar noch unterschätzt (Kovacs & Devlin 1998; Zahn-Waxler et al. 2000). Die auffallend hohe Komorbidität zwischen Angst- und Depressionsstörungen kann mehrere Gründe haben: zum einen wird die Diagnose einer Depression wahrscheinlicher, wenn die Diagnose einer partikulären oder multiplen Angststörung vorausgeht (Curry & Murphy 1995). Zudem gibt es Überschneidungen bzw. identische Items bei den Fragebögen zur Erfassung der beiden Störungen (Zahn-Waxler et al. 2000). Zum anderen stellt sich die Frage, ob nicht den beiden Störungen ein gemeinsamer Faktor zugrunde liegt (Burns & Eidelson 1998; Chorpita 2002; Kovacs & Devlin 1998). Die Einkonstrukt-Position zielt darauf ab, Angst und Depression *„share a common emotional, cognitive and possible genetic substrate, sometimes referred to as negative affectivity"* (Cole et al. 1997, 110). Zuweilen wird die Angst auch als Vorläufer oder Teil einer Depressionsstörung angesehen (Curry & Murphy 1995). Auf jeden Fall stellt eine Angststörung einen sehr guten Prädiktor für eine spätere Depressionsstörung dar: das Risiko für die Ausbildung einer Depressionsstörung ist bei Vorhandensein einer Angststörung sechsmal so hoch wie ohne Angststörung (Essau et al. 2000). Deswegen geht die Zunahme von Angststörungen teilweise einher mit einer Zunahme depressiver Störungen. Last et al. (1996) fanden weiterhin, dass fast die Hälfte der Sozialphobiker irgendwann in ihrem Leben eine depressive Episode diagnostiziert bekamen.

Bei einer Analyse des Erstmanifestationszeitpunkts der Störung zeigte sich, dass Angststörungen generell früher auftreten als Depressionen. Einschränkend muss jedoch erwähnt werden, dass die Daten retrospektiv erhoben wurden und es deswegen zu Verzerrungen kommen kann (Essau et al. 2000). In einer Verlaufsstudie zeigten jedoch Cole und andere (1998), dass bei einer Gruppe von Jugendlichen die Abnahme von Ängstlichkeitssymptomen durch eine Zunahme von Depressionssymptomen abgelöst wurde. Diese Daten sprechen dafür, dass die Angststörungen in der Kindheit als Vorläufer einer Depression im Jugend- und Erwachsenenalter angesehen werden können (Lewinsohn et al. 1995). Zahn-Waxler et al. (2000) vertreten ebenfalls die These, dass Angststörungen entweder als Vorläufer oder Teil einer depressiven Symptomatik angesehen werden können oder sich als eigenes Störungsbild manifestieren können.

Aufgrund methodischer Inkonsistenzen variieren die Ergebnisse zur Epidemiologie von Angststörungen im Kinder- und Jugendbereich beträchtlich (vgl. Tab. 9). Diese Inkonsistenzen beziehen sich teilweise auf die Erhebungstechnik selbst (unterschiedliche Fragebögen, Checklisten; voll- bzw. halbstrukturierte Interviews), aber auch die Stichprobengröße variiert zuweilen beträchtlich. Hinzu kommen die verschiedenen möglichen Datenquellen, welche herangezogen und unterschiedlich gewichtet werden können (Specht 2000). Eine Übersicht über mögliche methodische Probleme bieten Bird et al. (1995) und Essau und Petermann (1997).

Tab. 9: Prävalenz verschiedener Angststörungen im Kindes und Jugendalter (vgl. Petermann et al. 2002, S. 240)

Trennungs-angst	Soziale Phobie	Spezifische Phobie	Generalisierte Angststörung	Panikstörung	Panikattacke	Posttraumat. Belastungsst
Bowen et al. (1993) 2,4%-4,7%	Lewinsohn et al. (1993) 1,5%	Lewinsohn et al. (1993) 1,9 %	Bernstein et al. (1996) 3,7 %	Whitaker et al. (1990) 0,6 %	Ollendick et al. (1994) 40-60%	Reinhartz et al. (1993a) 6%
Lewinsohn et al (1993) 4,2%	Reinhartz et al. (1993a) 1 %	Essau et al. (1998a) 3,5%	Essau et al. (1998a) 0,4 %	Lewinsohn et al. (1993) 0,8 %	Essau et al. (1999b) 18 % (12-14)	Essau et al. (1998a) 1,6 %
Bernstein et al. (1996) 3,5-4%	Bernstein et al. (1996) 1 %	Wittchen et al. (1998) 2,3%	Wittchen et al. (1998) 0,8 %	Bernstein et al. (1996) 0,6%		
DSM-IV (1996) 4%	Schaffer et al. (1996) 7,6 % Ki			Hayward et. al. (1997) 1,7%		
Topolski et al. (1997) 3,5-5,4%	Essau et al. (1998a) 1,6 %			Essau et al. (1998a) 0,5 %		
Wittchen et al. (1998) 1,5%	Wittchen et al. (1998) 3,5 %			Wittchen et al. (1998) 1,6 %		

Langfristige Verläufe

Es liegen kaum aussagekräftige Studien zum langfristigen Verlauf von Angststörungen im relevanten Altersbereich vor. Last et al. (1997) befragten Erwachsene im Alter von 18 bis 26 Jahren per Telefon. Hierbei wurde eine ehemalige Patientengruppe mit Angststörung, eine Gruppe mit komorbider Angststörung und Depression und eine Kontrollgruppe verglichen. Die Gruppe der Patienten mit einer isolierten Angststörung wies in den meisten Bereichen keine Unterschiede zur Kontrollgruppe auf, lediglich die Ablösung vom Elternhaus und der Beginn eines selbstständigen Lebens gestaltete sich schwierig. Es zeigte sich hingegen eine deutliche Beeinträchtigung der Gruppe von Patienten mit komorbider Störung: sie hatten seltener eine Ausbildung begonnen oder eine Arbeit angenommen, wiesen die meisten psychischen Probleme auf und benötigten am häufigsten psychologische Hilfe.
In der Studie von Flakierska-Praguin (1997) wurden 35 Personen, die im Alter von sieben bis zwölf Jahren eine Schulphobie aufwiesen, 20 Jahre später noch einmal befragt und mit einer Kontrollgruppe von normalen Schülern verglichen. Es zeigte sich, dass 14% der Gruppe (im Alter von 30-40 Jahren) immer noch bei ihren Eltern lebten und noch keine eigene Familie gegründet hatten. Sie hatten insgesamt mehr Probleme bei den psychosozialen Kontakten, wiesen signifi-

kant mehr psychische Störungen auf und benötigten häufiger psychologische Hilfe als die Kontrollgruppe. In Bezug auf die Schullaufbahn und die berufliche Karriere zeigte sich jedoch kein signifikanter Unterschied.
Bei einem Vergleich der kurz- und langfristigen Störungsverläufe zeigt sich, dass im Kindes- und Jugendalter beginnende Angststörungen durch eine hohe Stabilität gekennzeichnet sind, eine hohe Variabilität an Erscheinungsformen bzw. einen Wechsel zu anderen Angststörungen oder internalisierenden Störungen zur Folge haben können und unterschiedliche berufliche und psychosoziale Beeinträchtigungen zur Folge haben können. Weitere Längsschnittuntersuchungen mit größeren Stichproben sind jedoch dringend notwendig, um weiterführende Aussagen machen zu können. In bestehenden Studien wurde jedoch deutlich, dass die kindliche Ängstlichkeit in ihrer chronischen Verlaufsform einen deutlichen Risikofaktor für die individuelle Entwicklung der Kinder und Jugendlichen darstellt (Keller et al. 1992; Schellhas 1993).

1.2.11 Erfassung von Ängsten

Wie in den Abschnitten zu normalen und klinischen Ängsten bzw. der Schulangst gezeigt werden konnte, äußert sich Angst auf unterschiedlichen Ebenen. Die Entwicklung und erfolgreiche Implementierung von Interventionsstrategien hängt von einer guten Einschätzung der wichtigen Faktoren und deren Messung ab (Essau & Barrett 2001). Die Diagnostik geht immer der Behandlung voraus und der Erfolg der Intervention hängt von der Information ab, die man zu einer Problemstellung gewonnen hat.
Bei der Erfassung von Angststörungen ist diese Aufgabe besonders schwierig, da Eltern und Lehrer dazu tendieren, internalisierende Störungen und Ängste zu unterschätzen (Donovan & Spence 2000). Des Weiteren ist die Übereinstimmung zwischen Eltern-, Lehrer- und Selbstberichten insbesondere in Bezug auf Angststörungen relativ niedrig (Federer et al. 2001). Andererseits besitzen Selbstberichte, insbesondere jüngerer Kinder, eine geringere Validität, da sie noch nicht die kognitive und soziale Reife besitzen, über interne Zustände zu reflektieren (Döpfner 2000).
Deswegen muss bei jüngeren Kindern auf äußere Datenquellen und Fremdeinschätzungen zurückgegriffen werden, um die Validität der Aussagen gewährleisten und Fehlerquellen minimieren zu können, wohingegen bei Jugendlichen Selbstbericht-Fragebögen fast problemlos eingesetzt werden können.Es können eine Reihe von Vorgehensweisen zur Erfassung von Ängsten gewählt werden, ein Überblick befindet sich in Tab. 10. Die einzelnen Verfahren beinhalten jedoch spezifische sachimmanente Probleme.
Während Verhaltensmanifestationen von Ängsten wie Vermeidungsverhalten vor gefürchteten Objekten oder Situationen von außen beobachtbar sind, lassen

sich interne Maße wie Gedanken oder Gefühle nur durch Selbstbericht erschließen (March & Albano 1998).
Des Weiteren gestaltet sich die Beobachterschulung bzw. die Erzielung hinreichender Übereinstimmung unterschiedlicher Beobachter häufig als schwierig. Die subjektive Bewertung durch den Beobachter kann nur bedingt ausgeschlossen werden (Essau & Barrett 2001).

Tab. 10: Unterschiedliche Methoden in der Angstdiagnostik (übersetzt und mod. nach Essau & Barrett 2001, S.78)

Herangehensweise	Methode / Messinstrument
Erfassungsmethode	• Direkte Beobachtung (z.B. BAT, POSA) • Körperliche Maße (z.B. Herzfrequenz, Hautleitfähigkeit) • Einschätzungsskalen (z.B. CBCL, TRF) • Diagnostisches Interview - strukturiertes Interview (z.B. DISC) - halb-strukturiertes Interview (z.B. ADIS-C, K-SADS) • Selbst-Beurteilungsfragebögen (z.B. RCMAS, SCAS, SCARED)
Informanten	• Kind / Jugendlicher • Eltern • Lehrer • Kliniker
Setting	• Zu Hause • Schule • Labor • Klinik

Andere Verfahren wie die Erfassung physiologischer Kennwerte können nur im Kontext der gesamten Auffälligkeit bewertet werden: ängstliche und aggressive Kinder unterscheiden sich beispielsweise nicht in ihrer Herzfrequenz (Petermann et al. 2002). Speziell für Kinder bietet sich als weitere Informationsquelle die Analyse von Zeichnungen an. Dies gilt allerdings nur für die Einzeldiagnostik bzw. den Beratungskontext, da sich die einzelnen Bilder kaum vergleichen lassen und nicht den Ansprüchen der Psychometrik genügen (Crotti & Magni 2002).
Diagnostische Interviews liefern zwar eine Vielzahl an Informationen, sie sind jedoch sowohl in der Durchführung als auch in der Auswertung sehr aufwändig. Sie müssen von Klinikern oder geschulten Interviewern durchgeführt werden

und unterliegen in der Interviewsituation der Gefahr von Störfaktoren durch die Interaktion zwischen den Beteiligten (Essau & Barrett 2001).

Selbstbericht-Verfahren

Geht man von einer Angstdefinition aus, welche die subjektive Wahrnehmung und Bewertung von Situationen als zentralen Punkt beinhaltet (vgl. Abschnitt 2.1.1) und will man die Veränderung dieser Einschätzungen erfassen, bietet sich die Selbstberichtmethode an. Das Ziel der Selbstbeurteilungsfragebögen besteht in der Identifikation spezifischer Angstsymptome und Verhaltensweisen und einem Quantifizieren von deren Auftreten (Silverman & Serafini 1998).
Die Vorteile liegen in der einfachen und wenig aufwändigen Informationsgewinnung direkt vom Heranwachsenden unter Ausschluss möglicher Störquellen wie Beurteilungstendenzen. Ein Nachteil dieser Methode besteht in der Gefahr einiger genereller Antworttendenzen (Trautner 1991) und der Möglichkeit, dass die Antworten durch Simulation und Verzerrungstendenzen kontaminiert werden können. Selbst wenn man von gewissen Antworttendenzen ausgeht und es zu einer Konfundierung unterschiedlicher Störungsbilder kommen kann (March & Albano 1998), kann man davon ausgehen, dass die gewonnenen Daten die Ängste der Heranwachsenden am ehesten in adäquater Art und Weise abbilden. Ob sich die Jugendlichen diese Ängste „nur" einbilden oder einreden oder ob sie „tatsächlich" vorhanden sind, spielt in diesem Zusammenhang nur eine untergeordnete Rolle, da die subjektive Wahrnehmung und Bewertung für das Angsterleben von zentraler Bedeutung ist und mit Hilfe der diagnostischen Instrumente abgebildet werden soll.
Ein Überblick über wichtige Selbstbericht-Verfahren der Angstdiagnostik befindet sich in der Tabelle (vgl. Tab. 11). Einige Verfahren beziehen sich auf eine kategoriale Diagnostik, um die Störungsbilder in Anlehnung an die Klassifikationssysteme ICD-10 und DSM-IV abzubilden (vgl. Abschnitt 1.2.6). Der Youth-Self-Report bezieht sich auf eine dimensionale Diagnostik, welche mit Hilfe einzelner Skalen die beiden Dimensionen internalisierender versus externalisierender Störungen abbildet.

Kritische Reflexion /Problembereiche

An den bestehenden Fragebögen zu Angststörungen bleibt zu kritisieren, dass sie in zu geringem Maße entwicklungspsychologisches Wissen einbeziehen bzw. Erwachsenenkonzepte auf das Jugendalter übertragen (Barrett 2000; Essau & Barrett 2001). Das Wissen über altersspezifische Veränderungen von Ängsten und deren Abhängigkeit von kognitiver, sozialer und körperlicher Entwicklung sollte in den Konzepten von Angstfragebögen stärker berücksichtigt werden

(Costello & Angold 1995). Die beste Evaluierung eines Fragebogens bestünde in Relation zu Altersnormen oder altersgemäßem Funktionieren (Essau et al. 1997).

Tab. 11: Übersicht wichtiger deutschsprachiger Selbst-Beurteilungs-Fragebögen zur Erfassung von Ängsten

Name	Autoren	Störung	Alter	Skalen	Zusätzliche Informationen
AFS Angstfragebogen für Schüler	Wieczerkowski et al. (1974)	Angst	9-17	Prüfungsangst Manifeste Angst Schulunlust	zusätzliche Einschätzskala für Lehrer
SBB-ANG Selbstbeurteilungsbögen - Angststörungen	Döpfner & Lehmkuhl (2000)	klinische Angst	11-18	Trennungsangst Generalisierte Angst Soziale Angst Spezifische Phobie	Bestandteil des DISYPS-KJ
KAT II Kinderangsttest	Thurner & Tewes (2000)	generelle Angst	9-15	Zustandsängstlichkeit	prospektiv retrospektive Erfassung
PHOKI Phobiefragebogen für Kinder und Jugendliche	Döpfner et al. (2000c)	Phobien	8-18	Angst vor Gefahr / Tod Trennung Bedrohlichem Tiere Medizinische Eingriffe Soziale Angst Schule / Leistung	Deutsche Fassung des FSSC-R
SASC-R Social Anxiety Scale for Children-Revised	Melfsen & Florin (1997)	Soziale Angst	8-16	Angst vor neg. Bewertung neg. Gefühle im Kontakt mit anderen Vermeidung von sozialen Situationen	
SCAS Spence Children Anxiety Scale	Spence (1997)	Angst	8-12	Generelle Angst Soziale Angst Panik Trennungsangst Phys. Verletzung Zwang Generelle Angst	
SPAI-K Sozialphobie und Angstinventar für Kinder	Melfsen et al. (1999)	Soziale Angst	8-16	Soziale Angst	deutsche Fassung des SPAI-C
YSR-Internalisierende Youth-Self-Report	Achenbach & Edelbrock (1991)	Internalisierende Störungen	11-18	Sozialer Rückzug Angst Depression	Parallele Eltern- und Lehrerform

Es gibt jedoch nach wie vor keinen Angstfragebogen, der speziell für Jugendliche konstruiert wurde und die jugendspezifischen Veränderungen in dem Maße mit einbezieht, wie es vonnöten wäre. Eine weitere Schwierigkeit liegt in der Vergleichbarkeit der erhobenen Selbst-Bericht-Daten: es erscheint teilweise fraglich, inwieweit die Schüler mit den gleichaltrigen Peers verglichen werden können oder ob zu große Unterschiede bestünden (Essau & Barrett 2001). Eine gute Übersicht über einen Vergleich dreier traditioneller und neuerer englischsprachiger Angstfragebögen mit einer differenzierten Diskussion der Vor- und Nachteile liefern Muris und andere (2002a).

Es besteht weithin Übereinstimmung, dass die beste Erfassungsmethode der Psychopathologie in multiplen Informationsquellen besteht. Im Gegensatz zu externalisierenden Störungen ist bei internalisierenden Störungen die Übereinstimmung unterschiedlicher Datenquellen jedoch sehr gering, was den Einsatz mehrerer Informationsquellen problematisch erscheinen lässt (Durlak 1997; Federer et al. 2001). Allein die Auswahl der relevanten Daten bzw. die Relation der einzelnen Ergebnisse zueinander würde sich schwierig gestalten, da offen ist, welche Kriterien für die Auswahl zu Grunde zu legen ist.

Die Reliabilität der meisten Selbstbericht-Fragebögen konnte in verschiedenen Untersuchungen aufgezeigt werden, wohingegen die Validität nach wie vor verbessert werden sollte (Essau & Barrett 2001; Muris et al. 2002a; Thurner & Tewes 2001). Die mangelnde diskriminante und Konstruktvalidität der Verfahren könnte auf eine unzureichende Berücksichtigung der Entwicklungsaspekte zurückzuführen sein. Bei der Konstruktion zukünftiger Angsttests sollten in stärkerem Maße die sozial-kognitive und emotionale Entwicklung als Einflussfaktoren berücksichtigt werden. Als weiterer Faktor wurde bisher das Verhältnis zu den Peers nicht in ausreichendem Maße erhoben und in die Diagnostik einbezogen (Essau & Barrett 2001).

Der Schwerpunkt der vorliegenden Arbeit besteht in der Vorbereitung, Durchführung und Evaluation eines Präventionsprogramms von Ängsten im frühen Jugendalter. Deswegen muss in dieser Arbeit trotz des Wissens um ihre Schwächen auf bestehende Angsttests zurückgegriffen werden. Aus genannten Gründen werden Selbstberichtmaße zur Erfassung der Ängste gewählt. Zur Validierung der Ergebnisse wurden mit dem SCAS und dem YSR sowohl ein kategoriales als auch ein dimensionales Verfahren eingesetzt.

1.3 Prävention und Intervention von Angststörungen

Im folgenden Kapitel soll der Fokus auf das Verständnis von Prävention psychischer Störungen insbesondere von Angststörungen im Kindes- und Jugendalter gerichtet werden. Andere Bereiche der Präventionsforschung werden weitgehend ausgespart, da sie für die durchgeführte Untersuchung nicht von Bedeutung sind. In einem zweiten Schritt wird das FREUNDE- Programm, welches in der vorliegenden Untersuchung eingesetzt wurde, als Beispiel für ein kognitiv-behaviorales Programm zur Prävention von Ängsten vorgestellt.

1.3.1 Überblick über Prävention und Intervention

1.3.1.1 Verständnis von Prävention und Intervention im Gesundheitswesen

Mit dem gewandelten Verständnis von Gesundheit und Krankheit geht ein Wechsel in Richtung Gesundheitsvorsorge und eine Stärkung präventiver Aspekte einher. Seit Beginn der achtziger Jahre hat sich der Begriff der Gesundheitsförderung durchgesetzt. Insbesondere durch die WHO unterstützt wird Gesundheitsförderung als ein integratives Präventionskonzept angesehen, welches eine einseitige Betonung verhaltensbezogener Maßnahmen überwinden soll und auf die Entwicklung gesunder Lebensbedingungen abzielt (Hurrelmann & Settertobulte 2002). Die WHO betont, dass alle Gesundheitsförderung eine gesundheitsgerechte Gestaltung der sozialen und der natürlichen Umwelt erreichen und zugleich jedem einzelnen Menschen die notwendigen Kompetenzen vermitteln will, seine persönliche Gesundheit zu verbessern. Die generelle Idee der Gesundheitsförderung besteht darin, die Fertigkeiten des Einzelnen auszubauen, die Stärke oder die Coping-Strategien einer Gruppe von Personen zu verbessern: es wird der Fokus auf Gesundheit und Wohlbefinden gelegt. Hierbei wird davon ausgegangen, dass Kinder und Jugendliche mit größeren Kompetenzen und Bewältigungs-Möglichkeiten in der Lage sind, persönliche Ziele eher zu verwirklichen und mit Stress und unterschiedlichen Entwicklungsaufgaben besser umgehen können (Durlak 1997).

Wichtig ist in diesem Kontext die Präzisierung des Verständnisses von Gesundheit: Gesundheit ist nicht einfach als das Gegenteil von Krankheit zu definieren – eine Person ohne physische oder psychische Krankheit oder Störung ist nicht notwendigerweise eine, die körperlich fit, psychisch stabil und gesund ist. Durlak zieht hieraus die Schlussfolgerung, dass die Präventionsprogramme am effektivsten sind, welche Symptome und Probleme reduzieren *und* dem Aufbau von Kompetenzen dienen: *„Programs that reduce problems and increase competencies probably leave their participants at lower risk for future difficulties than those that only achieve the former outcome."* (Durlak 1997, 13)

Ziel von Prävention ist demnach die Krankheitsvermeidung *und* Gesundheitsförderung zu einem möglichst frühen Zeitpunkt. Deswegen muss Prävention eng mit dem Wissen über Ursachen von Krankheiten, normalen Entwicklungsverläufen, Risiken und Schutzfaktoren verbunden sein (Barrett 2000; Heinrichs et al. 2002). Um die Wahrscheinlichkeit des Auftretens einer Störung reduzieren zu können, ist es notwendig einzugreifen, bevor sich eine Störung manifestieren kann oder einen chronischen Verlauf nimmt. Ein weiteres Problem besteht darin, dass viele Kinder und Jugendliche nie angemessene psychische Dienste in Anspruch nehmen können oder unangemessene Dienstleistungen angeboten bekommen (Greenberg et al. 2001).

1.3.1.2 Verschiedene Dimensionen der Prävention

Caplan (1964) nahm eine erste und heute noch grundlegende Unterscheidung der verschiedenen Vorgehensweisen der Prävention je nach Zeitpunkt der Intervention in primäre, sekundäre und tertiäre Prävention vor. Primäre Prävention stellt ein unspezifisches Eingreifen vor Auftreten einer Störung dar. Sekundäre Prävention ist eine spezifische Prävention mit einer selektiven Stichprobe zu einem Zeitpunkt, an dem sich die Störung noch auf einem subklinischen Niveau bewegt. Tertiäre Prävention soll eine bereits vorhandene Störung durch eine Intervention behandeln. Hurrelmann und Settertobulte (2002) entwickelten den Ansatz Caplans (1964) weiter und differenzierten in fünf Bereiche, um so eine präzisere Beschreibung bestehender Präventionsprogramme vornehmen zu können. Dennoch sind dieser Einteilung gegenüber der Unterscheidung Caplans keine entscheidenden Vorteile abzugewinnen. Insofern entspricht die primordiale Prävention sensu Hurrelmann der primären Prävention Caplans, die primäre und sekundäre Prävention Hurrelemanns der sekundären Caplans und die weiteren Stufen (tertiäre und quartäre Intervention) stellen allenfalls die Ausdifferenzierung der tertiären Prävention dar und dienen der Vollständigkeit. Weiterhin wäre eine Differenzierung in Hinblick auf psychische Erkrankungen, körperliche Schwächen und eine Abgrenzung des Behinderungsbegriffs vonnöten, welche Hurrelmann und Settertobulte (2002, 135) in einem Schaubild unzulässig vereinfachend darstellen.

Das Institute of Medicine (USA) nahm 1994 zur besseren Abgrenzung der Prävention von der Therapie und Rehabilitation eine neue Einteilung der Prävention vor, die sich stärker auf die Zielgruppe bezieht: universell, selektiv und indiziert (Institute of Medicine 1994; Munoz et al. 1996). Universelle Programme zielen auf die Allgemeinbevölkerung ab und sind unabhängig von individuellen Risikofaktoren. Selektive Programme befassen sich mit Personen oder Gruppen, die aufgrund biologischer oder sozialer Faktoren ein erhöhtes Risiko für die Entwicklung einer Störung aufweisen. Indizierte Programme richten den Fokus auf Personen, die bereits Prodromalsymptome einer psychischen Störung aufweisen,

welche sich jedoch auf subklinischem Niveau bewegen. Sie sind unabhängig von biologischen oder sozialen Faktoren und richten sich nach Anzahl, Ausmaß und Intensität individueller Symptome. Da sich diese Begrifflichkeit nur teilweise durchgesetzt hat, werden in der vorliegenden Arbeit sowohl die Klassifikation Caplans als auch die Einteilung des Institute of Medicine verwendet, wie dies in der momentanen Präventionsforschung gängige Praxis ist (Heinrichs et al. 2002).
Universelle Programme benötigen große Stichproben und lange Untersuchungsdesigns, da die Prävalenzrate innerhalb der Gruppen relativ gering ist (Greenberg 2001). Dennoch konnten Durlak und Wells in einer Meta-Studie aufzeigen, dass universelle Programme eindrucksvolle Effektstärken aufweisen (Durlak 1997). Ein Großteil der Teilnehmer beinhaltet nur ein relativ geringes Risiko zur Ausprägung einer Störung, dennoch profitieren sie von den Programmen insofern, als ihre Kompetenzen gestärkt und ihr Wohlbefinden verbessert werden. Andererseits haben universelle Strategien den großen Vorteil, dass sie eine breite Gruppe von Personen erreichen, ohne vorab schwierig festzulegende Auswahlkriterien vornehmen zu müssen, wer am Programm teilnehmen soll und wer nicht. Deswegen werden durch universelle Strategien auch Heranwachsende erreicht, die eventuell nicht als Risikokinder identifiziert würden oder einen bisher unbekannten Entwicklungspfad zur Störung aufweisen. Da die Komorbidität bei psychischen Störungen sehr hoch ist, sind die protektiven Faktoren häufig nicht störungsspezifisch bzw. wirken sich mit ihrem universellen Ansatz bei unterschiedlichen Störungen positiv aus, was eher für universelle Ansätze sprechen würde (Donovan & Spence 2000). Ferner handelt es sich bei universellen Programmen um eher niedrig-schwellige Angebote, welche weniger mit Labeling-Effekten zu kämpfen haben als selektive oder indizierte Strategien und deswegen eher akzeptiert werden (Greenberg et al. 2001). Andererseits kann die Teilnahmemotivation weiterer beteiligter Personen wie Lehrer oder Eltern relativ gering sein, da noch keine Symptome sichtbar sind und kein Leidensdruck besteht (Heinrichs et al. 2002). Durlak (1995) stellt eine weitere Perspektive bereit: selbst wenn nur 8% der gut entwickelten Kinder (gegenüber 30% der klinisch auffälligen Kinder) im Erwachsenenalter eine Störung ausbilden, beträgt der Anteil dieser Gruppe an Störungen im Erwachsenalter real 50%. Deswegen ist es trotz niedriger Prävalenzrate im Kindesalter sinnvoll, universelle Strategien zu unterstützen.
Im Vergleich zu universellen Programmen sind selektive Strategien effizienter in Bezug auf Zeit, Kosten und Wirksamkeit, zudem lässt sich die Kosten-Nutzen-Effizienz besser kalkulieren, und es werden bereits kurzfristig Effekte erzielt. Ausgehend von Risikogruppen, sind die Effekte der Intervention zudem größer, was aufgrund der höheren Baseline zum Teil ein Methodeneffekt ist (vgl. Abb. 5). Andererseits haben selektive Strategien diverse Nachteile: Obwohl einige Risiko-Faktoren wie z.B. Verhaltenshemmung, kognitive Verzerrungen oder elterliche Angst für die Ausbildung einer Angststörung bereits be-

kannt sind, ist die Auswahl der Zielgruppe für die selektive Prävention jedoch mit einigen Schwierigkeiten behaftet. Da eine Auswahl der relevanten Risikokriterien getroffen werden muss, kann immer nur ein Ausschnitt zukünftig Betroffener ausgewählt werden (Donovan & Spence 2000).

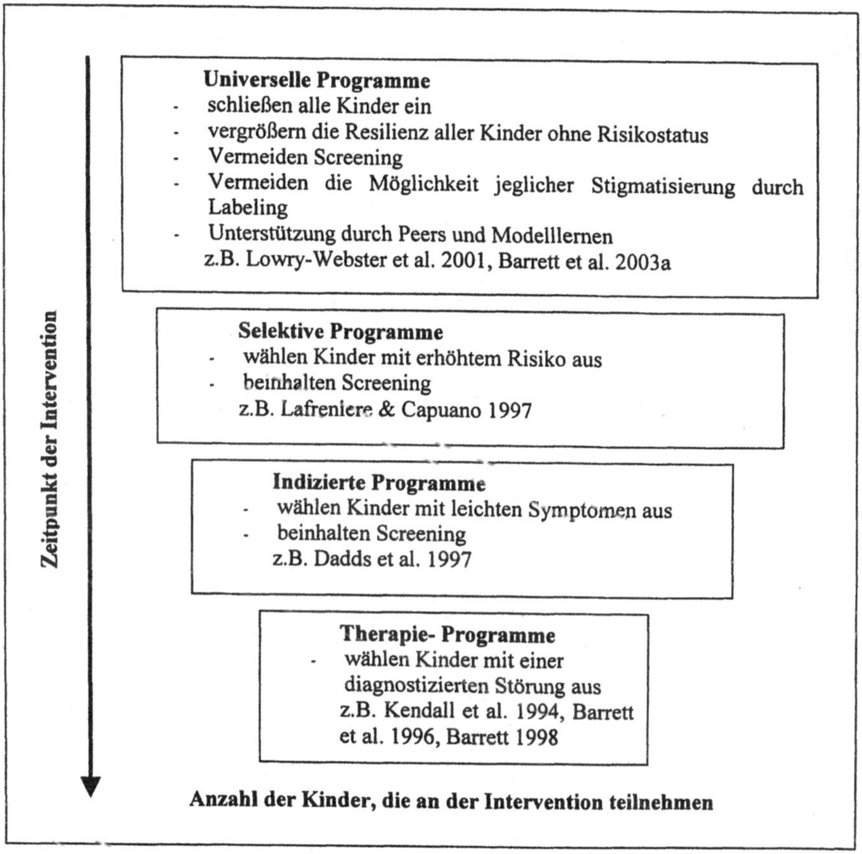

Abb.5: Prävention und Behandlung von Angststörungen (mod. nach Lowry-Webster et al. 2001)

Geht man zudem von einem multikausalen Modell von Störungen aus, bleiben die Auswahlkriterien einer selektiven Prävention schwierig: Es können auch Kinder zu Unrecht als potenzielle Risikopersonen identifiziert werden (Greenberg 2001). Weiterhin herrscht nach wie vor ein großer Bedarf an genaueren entwicklungspsychologischen Rahmenmodellen, um mehr Wissen über die spe-

zifische Wirkung von Risikofaktoren zu erlangen und die nötigen Schlussfolgerungen für die Präventionsforschung zu ziehen (Essau & Barrett 2001; Winett 1998).
Indizierte Programme setzen auf einem subklinischen Niveau von Störungen an. Sie teilen einige Vor- und Nachteile der selektiven Programme wie Kosten-Nutzen-Effizienz und die Problematik der Auswahl der Teilnehmer. Es stellt sich die Frage, welche Cut-Off-Werte und welcher Zeitpunkt für die Interventionsmaßnahme gewählt werden soll, damit höchste Effektivität und Effizienz erreicht werden kann. Ebenso bleibt offen, wie häufig und über welchen Zeitraum die Interventionsmaßnahme ausgedehnt werden soll (Donovan & Spence 2000). Es besteht einerseits die Gefahr, dass Teilnehmer ausgewählt werden, die nicht geeignet sind, andererseits werden Schüler übersehen, für die die Prävention wichtig wäre (Dadds et al. 1997). Hinzu kommen Labeling-Effekte und eine starke soziale Stigmatisierung: die Zugehörigkeit zu einer Präventionsgruppe kann mit negativen Selbst- und Fremdzuschreibungen verbunden sein und zu einer verstärkt internen Störungszuschreibung führen, welche sich im Laufe der Entwicklung des Selbstbildes verfestigt (Habermas 2001; Barrett & Turner 2001).
Neben diesen unterschiedlichen Systematiken zur Beschreibung des Zeitpunktes der Prävention müssen noch einige weitere Kriterien beschrieben werden. Auch wenn die Zielperson der Prävention letztlich immer das Kind oder der Jugendliche ist, gibt es Unterschiede zwischen den Programmen, wie die Einflussnahme konzipiert ist: Kriterien sind Ort, beteiligte Personen, Zielsetzung und Art der Präventionsmaßnahme (Heinrichs et al. 2002).
Als Orte der Prävention kommen die häusliche Umgebung (*home based*), Schulungszentren (*center based*), Schule (*school based*), Klinik (*clinical based*) oder die Gemeinde (*community based*) in Frage (Durlak 1997). Bei der Frage des Settings bieten schulzentrierte Programme einige Vorteile gegenüber klinischen. Sie sind wesentlich weniger aufwändig und stellen ein eher niedrig-schwelliges Angebot dar (Durlak 1995). Zudem erleichtern sie den Transfer der gelernten Fähigkeiten in einem für die Heranwachsenden zentralen Handlungsfeld. Ein klinisches Setting bietet sich insbesondere bei einer stärkeren Symptomatik oder Progredienz von Störungen an.
Als weiteres Kriterium stellt sich die Frage nach dem Fokus der Intervention: es wird zwischen person-zentrierten Programmen und umgebungs- oder kontext-zentrierten Programmen unterschieden. Individuum-zentrierte Ansätze arbeiten direkt mit den Heranwachsenden, um ihre spezifischen Fertigkeiten zu stärken, Wahrnehmungen und Einstellungen zu verändern oder bereits vorhandene Symptome zu reduzieren (Durlak 1997; Frederickson 2000). Innerhalb der Programme sollen bestimmte Wissensinhalte zur Genese und Prävention von Störungen und Fertigkeiten zu einem besseren Umgang mit diesen vermittelt werden. Individuum-zentrierte Ansätze gewinnen aufgrund der sozial-kognitiven und emotionalen Entwicklung mit zunehmendem Alter der Heranwachsenden an

Bedeutung (Greenberg et al. 2001): In gleichem Maße wie die Möglichkeiten und Entwicklungsaufgaben sich ausdifferenzieren, besteht die Gefahr einer Fehlanpassung und sind frühzeitige Korrekturen bzw. die Ausstattung mit Kompetenzen notwendig.

Bei den *Individuum-zentrierten Programmen* kann weiterhin zwischen Einzel- und Gruppenprogrammen unterschieden werden. Insbesondere wenn es um Thematiken wie den Aufbau sozialer Fähigkeiten oder den Abbau sozialer Ängste geht, ist Gruppenprogrammen der Vorzug gegenüber Einzelprogrammen zu geben. Einerseits lassen sich diese Übungen besser im Gruppenkontext als in einer Einzelsituation durchführen, andererseits wird der Transfer zu alltäglichen Gruppensituationen im schulischen Rahmen erleichtert. Insbesondere das Einbeziehen der Peers stellt einen zentral wichtigen Punkt der Gruppenprogramme dar – ihre Modell- und Bedeutungsfunktion wird bei Gruppenprogrammen genutzt (Barrett 2000; Greenberg et al. 2001; Mendlowitz et al. 1999). Einzelprogramme bieten hingegen eher Vorteile, wenn es bereits zu einer Progression der Störung gekommen ist: bei einem stabileren Selbst- und Krankheitskonzept des Heranwachsenden müssen auch massivere Interventionsstrategien verwendet werden, welche eher in therapieähnlichen Einzelsitzungen als in der Gruppensituation möglich sind (Flannery-Schroeder & Kendall 2000). Einzelprogramme sind jedoch wesentlich kosten- und zeitintensiver als Gruppenprogramme (Silverman et al. 1999b).

Umgebungs- oder Kontextansätze zielen darauf ab, mit Hilfe einer Gestaltung und Veränderung der Umgebung eine Person in positiver Weise zu beeinflussen (Durlak 1997; Hurrelmann und Settertobulte 2002). Bei den umgebungszentrierten Programmen gibt es unterschiedliche Adressaten wie Gemeinschaft, Schule, Peers oder Familie. Umgebungsansätze stützen sich auf die ökologische Theorie (Bronfenbrenner 1979, Sameroff 1987) und betonen, dass individuelles Verhalten in seinem sozialen Kontext betrachtet werden muss und die sozialen Einflüsse auf die individuelle Entwicklung fundamental sind (Winett 1998). Weiterhin wird davon ausgegangen, dass die Individuum-Umwelt-Passung bei einigen Personen besser gelingt als bei anderen – häufig aufgrund günstigerer Entwicklungsbedingungen. Deswegen setzen die meisten Umgebungs-Interventionen bei einer Veränderung wichtiger Personen des sozialen Umfelds an: indem das Verhalten bedeutsamer Anderer in der Umgebung des Kindes verändert wird (Peers, Eltern, Lehrer), wird eine positive Verhaltensänderung seitens des Kindes erwartet (Durlak 1997). Insbesondere bei jüngeren Kindern werden als Adressaten häufig die Eltern angesprochen, um ihnen Hilfen zur Erziehung des Kindes an die Hand zu geben oder bei bereits einsetzenden Störungen des Kindes die negativen Interaktionsketten zu unterbrechen und der Ausbildung einer klinischen Störung vorzubeugen. Die generelle Idee ist die, dass durch die Verbesserung der häuslichen Umgebung und des Familiensystems die Entwicklung des Heranwachsenden positiv beeinflusst wird (Mendlowitz et al. 1999). Die Entwicklung spezifischer Erzieher- oder Lehrertrainings stellt nach wie vor eher eine

Ausnahme dar, wenngleich dies eine ganz wichtige Zielgruppe zur Vorbeugung psychischer Störungen bei Kindern wäre.
In den letzten Jahren wurde verstärkt versucht, die Ausschließlichkeit der Person- und Umweltansätze zu überwinden und die jeweiligen Schwächen der Programmansätze dadurch aufzufangen, dass sogenannte *Multi-Komponenten-Programme* durchgeführt wurden, bei denen die verschiedenen Ansätze integriert wurden (Catalano et al. 1998; Heinrichs et al. 2002; Petermann et al. 2002). Bei diesen Programmen wird sowohl bei dem Heranwachsenden als auch bei seinen umgebenden Faktoren angesetzt (Donovan & Spence 2000; Winett 1998). Es werden beispielsweise Programme sowohl mit Kindern in der Schule als auch mit Eltern zu Hause durchgeführt (Heinrichs et al. 2002; Mendlowitz et al. 1999) oder das Präventionsprogramm der Kinder wird von regelmäßigen Elternabenden begleitet (Barrett et al. 1996a; King et al. 1997). Je mehr Komponenten integriert werden können, desto effektiver, aber auch kostspieliger wird das Programm und desto mehr Aufwand ist seitens der Familie für die Durchführung notwendig (Catalano et al. 1998; Greenberg 2001). Neben der Kombination der unterschiedlichen Ansätze wäre eine höhere Zeitdauer der Programme wünschenswert, welche über den üblichen Zeitraum einiger Monate mit wöchentlichen Treffen hinausgingen – dies ist aus praktischen und finanziellen Gründen jedoch meistens kaum durchführbar (Heinrichs et al. 2002). Ferner stellt sich die Frage nach den Grenzen der Präventionsforschung und inwieweit hier nicht Aufgaben der Pädagogik übertragen oder überlassen werden sollten. Die Lehrer werden nämlich bei dieser Methodenkombination bisher noch zu sehr ausgespart. Sie nehmen trotz ihrer zentralen Bedeutung für den Heranwachsenden eine schwierige Rolle ein, da sie sich einerseits um die Persönlichkeitsentwicklung und die Gesundheit der Schüler kümmern sollen, ihnen andererseits jedoch die Leistungsbeurteilung obliegt. Deswegen wäre es wichtig, sie über die einzelnen Schritte der Präventionsmaßnahme zu informieren und sie in einige Punkte mit einzubeziehen. Insbesondere in Hinblick auf die Stabilität der Effekte und die Erleichterung des Transfers in den normalen Schulalltag wäre dies von zentraler Bedeutung. Winett (1998) geht noch einen Schritt weiter und fordert eine Intervention auf vier Ebenen: personal, interpersonal, auf Organisations- und Institutionsebene und schlägt ein kombiniertes Anwendungsprogramm vor, welches dem pro-aktiven ökologischen Entwicklungs-Präventionsparadigma folgen soll (Donovan & Spence 2000). Inwieweit diese Forderung realistisch ist, bleibt fraglich, eine empirische Validierung steht noch aus.

1.3.1.3 Entwicklungspsychologisch relevante Themen der Prävention

Konvergente und divergente Entwicklung

Eine zentrale Problemstellung der Prävention lautet: „*how can we prevent something bad from happening if we do not know what causes it in the first place?*" (Durlak 1997, 7). Dieser Kritikpunkt und das Infragestellen der Prävention aufgrund einer mehrdeutigen Ätiologie von Störungen ist insofern zu kurz gegriffen, als es auf ein medizinisches Modell zurückgeht, welches von spezifischen Ursachen für bestimmte Störungen ausgeht. Längsschnittstudien haben jedoch gezeigt, dass sowohl für die normale als auch für die pathologische Entwicklung die Prinzipien der divergenten als auch die der konvergenten Entwicklung gelten. Insbesondere die Existenz von Diskontinuitäten unterstützen die Hypothese der multiplen Kausalität (Sameroff 2000). Dies unterstrichen Rutter & Sroufe (1984; 2000) auf theoretischer Ebene in ihrem Pathway-Ansatz deutlich und führten die Begriffe der Multikausalität und Äquifinalität als Grundbegriffe der Psychopathologie ein (Cicchetti & Rogosch 1996). Ähnliches konnte in empirischen Therapie-Studien sowohl für den Kinder- als auch für den Jugendbereich gezeigt werden: Verhalten kann verändert werden, ohne den ursächlichen Grund einer Störung zu kennen (Weisz et al. 1995).

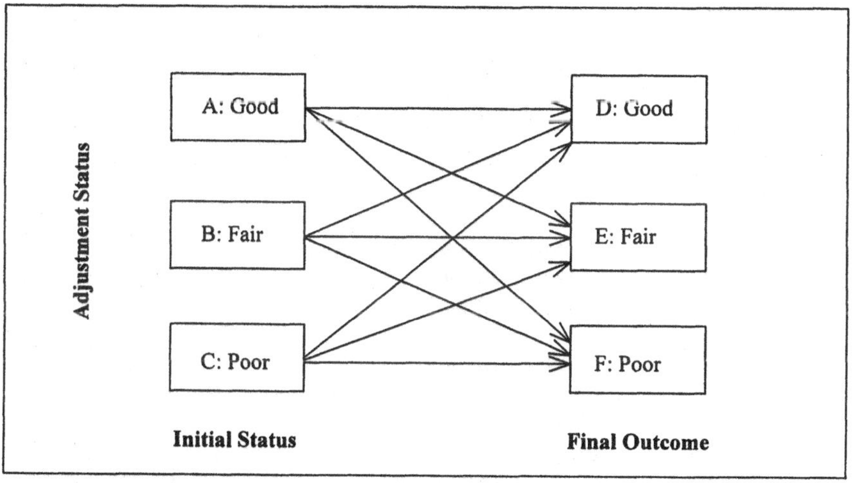

Abb. 6: Prinzipien der konvergenten und divergenten Entwicklung (vgl. Durlak 1997, 10)

Das Prinzip der konvergenten Entwicklung besagt, dass unterschiedliche Ausgangszustände zu dem gleichen Resultat führen können: der gleiche gute Ausgang (D) kann von den Ausgangspunkten A, B und C starten. Die gleichen Faktoren führen nicht immer zu den gleichen Resultaten, weil Diskontinuität auftritt (auch aus der ungünstigen Ausgangsposition C kann sich das gute Ergebnis D entwickeln). Der Entwicklungsprozess ist nicht linear: wenn dies so wäre, würden aus allen normalen Kindern normale Jugendliche und Erwachsene werden. Deswegen spielen eine Reihe von Risikofaktoren und protektiven Faktoren bei der Konzeption von Interventionen eine Rolle (vgl. Abb.6). Spence bemühte sich, neben Risiko- und protektiven Faktoren auch andere entwicklungspsychologisch relevante Faktoren in einem Modell zusammenzufassen, die empirische Validierung steht jedoch aus (Donovan & Spence 2000). Risikofaktoren stellen Variablen dar, welche die Auftrittswahrscheinlichkeit, Schwere und Dauer einer Störung vorhersagen (Coie et al. 1993). Risikofaktoren für die Entwicklung einer Angststörung können unspezifisch sein und generelle Gesundheitsprobleme betreffen, sie können sich auf generelle Ängstlichkeit beziehen oder eine spezifische Angststörung vorhersagen. In der Regel stellen sie keine Kausalfaktoren dar, sondern lassen sich eher als kumuliertes Risiko für die Ausprägung einer Störung beschreiben (Munoz et al. 1996). Die einzelnen Risikofaktoren wie Verhaltenshemmung, kritische Lebensereignisse oder elterliches Verhalten sind im Abschnitt Erklärungsmodelle ausführlich beschrieben (vgl. Abschnitt 1.2.9). Die gleichen Risikofaktoren können jedoch zu unterschiedlichen Störungen führen, weswegen Risikofaktoren inzwischen nicht mehr als monokausale Faktoren zur Entstehung von Störungen angesehen werden. Des Weiteren ist die Befundlage zur Interaktion der unterschiedlichen Risikofaktoren relativ gering; hier besteht deutlicher Forschungsbedarf (Donovan & Spence 2000).

Wie bereits gezeigt, entwickeln nicht alle Kinder mit einer schlechten Ausgangslage und Risikofaktoren eine Angststörung. Eine genaue Kenntnis von protektiven Faktoren ist deswegen für eine erfolgreiche Prävention von Angststörungen von zentraler Bedeutung. Bei den Untersuchungen in diesem Bereich kristallisierten sich vor allen Dingen die Themen soziale Unterstützung und Bewältigungsstrategien heraus. Quamma und Greenberg (1994) konnten zeigen, dass familiäre soziale Unterstützung eine Moderatorvariable zwischen kritischen Lebensereignissen und den selbstberichteten Ängsten von Schülern darstellen. White et al. (1998) fanden in einer Längsschnittuntersuchung eine negative Korrelation zwischen familiärer Unterstützung und Ängstlichkeit, was eine Bestätigung der Ergebnisse von Hill und anderen (1996) darstellt. Mit zunehmendem Alter fällt den Peers diese unterstützende Aufgabe zu bzw. sie gewinnen für die Jugendlichen an Bedeutung, während die Familie in den Hintergrund tritt (Oerter & Dreher 2002; Seiffge-Krenke 1997). Bei bestimmten Hochrisikokindern konnte die Bedeutung der sozialen Unterstützung bestätigt werden (Donovan & Spence 2000). Hieraus lässt sich schlussfolgern, dass eine stärkere soziale Unterstützung einhergeht mit niedrigeren Angstniveaus oder diese zumindest wahrscheinlicher macht. Die Art und Weise, wie Kinder mit ungewollten Erfahrungen umgehen, beeinflusst in beträchtlichem Maße das Ausmaß ihrer Ängste und wahrgenommenen Belastung (Spence, in Druck). Die Bewältigungsstrategien können in problemfokussierte, vermeidende oder emotionsfokussierte unterschieden werden. Problemfokussierte Bewältigungsstrategien gehen direkt das Problem an oder verringern die Bedeutung des Problems durch positive Selbstgespräche oder Informationssuche. Aus dem Erwachsenenbereich sind Ergebnisse bekannt, dass emotionsfokussierte und vermeidungsorientierte Bewältigungsstrategien mit höheren Angstniveaus als Reaktion auf Stressoren verbunden sind (Edwards & Trimble 1992). Obwohl sich diese Ergebnisse nicht direkt auf Kinder und Jugendliche übertragen lassen, sind vermutlich auch in diesem Alter vermeidende und emotionsfokussierte Strategien eher angstfördernd (Seiffge-Krenke 1989). Weitere Forschung ist notwendig, um die Bedeutung dieser protektiven Faktoren genauer zu explorieren und weitere Faktoren aufzudecken. Ferner müssen die Interaktionseffekte zwischen Risikofaktoren und protektiven Faktoren geklärt werden (Donovan & Spence 2000).

Entwicklungspfade

Entwicklungspfade sind die Landkarten, auf denen sich Anpassung und Fehlanpassung über die Zeit deutlich zeigen (Rutter & Sroufe 2000).

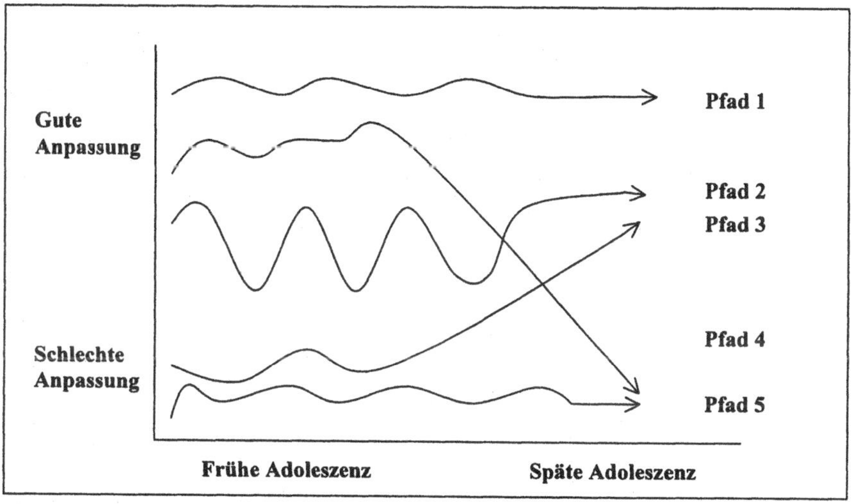

Abb. 7: Fünf Entwicklungspfade im Jugendalter (modifiziert nach Compas et al. 1995)

Es gibt unterschiedliche Entwicklungspfade für einzelne Verhaltensweisen und Verhaltenskonstellationen, für Kompetenzen und für unterschiedliche Populationen. Compas und andere (1995) haben prototypisch fünf zentrale Pfade herausgegriffen, mit denen sich Entwicklungsverläufe im Jugendalter kennzeich-

nen lassen (vgl. Abb. 7). Für einige Jugendliche gibt es einen relativ stabilen Pfad der Anpassung (1) oder der Fehlanpassung (5) innerhalb der Adoleszenz. Einige hingegen starten gut, haben dann jedoch einen massiven Abfall an Anpassungsfähigkeit zu verzeichnen (4). Eine weitere Gruppe zeigt eine große Variabilität im Verhalten und wechselhafte Anpassungsleistungen. Eine Voraussage ist für diese Gruppe sehr schwer möglich: Die Adoleszenz kann in guter Anpassung enden, eine Fehlanpassung ist genauso möglich. Schließlich gibt es eine Gruppe, die zunächst schlechte Anpassungsleistungen zeigt, sich dann aber verbessert (3).
Diese fünf Entwicklungspfade geben prototypisch vereinfachend den Verlauf der meisten Jugendlichen wieder, es zeigen sich jedoch eine Reihe weiterer Verläufe. Es sollte verdeutlicht werden, dass gute Anpassungsleistungen im frühen Jugendalter nicht automatisch auf gute Anpassungsleistungen im höheren Jugendalter hinweisen müssen. Ferner gibt es sowohl kontinuierliche Entwicklungspfade (1, 5) als auch diskontinuierliche Entwicklungen (2, 3, 4). Die unterschiedlichen Entwicklungspfade verdeutlichen einerseits, wie problematisch eine Vorhersage späterer Adaptivität aufgrund einer frühen Messung ist (die Pfade 2-4 würden zu einer Fehleinschätzung verleiten), andererseits unterstreichen sie die Bedeutung der Prävention zur Vorbeugung einer möglichen späteren Fehlanpassung, unabhängig vom momentanen Zeitpunkt. Es stellt sich im Anschluss hieran jedoch die Frage, unter welchen Bedingungen welche Strategie der Prävention insbesondere in Bezug auf Angststörungen am effektivsten ist (Durlak 1997).

1.3.1.4 Kriterien zur Wahl der Präventionsmethode bei Angststörungen

Aufgrund der Vielzahl möglicher Kombinationen von Präventionsprogrammen stellt sich die Frage, welche Präventionsmethode, welches Setting und welche Rahmenbedingungen für die Prävention von Angststörungen zu wählen sind.
Zunächst ist die Zielgruppe bzw. das Alter der Teilnehmer zu klären. Die meisten Programme zu Angststörungen sind in der mittleren Kindheit angesiedelt (Kendall et al. 1997). Dies ist ein Anzeichen dafür, dass die Kinder in diesem Alter bereits in der Lage sind, über ihre Ängste zu reflektieren und sie zu äußern (vgl. Abschnitt 1.2.2). Die Heranwachsenden sind aufgrund ihrer kognitiven und emotionalen Entwicklung nach und nach in der Lage, einen Zugang zu ihren Ängsten zu finden. Es gibt eine Reihe weiterer Gründe für die deutliche Dominanz von Programmen in der mittleren Kindheit. Zum einen sind Schüler in diesem Alter noch eher für die Teilnahme an Programmen zu motivieren, als dies im Jugendalter der Fall ist. Weiterhin ist es einfacher ihre Eltern in die Präventionsmaßnahme mit einzubeziehen und Programme im Schulkontext durchzuführen (Barrett 2000). Im Vergleich zur mittleren Kindheit gibt es relativ wenige Programme, die speziell für das Jugendalter konzipiert sind, obwohl gerade das

Jugendalter eine entscheidende Phase für die Ausbildung von Angststörungen und komorbiden Störungen darstellt (Kazdin & Weisz 1998). In dieser Entwicklungsphase finden entscheidende Umbrüche statt: der Jugendliche lernt schlussfolgerndes Denken, die Peer-Group ersetzt die Familie als entscheidende Einflussquelle und interpersonelle Themen werden wichtiger (Flammer & Alsaker 2001; Oerter & Dreher 2002). Der Einfluss dieser Entwicklungen spiegelt sich in den Ängsten wider: sie beziehen sich stärker auf soziale und Leistungsthematiken als in der Kindheit. Die Angst vor negativer Bewertung, vor der Zukunft, Existenzängste und Ängste mit weiteren Thematiken nehmen zu (vgl. Abschnitt 1.2.2).
In der Frage, ob Jugendliche als ältere Kinder oder als Erwachsene behandelt werden, wie das in den meisten Programmen der Fall ist, liegen die größten Schwierigkeiten in der Prävention von Ängsten im Jugendalter. Ein zentraler hierzu zählender Punkt ist der Widerstand der Jugendlichen, aus Furcht vor negativer Bewertung oder Ablehnung durch die Peers von ihren Ängsten zu berichten. Deswegen sollte ein besonderes Augenmerk auf die soziale Entwicklung der Jugendlichen gerichtet und die Peers in das Programm einbezogen werden (Barrett 2000). Dies geschieht beispielsweise im Programm FRIENDS von Barrett et al. (1998), welches der vorliegenden Interventionsstudie zugrunde liegt.

1.3.1.5 Therapieprogramme zu Angststörungen

Die meisten evaluierten Programme zu Angststörungen im Kindes- und Jugendalter wenden überwiegend kognitiv-behaviorale Methoden an, setzen auf klinisch-therapeutischer Ebene an und lassen sich somit zur tertiären Prävention zählen. Teilweise wurde bei diesen Programmen das Augenmerk auf Psychoedukation über Ängste, kognitive Umstrukturierung und Verhaltensexposition gelegt (Albano & Barlow 1996; Kendall 1994). Die Problematik dieser Studien besteht unter anderem in ihrer klinischen Fokussierung und den hiermit verbundenen geringen Fallzahlen, dennoch waren ihre Ergebnisse von zentraler Bedeutung für die Entwicklung von effektiven Programmen zur primären Prävention.
Die Effektivität der kognitiv-behavioralen Programme für Angststörungen wurde in Metastudien von Ollendick & King (1998) und Kazdin & Weisz (1998) aufgezeigt. Hierbei bestätigten sich die Ergebnisse früherer Meta-Studien, dass behaviorale Treatments effektiver sind als nicht-behaviorale Treatments – unabhängig vom Alter des Klienten, Therapeutenerfahrung oder behandeltem Problem (Weisz et al. 1987; Weisz et al. 1995). Aufgrund des deutlichen Übergewichts an kognitiv-behavioralen Programmen können die Zahlen jedoch zu einer Überschätzung kognitiv-behavioraler Programme führen, da andere Programme sowohl in der praktischen Durchführung als auch in der wissenschaftlich-theoretischen Reflexion deutlich in der Minderheit sind.

Der Begriff *kognitiv-behavioral* ist insofern irreführend, da er nur unzureichend die Prämissen des Vorgehens beschreibt. Eine häufig geäußerte Kritik besteht dementsprechend in einer unzureichenden Berücksichtigung der Affekte und des sozialen Kontextes. Dem setzt Kendall entgegen: *„The term cognitive-behavioral is a utilitarian description of the synthesis of cognitive, behavioral, affective and social strategies for change"* (Kendall et al. 1988, 285). Im Bewusstsein der Schwächen und Grenzen eines rein behavioralen Modells werden die Verbindungen von Kognitionen und Verhalten mit den Affekten und die Interaktion des Individuums in seinem sozialen Kontext berücksichtigt:

> „Cognitive-behavioral interventions appreciate the complexities of the interactions among behavior, cognition, affect, social factors, and environmental consequences, and these procedures have been used in the treatment of children's fears and phobias, fears in medical and dental settings, fears of evaluation, and anxiety disorders" (Flannery-Schroeder & Kendall 2000, 252).

Der primäre Fokus kognitiv-behavioraler Betrachtungsweise des Heranwachsenden generell und von Kinderängsten im Besonderen liegt einerseits auf den Lernprozessen und dem Einfluss von Verhaltenskontingenz und Modellen in der Umgebung des Kindes und andererseits auf der Bedeutung der Informationsverarbeitung und Mediation bei der Entwicklung und Intervention von Störungen in der Kindheit. Im Rahmen des Modells werden nicht die Verarbeitung unbewusster Traumata oder Auswirkungen biologischer, neurologischer oder genetischer Faktoren berücksichtigt (Kendall 1991, 2000).

Eine zentral wichtige Komponente des kognitiv-behavioralen Vorgehens sind Problemlöse-Strategien (Kendall & Flannery-Schroeder 1998). Sie stellen ein wesentliches Element zur Skill-Fokussierung des Programms dar. Der Leiter hilft dem Jugendlichen, alternative Lösungsmöglichkeiten zu generieren und eine angemessene Lösung auszuwählen, um mit einer schwierigen Situation besser umgehen zu können. Eine häufige Reaktion ängstlicher Kinder besteht im Rückzug vor bedrohlichen Situationen. Indem die Kinder aufhören zu glauben, sie könnten nichts in der Situation tun, verliert die Situation an Bedrohung bzw. es werden alternative Lösungsmöglichkeiten gefunden. Als Einführung in das Problemlösekonzept werden zunächst wenig bedrohliche Situationen verwendet, wie: „Du hast deine Schuhe im Haus vergessen und sollst sie wiederfinden...", welche dann systematisch gesteigert werden (Kendall & Chansky 1991, Kendall 2000).

Eine berechtigte Kritik an der kognitiv behavioralen Vorgehensweise äußert Barrett (2000): es wird übergeneralisierend davon ausgegangen, dass Kinder in jeder Altersstufe meta-kognitive Fähigkeiten besitzen, die sie in die Lage versetzen, sowohl eigene Emotionen als auch den Emotionsstatus anderer Personen zu verstehen bzw. Selbstregulationsmechanismen zu eigenem Verhalten zu erlernen. Diese Fähigkeit ist jedoch erst in der späten Kindheit bzw. im frühen Erwachsenenalter voll entwickelt. Ob ein gewisses intellektuelles Niveau zur Durchführung der Programme notwendig ist oder milieuspezifische Veränderungen vorgenommen werden sollten, wird ebenfalls nicht thematisiert. Ferner ist eine stärkere Berücksichtigung des kulturellen Kontextes vonnöten: eine Abwendung vom Anglo-Zentrismus der Konzepte und Interventionen und eine stärkere Zuschneidung der Programme auf den jeweiligen kulturellen Kontext, um eine erfolgreiche Implementierung der Intervention zu gewährleisten (Barrett 2000). Bisher findet in der Regel lediglich eine Übersetzung des Programms mit leichten Modifikationen statt ohne Kulturspezifika zu berücksichtigen.

F Feeling Frightened?
Angst spüren → gut fühlen, indem man entspannt

E Expecting bad things to happen?
Negative Erwartungen → durch positive Selbstgespräche positive Erwartungen

A Attitudes and Actions that will help
Initiative ergreifen in Angstsituationen, hilfreiche Aktivitäten

R Results and Rewards
Selbstbelohnung nach erfolgreicher Bewältigung

Abb. 8: Bausteine des FEAR-Programms (übersetzt und modifiziert nach Kendall 1992)

Kendall führte mit *„Coping Cat"* ein aus 16 Sitzungen bestehendes Therapieprogramm für Kinder mit Überängstlichkeit, Trennungsangst oder sozialen Ängsten im Kontrollgruppendesign durch, welches in seiner Konzeption alle Programme der Folgezeit maßgeblich beeinflusst hat (Kendall 1990, 1994). Die Kinder sollen in einem ersten Schritt Wissen über ungewollte bzw. unkontrollierbare Reaktionen auf emotionaler, kognitiver und Verhaltensebene erwerben und in einem zweiten Schritt Bewältigungsstrategien im Umgang mit ihrer Aufregung und ihren Ängsten lernen. Mit Hilfe der Übungen können die Kinder lernen, angstinduzierende Gedanken zu identifizieren, Entspannungsübungen erlernen und Strategien erwerben, die es ihnen ermöglicht ein „normales" Angstniveau zu erreichen. Zur einfacheren Kennzeichnung für die Kinder wurden die einzelnen Elemente des Programms mit dem Akronym FEAR zusammengefasst (vgl. Abb. 8).
Gleichzeitig erhalten die Kinder einen Plan oder eine Karte, mit deren Hilfe sie Ängste besser bewältigen können. Nach der Intervention erfüllten 64% der Interventionsgruppe gegenüber 5% der Kontrollgruppe die Diagnosekriterien für

Tab. 12: Übersicht über Kognitiv-behaviorale Interventionsprogramme zu Angststörungen

Quelle	Stichprobe	Therapie	Kontrolle	Effekte
Barrett et al. (1996) Barrett et al. (2001a)	überwiegend klinisch n=94; 9-13 Jahre GAS, SP, ST	ICBT: n=28 ICBT + Fam: n=25 12 Wochen; Coping Coala	n=26 (Warteliste)	**Gruppenvergleich:** CBT+Fam>CBT>Kontrolle **Prä-Post-Vergleich:** CBT: 57% keine Angstdiagn. CBT+Fam.: 84% keine Angstdiagn. **1Jahreskatamnese:** Stabilisierung /Steigerung der Effekte **6 Jahreskatamnese:** keine Unterschiede zw. Interventionsgruppen
Kendall (1994) Kendall & Southam-Gerow (1996)	klinische Stichprobe n=47; 9-13 Jahre GAS, SP, ST	ICBT: n=27 16 Wochen / Sitzungen	n=21 (keine Intervention)	**Kontrollgruppenvergleich:** IG>KG (alle wichtigen Maße, außer TRF) **Prä-Post-Vergleich:** 64% keine Angstdiagn. mehr 82% nach CBCL internal. keine Störung mehr 60% nach TRF keine Störung mehr **1-Jahreskatamnese:** weitgehend Stabilisierung der Effekte **3-Jahreskatamnese:** weitgehend Stabilisierung der Effekte
Kendall (1997)	Klinische Stichprobe n=94; 9-13 Jahre GAS, SP, ST	ICBTn=60 16 Wochen / Sitzungen Einzeltherapie, Coping Cat-Programm	n=34 (keine Intervention)	**Kontrollgruppenvergleich:** IG>KG (alle wichtigen Maße) **Prä-Post-Vergleich:** 50% keine Angstdiagn. mehr 60% nach CBCL internal. keine Störung mehr 70% nach TRF keine Störung mehr **1-Jahreskatamnese:** weitgehend Stabilisierung der Effekte **3-Jahreskatamnese:** Stabilisierung der Effekte
King et al. (1998)	Klinische Stichprobe n=34; 5-15 Jahre; GAS, SP, P 15 % keine Diagnose, Angst in die Schule zu gehen	ICBTn=17 4 Wochen, 6 Sitzungen Einzeltherapie + 5 Sitzungen mit Eltern, Lehrern	n=17 (keine Intervention)	**Kontrollgruppenvergleich:** IG>KG (alle wichtigen Maße) **Prä-Post-Vergleich:** 88% Verbesserung in Häufigkeit des Schulbesuchs **12-Wochen-Katamnese** weitgehend Stabilisierung der Effekte
Last et al. (1998)	Klinische Stichprobe n=47; 6-17 Jahre Angst in die Schule zu gehen; GAS, SP, ST	ICBT: n=23 (kogn. Intervention)	ES: n=24 (edukativ-supportiv 12 Wochen	**Kontrollgruppenvergleich:** CBT = ES **4-Wochen-Katamnese:** weitgehende Stabilisierung der Effekte
Flannery-Schroeder & Kendall (2000)	klinische Stichprobe n=37 ; 8-14 Jahre GAS, SP, ST	ICBT: n=13 GCBT: n=12 18 Wochen	n=12 (Warteliste)	**Prä-Post-Vergleich:** ICBT: 73% keine Angstdiagn. GCBT: 50% keine Angstdiagn. KG: 5% keine Angstdiagn. **3-Monats-Follow-Up:** Stabilisierung der Effekte
Mendlowitz et al. (1999)	klinische Stichprobe n= 68; 7-12 Jahre GAS, SP, ST	GCBT: nur Kind n=23 GCBT: nur Eltern n=21 GCBT: Eltern/Kind n=18 12 Wochen	n=5	**Kontrollgruppenvergleich:** IG>KG (alle Maße) **Prä-Post-Vergleich:** deutlicher Rückgang in allen IG keine Änderung in KG
Silverman et al. (1999b)	klinische Stichprobe n=46 GAS, SP, ST	GCBT: n=37	n=19 (Warteliste)	**Kontrollgruppenvergleich:** IG>KG **Prä-Post-Vergleich** IG: 64% keine Angstdiagnose KG: 13% keine Angstdiagnose **3/6/12-Monats-Follow-Up** Stabilisierung der Effekte

Diagnostische Einordnung: GAS = generalisierte Angststörung; SP = Sozialphobie, ST = Störung mit Trennungsangst
Therapie: ICBT = Kognitiv-behaviorale Therapie (einzeln); GCBT = Kognitiv-behaviorale Therapie (Gruppe)
FAM = Einbeziehung der Familie; ES = Edukativ-supportive Intervention

Ängste nicht mehr (Kendall 1994). Die Stabilität der Effekte bestätigte sich in einem 12-Monats- und 3 Jahres-Follow-Up (Kendall & Southham-Gerow 1996). In einer Reihe von Folgeuntersuchungen konnte die Wirksamkeit des Programms und seiner Adaptationen im amerikanischen, australischen und deutschen Sprachraum bestätigt werden. Die wichtigsten Untersuchungen sind in der Tabelle zusammengestellt (vgl. Tab. 12).
Eine Erweiterung des Programms unter stärkerer Einbeziehung der Rolle der Familie wurde von Barrett et al. (1996) vorgenommen. Sie führten mit neunundsiebzig 7-14jährigen, die eine Diagnose für Trennungsangst, Überängstlichkeit oder Sozialphobie erfüllten, das Programm *„Coping Koala"* durch. Die Kinder wurden zufällig drei Bedingungen zugeteilt: Kognitiv-Behaviorale Therapie (KBT), KBT mit Familien-Management (KBT + Fam.) und Wartegruppe. Zur Evaluation wurde ein Post-Treatment und zwei Follow-Ups nach 6 bzw. 12 Monaten durchgeführt. Beim 12-Monats-Follow-Up erfüllten 70,3% der KBT-Gruppe und 95,6% der KBT + Fam.-Gruppe die Kriterien einer Angststörung nicht mehr. Es zeigten sich bei der KBT + Fam.-Gruppe sowohl in den Selbstberichtsmaßen als auch in der klinischen Einschätzung niedrigere Angstwerte und niedrigere Werte in den Skalen internalisierender und externalisierender Störungen als in den beiden anderen Gruppen (Barrett et al. 1996). Diese Ergebnisse unterstreichen die Bedeutung der Familie für die Aufrechterhaltung und Behandlung von Angststörungen (Barrett 2000). Im 6-Jahresfollow-Up reduzierten sich die Unterschiede zwischen den beiden Interventionsgruppen und zeigten sich nur in einer Skala (FSSC), so dass man davon ausgehen kann, dass ein Treatment nur mit dem Kind langfristig nahezu genauso erfolgreich ist wie ein Programm unter Einbeziehung der Eltern. Die Effekte zeigen eine Stabilität lediglich in Hinblick auf Angstmaße, wohingegen die Depressionswerte auf das Prätest-Niveau zurückgingen. Durch diese Ergebnisse werden die Grenzen der Intervention deutlich: *„Participants were assessed only for anxiety disorders, so statements regarding their overall adjustment cannot be made."* (Barrett et al. 2001a, 140).
Ein Großteil der Programme zur Behandlung von Angststörungen wurde als Einzelintervention durchgeführt (vgl. Tab. 12), die Studien von Mendlowitz et al. (1999) und Silverman et al. (1999b) belegen jedoch die Wirksamkeit des Programms als Gruppenintervention. Die Durchführung in der Gruppe hat den Vorteil, dass *„...group contingencies promote peer support, reinforcement opportunities, sharing of resources, and increased prompting and modelling of desirable behaviours."* (Barrett 1998, 459). Ein systematischer Vergleich von Einzel- und Gruppenintervention ergab höhere Effekte bei der Einzel- als bei der Gruppenintervention (Flannery-Schroeder & Kendall 2000). Die Ergebnisse dieser Studie sind insofern zu relativieren, als bei der Einzelintervention vier von sechzehn Teilnehmern die Maßnahme abgebrochen haben (bei der Gruppenintervention keiner), deren Daten nicht in die Auswertung der Maßnahme eingingen, und hierdurch deutliche Selektionseffekte zu Gunsten der Einzeltherapie

entstehen konnten. Die vorgestellten Programme beziehen sich auf generalisierte Angststörungen (mit oder ohne Schulverweigerung) und soziale Angst. Bei vergleichbarer Effektivität in Bezug auf Angstsymptomatik ist Gruppenprogrammen gegenüber Einzelprogrammen der Vorzug zu geben, da sie einerseits positive Effekte auf das Sozialverhalten der Teilnehmer ausüben und den Transfer in die Alltagssituation erleichtern und andererseits deutlich kostengünstiger in der Durchführung sind und somit eine größere Zielgruppe erreicht werden kann. Dies gilt insbesondere bei der Behandlung sozialer Ängste: bei spezifischen Programmen zu dieser Thematik als Gruppenintervention zeigten sich sehr deutliche Effekte in Bezug auf Reduktion der Angstsymptomatik und den Aufbau sozialer Fähigkeiten (Albano 1995; Beidel et al. 2000; Greco & Morris 2001).

1.3.1.6 Indizierte Programme zu Angststörungen

Neben den beschriebenen Therapieprogrammen wurden auch einige indizierte Programme zur Prävention von Ängsten durchgeführt. Die Arbeitsgruppe um Dadds führte das Programm *Coping Koala* als Gruppenprogramm mit 7 bis 14jährigen Schüler in der Schule durch (Dadds et al. 1997). Nach einem sehr aufwändigen multimodalen Auswahlverfahren unter Einbeziehung des Lehrer- und Schülerurteils wählten sie aus 1786 Schülern 128 aus, welche eine erhöhte Ängstlichkeit aufwiesen. Mit der Hälfte dieser Schüler wurde das Programm unter Einbeziehung der Eltern durchgeführt. Im Vergleich zur Kontrollgruppe wiesen die Schüler der Interventionsgruppe bei der Posttest-Messung deutlich weniger Angstsymptome auf. Interessant sind bei dieser Studie insbesondere die Langzeiteffekte: nach 6 Monaten hatten fast 50% der Kontrollgruppe ein klinische Angststörung, die zu Beginn der Studie nur eine leichte oder mittlere Ängstlichkeit hatten, hingegen nur 27% der Interventionsgruppe. Im 2-Jahres-Follow-Up bestätigte sich diese Tendenz: es entwickelten deutlich mehr Jugendliche der Kontrollgruppe eine mittel oder stark ausgeprägte Angststörung (39%) als in der Interventionsgruppe (29%). Am stärksten profitierten diejenigen von dem Programm, die eine mittlere oder hohe Ängstlichkeit zum Zeitpunkt des Prätests hatten (Dadds et al. 1999). Die Ergebnisse sprechen für den Einsatz indizierter Gruppenprogramme und belegen die Langzeiteffekte einer solchen präventiven Maßnahme bzw. verdeutlichen ein erhöhtes Risiko für die Schüler, die nicht im Programm Kompetenzen zur Bewältigung von Ängsten erworben haben. Im Gegensatz dazu zeigte eine weitere indizierte Präventionsstudie von Lafreniere und Capuano (1997) mit ängstlichen Vorschulkindern keine Unterschiede zwischen Interventions- und Kontrollgruppe. Obwohl eine Replikation der Studie noch aussteht, kann man dieses Ergebnis als Hinweis darauf werten, dass ein zu früher Präventionszeitpunkt nicht zu den erhofften Effekten führt und der Fokus eher auf die mittlere Kindheit bzw. das frühe Jugendalter zu richten ist (Donovan & Spence 2000).

1.3.1.7 Universelle Programme zu Angststörungen

Im deutschsprachigen Raum entwickelten Manz und andere (2000) ein universelles Programm zur Prävention von Ängsten und Depressionen, welches ähnlich den Programmen von Kendall und Nachfolgern auf Wissensvermittlung und Verhaltenstraining basiert. Im Programm werden die drei Bereiche Angst, Depression und soziale Kompetenz bzw. Bewältigungsstrategien in 8 Gruppensitzungen à 90 Minuten behandelt. Das Programm wurde als universelles Programm im Schulkontext mit 309 Schülern und einer Kontrollgruppe von 304 Schülern durchgeführt. Hinsichtlich proximaler Zielbereiche wie Angstsensitivität, dysfunktionale Einstellungen und externale Interpretation von Angststimuli ließen sich Interventions-Effekte in der Nachuntersuchung aufzeigen, welche jedoch zum Katamnesezeitpunkt nicht mehr nachweisbar waren (Manz et al. 2001a). In Bezug auf distale Ziele wie Symptombelastung durch Angst und Depression (BAI, BDI, YSR) konnten hingegen keine Effekte aufgezeigt werden, hinsichtlich der Angstsymptome zeigte die Kontrollgruppe sogar eine stärkere Verbesserung im Untersuchungszeitraum als die Interventionsgruppe. Eine Einteilung der Interventionsgruppe in Risikogruppen und Gesunde (Cut-Off des BDI bei 10) ergab vereinzelt Effektivitätshinweise bei der Gruppe der Gesunden, weswegen das Programm laut Manz (2001a) eher als Gesundheitsförderungsansatz denn als Präventionsansatz zu klassifizieren ist. Hieraus ziehen Manz und andere (2001a, 2001b) die Schlussfolgerung, dass es sinnvoller wäre, die Risikogruppen zu selektieren und mit ihnen in einem anderen Setting das Präventionsprogramm durchzuführen. Möglicherweise bot die Durchführung des Programms im Klassenverband mit sehr großen Gruppen insbesondere für die ängstlicheren Schüler nicht den Rahmen, der es ihnen ermöglichte, ihre Probleme und Ängste zu äußern und konstruktive Bewältigungsstrategien anzuwenden. Eine weitere Störvariable stellten die Rahmenbedingungen mit wechselnden Zeitpunkten der Durchführung der Präventionsmaßnahmen in verschiedenen Fächern und Ausfallstunden dar. Insbesondere kleinere Gruppengrößen und fester zeitlicher Rahmen sollten bei künftigen Präventionsmaßnahmen berücksichtigt werden.

Obwohl es eine Reihe effektiver und hinreichend evaluierter Programme zur Behandlung von Ängsten im Kindes- und Jugendalter gibt, sprechen eine Reihe von Gründen für ein primär-präventives Vorgehen: *„prevention is better than cure"* (Donovan & Spence 2000, 509). Zum einen sind sich eine Reihe von Lehrern und Eltern nicht bewusst, dass das Kind an einer Angststörung leidet, da es ein unauffälliges und häufig überangepasstes Verhalten zeigt (Donovan & Spence 2000). Kinderängste allgemein und soziale Ängste im Speziellen werden als Übergangsthematik oder Übergangsphänomen angesehen, welches sich im Laufe der Zeit von selbst löst, oder das schüchterne Verhalten eines Kindes wird als dessen Persönlichkeitsmerkmal wie Introvertiertheit oder Ängstlichkeit klassifiziert (Greco & Morris 2000). Zum anderen tendieren Eltern und Lehrer – selbst wenn ein Bewusstsein für Angststörungen besteht – dazu, diese Probleme zu unterschätzen bzw. zu verharmlosen. Die Übereinstimmung zwischen Schülern und Lehrern in der Einschätzung der internalisierenden Problematik ist zudem sehr niedrig, wesentlich geringer als dies bei externalisierenden Störungen der Fall ist (Flannery-Schroeder & Kendall 2000). Deswegen ist es nicht verwunderlich, dass der Mehrzahl der ängstlichen Kinder nicht die Unterstützung oder Behandlung zukommt, die sie benötigen würden, um einer klinischen Angststörung vorbeugen zu können (Esser et al. 1990; Greenberg et al. 2001). In der Folgezeit besteht die Gefahr einer Chronifizierung von Ängsten bzw. eine Häufung einzelner Angstepisoden, wenn die Störung unbehandelt bleibt (Dadds et. al. 1997; Keller et al. 1992; Munoz et al. 1996). Des Weiteren spielen Ängste und Angststörungen im Kindes- und Jugendalter eine zentrale Rolle für die Ausbildung einer Angststörung oder Depression im Erwachsenenalter (Cole et al. 1998). Je später es zu einer Behandlung der Ängste kommt, desto massivere Maßnahmen sind zu einer wirkungsvollen Intervention notwendig und desto höher ist das Risiko für das Wiederauftreten einer Angststörung oder Symptomverschiebung in Richtung depressiver Symptomatik: die Angst *„...muss erkannt und behandelt werden, damit unangebrachten Verhaltensweisen vorgebeugt wird.“* (Crotti & Magni 2002, 13). Wenn ein Schüler mit einer klinischen Angststörung an einem Therapieprogramm teilnimmt, ist es bereits zu einer Manifestation der Störung gekommen, welche häufig nur schwer umkehrbare Auswirkungen auf das Verhalten im Schulkontext und die Interaktion mit den Peers und der Familie haben (Donovan & Spence 2000). Ähnliches gilt für das Selbstbild und das Selbstkonzept, welches sich im Jugendalter in entscheidendem Maße herausbildet: der selbstbezogene Negativbias, welcher zu den kognitiven Verzerrungen der Angststörung zählt, verfestigt sich mit zunehmendem Alter. Hat sich dieser bereits über einen längeren Zeitraum herausgebildet und manifestiert, ist er sehr änderungsresistent (Habermas 2001).

Ferner zeigt sich eine hohe Komorbidität der unterschiedlichen Angststörungen bei Kindern (Essau et al. 2000), was zur Folge hat, dass unklar bleibt, welcher spezifische Teil der Intervention für welche Störung am effektivsten ist. Dies spricht für einen Einsatz kognitiv-behavioraler Methoden bei einer unselektierten Stichprobe. Trotz der beeindruckenden Erfolge der Therapieprogramme bei Angststörungen hat sich gezeigt, dass etwa 30% der Kinder nach der Behandlung weiterhin die Kriterien für eine klinisch bedeutsame Angststörung erfüllen und somit die Intervention bei manchen Kindern und Jugendlichen nicht wirksam ist (Barrett et al. 1996; Kendall 1994). Bei diesen Kindern wäre ein früheres Eingreifen eventuell erfolgreich gewesen (Barrett 2000).

Die frühzeitige Prävention ist auch aus ökonomischen Gründen zu befürworten: Angststörungen stellen eine erhebliche Beeinträchtigung des emotionalen und sozialen Lebens dar. Ängstliche Jugendliche brechen eher die Schule ab, sind eher unbeschäftigt und weniger aktiv in ihren Arbeitsaufgaben als ihre nichtängstlichen Peers. Dies hat immense Folgekosten zur Konsequenz, insbesondere wenn man von einer Persistenz der Angststörung ins Erwachsenenalter ausgeht (Keller et al. 1992). Klinische Interventionen sind aufgrund der institutionellen Kosten wesentlich teuerer als schulbasierte Programme, selbst wenn sie als Gruppenprogramme durchgeführt werden (Donovan & Spence 2000). Auch sollte die Einbindung des Präventionsprogramms in den Alltag des Schülers gewährleistet sein, um die Transferleistung der im Programm erworbenen Fähigkeiten zu erleichtern. Ein solches primäres Präventionsprogramm stellt das Programm FRIENDS von der Arbeitsgruppe um Paula Barrett dar, welches im folgenden Kapitel beschrieben wird und dessen Einsatz in der Hauptschule im Rahmen dieser Studie untersucht wurde.

1.3.1.8 Evaluation von Präventionsmaßnahmen

Die Evaluation von Präventionsmaßnahmen ist ein wichtiges Vorgehen zur Überprüfung der Wirksamkeit der Durchführung eines Programms. Die zentralen Fragen der Evaluation lauten (Mittag & Hager 2000; Wolke 1999): Kann ein Programm unter optimalen Bedingen dazu führen, dass eine bestimmte Intervention zu einem bestimmten Ergebnis (output) führt? Ist das Programm auch dann wirksam, wenn es in der Praxis unter nicht idealen wissenschaftlichen Bedingungen durchgeführt wird? Und schließlich: Sind die Kosten zu vertreten? Zur Evaluation von Präventionsmaßnahmen sind eine Reihe von Faktoren zu beachten: Bei der Planung müssen vorab die Zielsetzungen des Programms bestimmt und Überlegungen für relevante Kriterien zur Effektivitätsbestimmung angestellt werden. Die zentrale Aufgabe der Evaluationsforschung besteht in dem empirischen Nachweis der Wirksamkeit von Programmen (Mittag & Hager 2000). Hierbei unterscheidet man nach Scriven (1991) zwischen formativer und summativer Evaluation: Während die formative Evaluation eher als informelles Verfahren der Weiterentwicklung einzelner Programmelemente dient, prüft die summative Evaluation die Wirksamkeit und den Nutzen des Programms als Ganzes. Die summative Evaluation kann entweder als Prozessevaluation den Fokus auf den Verlauf des Programms richten oder als Ergebnisevaluation (*outcome evaluation*) den Erfolg einer Interventionsmaßnahme messen. Letztere lässt sich wiederum in eine analytische Evaluation, welche die einzelnen Bestandteile des Programms testet und eine globale Evaluation, welche das Programm als Ganzes betrachtet, unterscheiden (Mittag & Hager 2000). Die Wirksamkeit eines Programms lässt sich entweder im Vergleich zu einem anderen Programm mit der gleichen Zielsetzung (vergleichende Wirksamkeitsevaluation) oder durch einen Vergleich mit einer nicht behandelten Stichprobe durchführen (isolierte Wirksamkeitsevaluation) durchführen.

Bei der Evaluation der Programmwirksamkeit werden einerseits die intendierten Programmwirkungen (*objectives*) untersucht, es müssen jedoch auch weitere Neben- und Folgewirkungen des Programms beachtet werden. Stellt sich beispielsweise heraus, dass ein Programm in Hinblick auf die Interventionsziele erfolgreich ist, allerdings in anderen Bereichen negative Folgen hat, sind Programmmodifikationen notwendig. Deswegen sollten bei der Diagnostik einerseits Verfahren eingesetzt werden, welche auf die Programminhalte und Programmziele fokussieren, es sollten andererseits auch weitere Bereiche abgetestet werden, welche durch die Intervention beeinflusst werden können (Mittag & Hager 2000). Die Interventionsziele lassen sich in proximale Ziele wie z.B. Veränderung der Wahrnehmung und Bewertung von Situationen und distale Ziele wie z.B. Verminderung der Ängstlichkeit unterscheiden (Hager & Hasselhorn 2000). Neben diesen Faktoren sollten auch nicht-programmspezifische Veränderungen während der Intervention beachtet werden, da sie einen förderlichen oder hindernden Einfluss auf die Intervention haben können.

1.3.2 Das FREUNDE- Programm als Beispiel für Angstprävention im Kindes- und Jugendalter

Wie im vorherigen Kapitel aufgezeigt, lag der Schwerpunkt bisheriger Treatments von Ängsten auf der individualisierten Behandlung von Angststörungen in einem klinischen Kontext. Universelle Programme wurden bisher eher als allgemeine Programme zu internalisierenden Störungen durchgeführt, jedoch nicht speziell zur Angstthematik (Barrett & Turner 2001). Es ist einerseits notwendig, den Fokus stärker auf einen (primär-)präventiven Ansatz und den Aufbau sozialer Fähigkeiten zu richten, um die Kinder zu einem frühen Zeitpunkt mit Möglichkeiten des Umgangs mit Ängsten und ihrer Bewältigung auszustatten. Es ist andererseits wichtig, die enge Fokussierung auf das Individuum zu erweitern und in stärkerem Maße sowohl die Peers als auch die Familie in die Intervention mit einzubeziehen (Barrett 2000; Winett 1998). Deswegen wurde in der Arbeitsgruppe von Paula Barrett das Programm FRIENDS als universelles Gruppenprogramm entwickelt (Barrett et al. 1998), welches sowohl im klinischen Kontext als auch im Schulsetting durchgeführt werden kann und somit eine Lücke in der Forschung zu Ängsten im Kindes- und Jugendalter schließt. Essau und Conradt haben das Programm übersetzt und für deutsche Verhältnisse adaptiert, das den Namen FREUNDE erhielt (Barrett et al. 2003a, 2003b).

1.3.2.1 Theoretische Prinzipien des FREUNDE- Programms

Mit Hilfe des FREUNDE- Programms sollen eine Reihe von Fähigkeiten aufgebaut werden, die sich nach drei Wirksamkeitsbereichen aufgliedern lassen: dem physiologischen, dem kognitiven und dem Bereich Lernen bzw. Verhalten (Barrett et al. 1998). In der Abbildung ist das zu Grunde liegende psychosoziale Modell dargestellt, nach dem das Gruppenprogramm konzipiert ist (vgl. Abb. 9). An diesem Modell wird die bereits angesprochene Orientierung an einer Gesundheitsstärkung und Ausstattung mit Fertigkeiten zum besseren Umgang mit Ängsten deutlich: der Jugendliche erwirbt im Programm positive Bewältigungsmöglichkeiten im Umgang mit schwierigen Situationen (Barrett et al. 2001b).
Auf *physiologischer Ebene* soll ein Bewusstsein für Körperhinweise geweckt werden. Die Jugendlichen lernen, Hinweise des Körpers wie z.B. Schwitzen, Zittern in bestimmten Situationen wahrzunehmen und den Zusammenhang zwischen schwierigen Situationen und körperlicher Reaktionen zu explorieren. Zur Bewältigung schwieriger Situationen lernen die Teilnehmer Entspannungsübungen, welche eine Kombination progressiver Muskelentspannung und Imaginationsübungen darstellen. Die progressive Muskelentspannung ist ein Verfahren, das fremdinstruktiv eingeübt wird: der Leiter bringt die Schüler dazu, ein Entspannungsverfahren schrittweise einzuüben. Die progressive Muskelentspan-

nung ist kein suggestives Verfahren, sondern basiert darauf, dass einzelne Muskelpartien von Stirn, Augenpartien, Rumpf, Beinen systematisch angespannt und dann wieder losgelassen werden (Jacobson 1990; Vaitl 1993). Hierdurch entsteht ein Kontrasteffekt, der dem Übenden den Unterschied zwischen Anspannung und Entspannung verdeutlicht, gleichzeitig lernt er, die einzelnen Muskelpartien bewusst wahrzunehmen (Jacobson 1990; Petermann 1999). Die einzelnen Übungen zur progressiven Muskelentspannung sind in eine Geschichte mit Tieren eingebettet (z.B. ein beißendes Krokodil für die Kiefernmuskulatur). Tiefes, ruhiges Atmen wird als weitere Möglichkeit des Umgangs mit schwierigen, angstmachenden Situationen vorgestellt und gemeinsam in der Gruppe eingeübt.

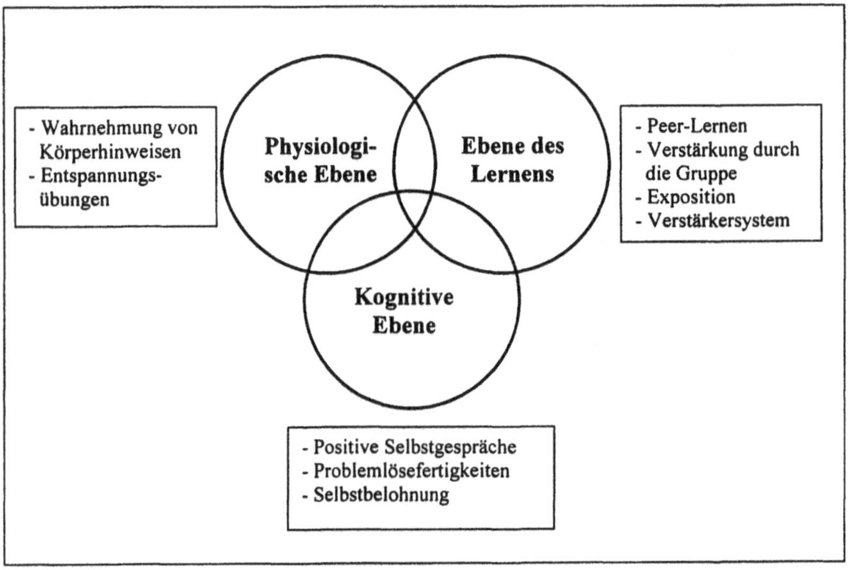

Abb. 9: Psychosoziales Modell der Gruppenintervention (modifiziert nach Barrett 1998, 467)

Auf der *kognitiven Ebene* werden Selbstgespräche zur kognitiven Umstrukturierung eingesetzt: Die Jugendlichen üben, negative Gedanken durch positive Gedanken zu ersetzen, d.h. für die Schüler wenig hilfreiche Gedanken durch hilfreiche Gedanken zu ersetzen. Mit Hilfe dieser positiven Selbstgespräche oder hilfreichen Gedanken sollen sie lernen, schwierige Situationen anders wahrzunehmen und besser bewältigen zu können. Zur Verstärkung des gelernten Verhaltens wird ein Selbstbelohnungssystem eingesetzt: Wenn der Jugendliche eine selbst gestellte Aufgabe erfüllt, belohnt er sich selbst in angemessener Art und Weise. Diese Belohnung wird zuvor gemeinsam in der Gruppe ausgearbeitet bzw. der Jugendliche bespricht mit den anderen Gruppenteilnehmern, welche

Belohnung für welche Aufgabe angemessen sein könnte. Die Jugendlichen werden hierdurch unabhängiger vom Urteil anderer und setzen sich nicht so leicht einer negativen Fremdbewertung aus. Da ängstliche Kinder häufig zu einem starken Perfektionismus neigen, sollen sie hierdurch lernen, sich selbst realistischer und positiver einzuschätzen und bereits für Teilerfolge zu belohnen. Zudem werden die Jugendlichen mit einer Problemlösestrategie vertraut gemacht: Sie sollen die Erfahrung machen, dass sie eine Problemlösestrategie in schwierigen Situationen anwenden können. Da die Problemlösestrategien auf kognitiver als auch auf Lernebene ansetzen, werden sie in Bereichen aufgeführt. Der Schwerpunkt liegt jedoch auf dem wiederholten Lernen im Rahmen des Programms.

Auf der *Ebene des Lernens / Verhaltens* lernen die Jugendlichen mit Hilfe einer Problemlösestrategie ihre Ängste besser in den Griff zu bekommen und sich nicht mehr von Schwierigkeiten überwältigen zu lassen. Im Umgang mit Ängsten wird weiterhin die Expositionstechnik angewendet: die Teilnehmer lernen sich nach und nach stärker angstauslösenden Situationen auszusetzen. Sie zergliedern ein Problem in kleine Schritte und gehen diese nach und nach an, wodurch der Teufelskreis von Vermeidungsverhalten und Angst durchbrochen wird. Problemlösestrategien umfassen folgende Elemente: der Schüler soll lernen, das Problem selbst zu definieren, zu fokussieren, alternative Lösungsmöglichkeiten zu erarbeiten und diese durchzuführen. Das Kind wird angeleitet, ein Problem mit Hilfe von Fragen selbst zu strukturieren. Die einzelnen Schritte werden in Form von Fragen formuliert: (1) Was ist das Problem? (2) Was sind die Dinge, die ich tun kann? (3) Was könnte bei jeder Lösung passieren (Konsequenzen)? (4) Welche Lösung ist die beste? (5) Setze den Plan um! und (6) nachdem ich es durchgeführt habe: wie hat es geklappt (gute Punkte, schlechte Punkte)?

Mit Hilfe eines Verstärkersystems lernen sie zudem, sich selbst angemessen zu belohnen, wenn sie sich in schwierige oder besorgniserregende Situationen begeben. Hierzu überlegen die Teilnehmer in der Kleingruppe, welche Belohnung für den einzelnen angemessen wäre, wenn er sich einer schwierigen Situation wie z.B. einem Referat vor der Klasse stellt. Wichtig ist hierbei auch die Übernahme einer Modellfunktion für die anderen Teilnehmer der Gruppe: indem ein positives Verhalten ausgeübt und verstärkt wird, erhalten die anderen Teilnehmer positive Modelle, um ihr Verhaltensrepertoire erweitern zu können.

Die Lernphilosophie des FREUNDE- Programms beruht auf zwei Lernstrategien: dem *Peer-Learning-Modell* und dem *Erfahrungslernen*. Unter *Peer-Learning* versteht man den Einsatz des Programms in einer sehr „natürlichen Umgebung“. Hierbei lernt der Schüler durch eine ihm sehr ähnliche Modellperson, nämlich den Mitschüler, von dem er wesentlich mehr annimmt als vom Lehrer oder von den Eltern. Der Vorteil dieser Vorgehensweise besteht weiterhin darin, dass sich die Schüler in einer sicheren Umgebung ausprobieren bzw. neue Verhaltensweisen in einem sicheren Rahmen erproben können und hierbei von ihren Mitschülern verstärkt werden. Dies kann deswegen besonders gut funktionieren, da „...*peers are major socialization agents in a children's natural environment, their involvement in therapy may foster the generalization of the trained social behavior*" (Greco & Morris 2001, 305).

Unter *Erfahrungslernen* versteht man, dass die Gruppenteilnehmer aktiv in den Lernprozess einbezogen werden. In besonderem Maße werden bestehende Erfahrungen angesprochen und immer wieder aufgegriffen. Dies gilt ebenso für positive wie für schwierige Situationen. Die Schüler werden beispielsweise aufgefordert, eine Situation detailliert zu beschreiben, in der die ganze Familie glücklich war und zu überlegen, was jeder einzelne gemacht hat. In einer anderen Sitzung hingegen sollen sie eine Situation genau beschreiben, in der sie unsicher waren und Probleme hatten. Mit den eigenen Schilderungen wird dann jeweils in der nächsten Sitzung weitergearbeitet. Dadurch, dass innerhalb der Klasse die gleichen Fertigkeiten erworben werden, können die Schüler untereinander besser dieses Wissen einsetzen und profitieren voneinander. Andererseits sollen die Eltern, sofern möglich, in das Programm mit eingebunden werden, um das familiäre Engagement zur Unterstützung und Weiterführung von Freundschaften zu nutzen bzw. dem Abbau von Ängsten zu dienen. Im FREUNDE-Programm wird betont, dass sowohl Gruppenleiter als auch Teilnehmer wertvolles Wissen besitzen, welches sie in das Programm einbringen können. Letzteres dient insbesondere der Stärkung der Teilnehmer und dem Aufbau ihres Selbstwertgefühls. Damit das *Peer-Learning-Modell* und das *Erfahrungslernen* zum Tragen kommen können, sind die Gruppenleiter bei der Durchführung des Programms in der Gruppe in besonderem Maße dazu angehalten, dafür zu sorgen, dass (a) die einzelnen Teilnehmer in gleicher Art und Weise Möglichkeiten der Beteiligung haben, (b) positive Verhaltensweisen verstärkt und als Beispiel für die Gruppe herausgestellt werden und negative Äußerungen einzelner Teilnehmer im Vorfeld abgemildert oder vermieden werden (Barrett 1998, 467).

1.3.2.2 Inhaltliche Elemente des FREUNDE- Programms

Die einzelnen Elemente bzw. sieben Stufen des Programms werden den Teilnehmern anhand des Akronyms FREUNDE erklärt: jeder Buchstabe steht für eine Fähigkeit, welche im Verlaufe des Programms erworben wird. Hierdurch soll den Teilnehmern ein einfacheres Behalten der einzelnen Elemente ermöglicht und der Transfer in Alltagssituationen erleichtert werden, wodurch der psycho- edukative Ansatz des Programms deutlich wird. Im Schaubild sind die einzelnen Elemente mit einer kurzen Beschreibung der zu erwerbenden Fertigkeiten in kursiver Schrift aufgeführt (vgl. Abb. 10).

Die einzelnen Elemente des FREUNDE- Programms werden den Teilnehmern Schritt für Schritt nahegebracht. Es besteht eine Fokussierung auf den Aufbau positiver Bewältigungsmöglichkeiten bzw. Fähigkeiten und nicht eine Problemorientierung.

F **Fühlst du Dich besorgt?**
Identifikation von körperlichen Signalen in Angstsituationen

R **Relax und fühl dich wohl**
Einüben von Entspannungsverfahren und positiver Aktivitäten

E **Eigene Gedanken**
Identifikation negativer Gedanken und Ersetzen durch positive Gedanken

U **Untersuche, was du tun kannst**
Problemlösefertigkeiten; Zusammenstellen eines Unterstützungsteams

N **Nach dieser guten Arbeit kannst du dich belohnen**
Selbstbelohnung von Erfolg und Teilerfolg

D **Das Üben nicht vergessen**
Wiederholen der einzelnen Elemente in den letzten beiden Sitzungen

E **Entspannt und ruhig bleiben**
Weitergehende Langzeiterfahrung in angemessener Umgebung

Abb. 10: Bausteine / Fertigkeiten des FREUNDE- Programms

Weiterhin wird den Jugendlichen der Symbolgehalt des Wortes FREUNDE erschlossen und erklärt, dass ihr Körper ihr Freund ist, dass es wichtig für sie ist, Freundschaften zu schließen und dass ihnen das FREUNDE- Programm dabei helfen kann, mit Schwierigkeiten besser umzugehen. Im Gegensatz zu anderen Programmen lernen die Teilnehmer nicht konkrete Verhaltensweisen für bestimmte Situationen, sondern erwerben ein allgemeines Verfahren, welches ihnen ermöglicht, unterschiedliche und auch nicht vorhersehbare Situationen zu meistern (Barrett 2000).
Diese Vorgehensweise stellt gleichzeitig jedoch eine hohe kognitive Anforderung an die Teilnehmer dar und birgt deswegen einige Schwierigkeiten für die Anwendung. Werden die erlernten Strategien ins Handlungsrepertoire aufgenommen, bietet diese Vorgehensweise jedoch die Möglichkeit mittel- und langfristig erfolgreich mit unterschiedlichen Situationen umgehen zu können.
Die Ziele des FREUNDE- Programms lassen sich wie folgt zusammenfassen: (1) es unterstützt Kinder und Jugendliche bei der Entwicklung von Fähigkeiten, effektiv mit schwierigen oder angsterzeugenden Situationen umzugehen, (2) es normalisiert den emotionalen Zustand Angst, (3) es baut emotionale Widerstandsfähigkeit und Problemlösefähigkeiten auf, (4) es fördert das Lernen mit

Gleichaltrigen und schafft Netzwerke durch die Unterstützung von Gleichaltrigen und (5): es fördert das Selbstvertrauen im Umgang mit schwierigen oder angsterzeugenden Situationen (Barrett et al. 2003a).

1.3.2.3 Empirische Studien zum FREUNDE- Programm

Zur Zeit liegt nur eine begrenzte Anzahl an Studien zum FREUNDE- Programm vor. Von der Arbeitsgruppe um Paula Barrett wurde das Programm sowohl in klinischen Stichproben als auch als universelles Programm in der Schule eingesetzt.

Tab. 13: Übersicht wichtiger empirischer Studien mit dem Programm FRIENDS

Quelle	Stichprobe	Therapie	Kontrolle	Effekte
Barrett et al. (2000)	klinisch (GAS, SA, TA) n=20; 14-19 Jahre gemischte NESB	GCBT: n=9 10 Wochen	n=11 (Warteliste)	**Gruppenvergleich:** Intervention>Kontrolle **Prä-Post-Vergleich:** - weniger Ängstlichkeit (SCAS) - geringere Wahrnehmung von Bedrohung
Barrett et al. (2001c)	klinisch (GAS, SA, TA) n=60	GCBT: n=48; 8-12 Jahre n=12; 12-14 Jahre 10 Wochen	keine KG	**Ergebnisse:** - weniger Ängstlichkeit - hohe soziale Validität - keine Altersunterschiede
Shortt et al. (2001)	klinisch (GAS, SA, TA) n=71	GCBT: n=37; 6-10Jahre 10 Wochen	n=34 (Warteliste)	**Gruppenvergleich:** Intervention>Kontrolle **Prä-Post-Vergleich:** - weniger Ängstlichkeit
Barrett et al. (2001b)	klinisch (GAS, SA) n=204; 9-13 Jahre ehem. Jugoslawien n=75 Chinesen: n= 100 gemischte NESB n=29	GCBT: n=121 10 Wochen	n=83 (Warteliste)	**Gruppenvergleich:** Intervention>Kontrolle **Prä-Post-Vergleich:** - weniger Ängstlichkeit - positivere Zukunftseinschätzung
Barrett & Turner (2001)	universell n=588; 10-12 Jahre	GCBT: Lehrer: n=263 Psychologe: n=188 12 Wochen	n=137 (Curriculum)	**Gruppenvergleich:** Lehrer = Psychologe > KG **Prä-Post-Vergleich:** - weniger Ängstlichkeit (SCAS) - niedrigere Depressionswerte - Risikogruppenverbesserung
Lowry-Webster et al. (2001)	universell n=531; 10-13 Jahre	GCBT: Psychologe: n=392 12 Wochen	n=139 (Curriculum)	**Gruppenvergleich:** IG > KG **Prä-Post-Vergleich:** - weniger Ängstlichkeit (SCAS) - niedrigere Depressionswerte - Risikogruppenverbesserung

Auswahlkriterium: GAS=Generalisierte Angststörung; SA=Sozialangst; TA=Trennungsangst;
Programmform: GCBT=Kognitiv-behaviorales Gruppenprogramm; NESB= Nicht engl. sprech. Bevölkerung

Die Ergebnisse weisen auf eine deutliche Reduktion der Angstsymptomatik einerseits und auf einen Aufbau sozialer Fähigkeiten andererseits hin (vgl. Tab. 13). Die Untersuchungen mit nicht-englischsprachigen Jugendlichen ergaben ebenfalls eine signifikante Reduktion der Ängstlichkeit im Vergleich zu einer Kontrollgruppe, sowohl in der späten Kindheit als auch im Jugendalter. Auffallend war weiterhin die positivere Zukunftseinschätzung, welche als Indiz für mittel- und langfristigere Effekte gedeutet werden kann (Barrett et al. 2001b). Ob die Interventionseffekte hingegen über die Zeit hinweg stabil sind, werden erst Längsschnittstudien zeigen können. Eine Untersuchung der sozialen Validität des Programms zeigte, dass die Zustimmung und Akzeptanz des Programms sehr hoch war. Die soziale Akzeptanz und Zufriedenheit mit dem Programm korrelierte hingegen nicht mit der Reduktion der Ängstlichkeit (Barrett et al. 2001c).

In der Untersuchung zur universellen Anwendung des Programms wurde das Programm einmal von Lehrern und einmal von Psychologen angeleitet, als Kontrollgruppe diente ein Standardcurriculum über die gleiche Zeit (Barrett & Turner 2001). Es zeigte sich eine deutliche Verbesserung der beiden Interventionsgruppen gegenüber der Kontrollgruppe, hierbei waren keine Unterschiede zwischen den Lehrern und den Psychologen als Versuchsleiter erkennbar. Dies weist darauf hin, dass das Programm auch im normalen Schulkontext von Lehrern angeleitet werden kann. Es bietet sich jedoch an, die Intervention nicht vom Klassenleiter selbst durchführen zu lassen. Eine Untersuchung der „Risiko-Schüler" (SCAS-Wert im Prätest über 42,48) ergab, dass deutlich mehr Teilnehmer des FREUNDE- Programms gegenüber der Kontrollgruppe nach der Intervention ein unauffälliges Angstniveau aufwiesen. Während in der Interventionsgruppe nur noch 6% (Psychologengruppe) bzw. 8% (Lehrergruppe) eine klinisch bedeutsame Ängstlichkeit aufwiesen, lag in der Kontrollgruppe der Anteil bei 18%. Ähnliche Ergebnisse zeigten sich bei der universellen Durchführung des Programms von Lowry-Webster und anderen (2001): es kam zu einer deutlichen Reduktion der Ängstlichkeit in der Interventionsgruppe (10 Punkte beim SCAS), während sich die Ängstlichkeitswerte in der Kontrollgruppe nur leicht veränderten. Bei den Hochängstlichen zeigte sich eine besonders deutliche Reduktion in Bezug auf Ängstlichkeit. Das gleiche galt für den Anteil der Hochängstlichen an der Gesamtgruppe: fast die Hälfte der Hochängstlichen wiesen nach der Programmdurchführung nur noch ein „normales" Angstniveau auf. Diese Ergebnisse sprechen dafür, das Programm als universelle Gruppenintervention im Schulkontext durchzuführen, wobei zu erwarten ist, dass sowohl die Risikoschüler als auch die „Normalängstlichen" in dem Sinne profitieren, dass sie positive Bewältigungsstrategien aufbauen und Ängstlichkeit abbauen können.

Das Programm FRIENDS wurde von Essau und Conradt übersetzt und aufgrund der Erfahrungen eines Pilotprojektes für deutsche Verhältnisse adaptiert und veröffentlicht (Barrett et al. 2003a, 2003b). Eine erste Erprobung des Programms fand mit 128 unauffälligen Grundschülern statt, welche acht bis zwölf Jahre alt waren. Die Ergebnisse weisen auf einen erfolgreichen Einsatz der deutschen Version des Programms im schulischen Kontext hin: die selbstberichtete Ängstlichkeit der Teilnehmer konnte deutlich verringert werden, dies galt insbesondere für Zwangssymptome, soziale Ängstlichkeit und generalisierte Angst. Zusätzlich kam es zu einer deutlichen Verbesserung der sozialen Kompetenz der Teilnehmer (Essau 2002b). Die theoretischen Erwägungen und bisherigen Untersuchungen führten zu dem Projekt, das FREUNDE- Programm als universelles Programm in der Hauptschule durchzuführen.

2. Interventionsstudie zu Ängsten bei 10- bis 14jährigen Schülern

2.1 Fragestellung

Die vorliegende Untersuchung dient der Evaluation des kognitiv-behavioralen Präventionsprogramms FREUNDE (Barrett et al. 2003a), welches auf den Abbau von Ängsten und den Aufbau sozialer Fertigkeiten abzielt. Die Studie will die Effektivität des Programms bei einer bestimmten Population testen: es soll untersucht werden, ob das Programm als universelles Präventionsprogramm mit Hauptschülern im Rahmen des Schulalltags erfolgreich durchgeführt werden kann und ob sich Untergruppen in Bezug auf die Wirksamkeit des Programms bilden lassen. Hierbei richtet sich der Fokus einerseits auf den Bereich des Wissenszuwachses mit der Fragestellung, ob die Teilnehmer des Programms im Vergleich zu einer Kontrollstichprobe mehr Wissen über die Wahrnehmung von Ängsten und den Umgang mit Ängsten erworben haben. Andererseits soll erhoben werden, inwieweit sich Ängstlichkeit, Verhaltenshemmung, Perfektionismus und psychosoziale Beeinträchtigung mit Hilfe des Programms reduzieren und soziale Fertigkeiten aufbauen lassen. Ein besonderes Augenmerk wurde hierbei auf den Vergleich unterschiedlicher Subgruppen gerichtet, um Aussagen über die spezifische Wirksamkeit des Programms machen zu können. Hierzu wurden Subgruppen nach unterschiedlichen Merkmalen wie Geschlecht, Ängstlichkeitsausprägung zum Prä- Test und weiteren Personenmerkmalen erhoben. Weiterhin sollte untersucht werden, welche äußeren Faktoren sich positiv und welche Faktoren sich negativ auf die Wirksamkeit des Programms auswirken, wozu unterschiedliche Gruppenmerkmale untersucht wurden.

2.2 Methoden

2.2.1 Kurzbeschreibung der Methoden, Vorstellen der Tests

In einem ersten Schritt sollen die unterschiedlichen Methoden aufgeführt werden, welche bei der Untersuchung zur Anwendung kamen. Hierbei wurden ausschließlich Selbstberichtmethoden eingesetzt. Nach der gewählten Definition gehen wir von der subjektiven Wahrnehmung und Bewertung von Situationen als zentraler Komponente der Angst aus. Deswegen erachten wir die subjektive Einschätzung sowohl der Angst als auch ihrer Kovariablen und Einflussfaktoren als bestmögliche Methode, um die Veränderungen der Angst messen zu können. Denn selbst wenn diese Veränderungen für anderen Personen nicht wahrnehmbar sind, sind sie für die Person selbst von entscheidender Bedeutung. Die einzelnen gewählten Methoden bilden zum einen die im theoretischen Teil beschriebenen Bereiche und Einflussfaktoren der Angst, andererseits wurden einige Verfahren in Voruntersuchungen zum Programm bereits eingesetzt und wurden auch aus Gründen der besseren Vergleichbarkeit gewählt.

Angst, Ängstlichkeit (SCAS)

Das zentrale untersuchte Merkmal dieser Studie stellt die Ängstlichkeit dar. Zur Messung wurde die Spence Children Anxiety Scale (Spence 1997) ausgewählt, da sie für die anvisierte Altersstufe ein gutes Messinstrument zur Erfassung der unterschiedlichen Arten von Ängsten darstellt. Die SCAS ist ein Selbstbericht-Fragebogen zu Ängsten für Kinder im Alter von 8 bis 12 Jahren. Sie umfasst 38 Items zu den unterschiedlichen Bereichen der Angst: Generelle Angst bzw. Überängstlichkeit, Soziale Angst, Trennungsangst, Zwang, Panik-Attacke und Agoraphobie. In den Antworten wird die Häufigkeit des Auftretens der Ängste auf einer vierstufigen Skala von „nie" (0) bis „immer" (3) unterschieden. Die 38 Items werden zu einem Summenwert aufaddiert, der einen Indikator für das Maß der Ängstlichkeit in unterschiedlichen Bereichen darstellt. In der vorliegenden Untersuchung werden sowohl der Summenwert als auch die Einzelskalen ausgewertet. Hierbei sind die Skalen für Generelle Angst und Soziale Angst von zentralem Interesse. In einer Untersuchung unterschiedlicher mehrfaktorieller Auswertungen des Tests hat sich gezeigt, dass eine sechsfaktorielle Lösung, welche die oben angesprochenen inhaltlichen Faktoren beschreibt, die beste Lösung darstellt.

Die psychometrischen Eigenschaften der SCAS sind in Spence (1997) und Muris et al. (2002a) ausführlich dokumentiert. Cronbach Alpha beträgt in der durchgeführten Untersuchung für die Gesamtskala r =.87, für die Einzelskalen zwischen .69 und .75.

Verhaltenshemmung (BIS)

Die Verhaltenshemmung kann als zentraler Bestandteil der Angst angesehen werden, wenngleich es schwer zu beurteilen ist, ob diese eine Ursache oder eine Äußerungsform der Angst darstellt. Wenngleich sich die Verhaltenshemmung in unterschiedlichen Situationen äußert, stellt sie einen Teil der (schüchternen) Persönlichkeit dar und ist insofern nur bedingt beeinflussbar. Deswegen kann man davon ausgehen, dass sich einzelne Verhaltensweisen einer gehemmten Person modifizieren lassen und diese Änderungen sich auch in den Fragen abbilden lassen, andere generelle Bereiche hingegen sehr änderungsresistent sind. Die einzelnen Verhaltensbereiche der *Behaviour Inhibition Scale* (BIS) beziehen sich auf schulisches Verhalten, auf die Familie und den Bereich Freizeit. Die BIS ist ein Selbstberichtfragebogen mit 30 Items, welcher die Verhaltenshemmung in einer fünfstufigen Skala von „trifft nie zu" (0) bis „trifft sehr oft zu" (4) abprüft.

Die in der Untersuchung verwendete Form stellt eine Übersetzung von Essau (2002a) dar, welche bereits in der Bremer Jugendstudie eingesetzt wurde. Die interne Konsistenz (Cronbach Alpha) wurde für die vorliegende Untersuchung überprüft und kann mit r = .72 als zufriedenstellend bezeichnet werden.

Streben nach Perfektionismus (CAPS)

Ein wichtiger Bestandteil der Angst kann sich in einem Bedürfnis nach Perfektionismus äußern, welcher bei Chronifizierung sich auch hin zu einer depressiven Symptomatik verschieben kann (Hewitt et al. 2002). Der Perfektionismus ist im Gegensatz zu einem „gesunden Ehrgeiz" verbunden mit einem zwanghaften Streben, immer der beste sein zu müssen und Aufgaben bis ins letzte Detail planen und perfekt lösen zu müssen. Demnach reicht die erfolgreiche Erfüllung einer Aufgabe nicht aus – nur, wenn alle anderen Beteiligten übertroffen werden, ist die Person zufrieden. Hierbei kann zwischen den eigenen Ansprüchen und den (häufig introjizierten) Ansprüchen der Familie und der Lehrer unterschieden werden. Die Perfektionismusskala (CAPS) von Hewitt & Flett (1991) ist ein Selbstberichtfragebogen mit 22 Items, der diese Tendenz in einer dreistufigen Skala von „trifft nicht zu" (0) bis „trifft meistens zu" (2) abprüft. Cronbach-Alpha betrug für die vorliegende Untersuchung r = .93, die Skala kann somit als sehr konsistent bezeichnet werden.

Psychosoziale Beeinträchtigung (CIS)

Die Columbia Impairment Scale dient als externe Validierung von psychischen Störungen, da sie den Grad der psychosozialen Beeinträchtigung von Personen widerspiegelt. Hierbei geht es zum Beispiel darum, ob eine Person Probleme mit den Gleichaltrigen hat oder ob sie allgemein Probleme in der Schule hat.
Dies ist insbesondere dann von Bedeutung, wenn Personen aufgrund diagnostischer Kriterien (vgl. Abschnitt Angstwürfel) unterhalb der Schwelle bleiben, welche eine Behandlung notwendig erscheinen lässt (Bird & Gould 1995). Zusätzlich kann man bessere Aussagen über den Schweregrad einer Störung machen, wenn man die persönliche Beeinträchtigung berücksichtigt (Bird et al. 1990). Die psychosoziale Beeinträchtigung kann in verschiedenen Bereichen untersucht werden. Hierzu gehört der Umgang mit Gleichaltrigen und Familienmitgliedern oder wie eine Person ihre Freizeit genießen kann. Die in der Untersuchung verwendete *Columbia Impairment Scale* zielt auf die Bereiche zwischenmenschliche Beziehungen, Befindlichkeit, Schule und Freizeit ab (Bird & Gould 1995), welche in der Bremer Jugendstudie für Deutschland erprobt wurde (Essau 2002a). Sie umfasst 13 Items mit einer fünfstufigen Likert-Skala von 0

(keine Probleme) bis 4 (große Probleme). Die interne Konsistenz der Skala in der vorliegenden Untersuchung kann mit r=.79 als gut bezeichnet werden.

Soziale Fertigkeiten (SSQ)

Einen guten Schutzfaktor gegenüber der Ängstlichkeit stellt das Vorhandensein sozialer Fertigkeiten dar. Mit der Social Skills Questionaire (Spence 1998) werden soziale Fertigkeiten anhand unterschiedlicher sozialer Situationen abgeprüft, die sich auf unterschiedliche Bereiche des Umgangs miteinander beziehen. Hierzu zählen der Umgang mit Erwachsenen ebenso wie allgemeine Verhaltensweisen im Umgang mit Gleichaltrigen beispielsweise. Die Fragen beziehen sich auf allgemeine soziale Situationen und können deswegen als guter Indikator für allgemeine soziale Fertigkeiten verwendet werden. Der Fragebogen besteht aus 30 Items mit einer dreistufigen Unterteilung, welche zwischen „stimmt nicht“ (0), „stimmt manchmal“ (1) und „stimmt meistens“ (2) unterscheidet. In der vorliegenden Untersuchung beträgt Cronbach- Alpha .91, die interne Konsistenz dieser Skala kann somit als sehr gut bezeichnet werden.

Allgemeines Klinisches Screening (YSR)

Der Youth Self-Report (Achenbach 1991) ist ein Selbstbericht-Fragebogen für Jugendlich im Alter von 11 bis 18 Jahren. Er kann als allgemeines klinisches Screeningverfahren eingesetzt werden und umfasst 8 Syndromskalen. Diese werden drei übergeordneten Skalen zugeteilt: *Internalisierende Störungen* (Sozialer Rückzug, Körperliche Beschwerden, Angst/ Depressivität), *externalisierende Störungen* (Delinquentes Verhalten, Aggressives Verhalten) und *gemischte Störungen* (Soziale Probleme, Schizoid/ Zwanghaft, Aufmerksamkeitsstörungen). Des Weiteren kann ein Gesamtscore gebildet werden, der alle Items umfasst. Die Selbsteinschätzung erfolgt anhand einer dreistufigen Skala von „nicht zutreffend“ (0) über „etwas oder manchmal zutreffend“ (1) bis „genau oder häufig zutreffend“(2). Zu diesen 103 Items zu Verhaltensproblemen wurden 16 Items ergänzt, die positive, sozial erwünschte Verhaltensweisen beschreiben, welche den Jugendlichen die Möglichkeit geben, auch positive Eigenschaften von sich selbst zu berichten. Diese gehen in die Datenanalyse jedoch nicht ein. Zur Auswertung werden in der vorliegenden Untersuchung die Summenscores der übergeordneten Skalen und der Gesamtscore herangezogen. Der Fragebogen wurde von der Arbeitsgruppe Deutsche Child Behavior Checklist übersetzt und ist das meist verwendete klinische Screenigverfahren in Deutschland. Döpfner et al. (1994) fanden bei einer klinischen Stichprobe für die übergeordneten Skalen („Internalisierende Störungen“, „Externalisierende Störungen“ und „Gesamtauffälligkeit") gute interne Konsistenzen (r_{tt} >.80). In der vorliegenden Studie lag Cronbach-Alpha für die einzelnen Skalen ebenfalls zwischen .75 und .90.

Soziale Integration

Mit der Skala Soziale Integration soll überprüft werden, inwieweit der Schüler auf andere zugehen kann, Kontakt suchen oder eher isoliert ist. Sie stellt ein generelles Maß sozialer Kompetenz dar. Diese Skala wurde wie die Skalen zur elterlichen Einflussnahme dem Projekt „Familienentwicklung nach Trennung" (Schwarz et al. 1997) entnommen. Das Item „Ich habe viele Freunde" wurde allerdings selektiert, da dies bereits bei den sozialen Kontakten abgefragt wurde. Die Skala umfasst acht Items, die von „stimmt nicht" (0) bis „stimmt genau" (3) in vier Abstufungen skaliert sind. Die interne Konsistenz war mit einem Wert von r=.72 in der vorliegenden Untersuchung zufriedenstellend.

Elterliche Einflussfaktoren

Wie in Abschnitt 1.2.9 aufgezeigt, besteht ein deutlicher Einfluss familiärer Faktoren auf die Genese und den Verlauf von Angststörungen. Weiterhin konnte in zahlreichen Studien nachgewiesen werden, dass elterliche Erziehungskompetenz zwischen familiärer Belastung und der Persönlichkeitsentwicklung des Kindes vermittelt. Es besteht ein hoher Zusammenhang zwischen Einschätzung des Erziehungsverhaltens seitens der Eltern und des Kindes. Deswegen wurde bei der vorliegenden Untersuchung der Fokus auf die subjektive Wahrnehmung und Bewertung des Erziehungsverhaltens der Eltern durch die Kinder gerichtet und die Fragen direkt an die Kinder gestellt.
Bei dem Prätest wurden einige Skalen ausgewählt, welche laut theoretischer Befunde einen Einfluss auf die Angstentwicklung bei Kindern und Jugendlichen haben. Die Skalen entstammen alle dem Projekt „Familienentwicklung nach Trennung" (Schwarz et al. 1997). Alle Fragen werden getrennt nach Vater und Mutter gestellt und sind vierstufig skaliert.
Mit der Skala *„Schulengagement der Eltern"* wird erfasst, wie groß die Entwicklungsanforderung der Eltern ist, mit besonderem Fokus auf die Schule. Die Fragen stellen eine Weiterentwicklung des in der Shell-Studie eingesetzten Instruments „Schulzentriertes Elternhaus" (Fischer 1992) dar, welche von Kracke und Held (1994) weiterentwickelt und ergänzt wurden. Die vorliegenden Fragen erreichten bei der Jugendstudie ein Alpha von .71, in der 8-Itemfassung von Kracke und Held in Westdeutschland .68 und in Ostdeutschland .72. In der vorliegenden Untersuchung betrug Cronbach Alpha für die Mutter .67 und für den Vater .71.

Die Skala *„Überbehütung"* soll den für die Entwicklung und freie Entfaltung negativen Aspekt von Erziehung erfassen, welcher in engem Zusammenhang mit der Angst vor Vereinnahmung steht. Diese Skala stellt eine Neuentwicklung der Arbeitsgruppe Familien in Entwicklung dar (Schwarz et al. 1997). Die Items wurden so formuliert, dass die Schüler eine Unterschätzung seitens der Eltern einschätzen sollten.
Auch die Skala *„Negative Kommunikation"* dient der Beschreibung eines negativen Aspektes der Eltern-Kind-Interaktion aus Sicht der Heranwachsenden. Bei dieser Skala wird der Fokus auf Schwierigkeiten in der Eltern-Kind-Interaktion gerichtet, welche für die Individuation des Kindes hinderlich sein können. Schwarz et al. (1997) wählten aus dem Instrument von Barnes und Olson (Olson & McCubbin 1983) 4 Items aus, welche negative Kommunikation erfassen. Bei zwei Items wurden starke Modifikationen vorgenommen. In der Originalversion liegen die Angaben zur negativen Kommunikation bei .78.
Ein zentraler positiver Aspekt der Eltern-Kind-Interaktion wurde in der Skala *„Unterstützende Erziehung"* erfasst. Hierbei steht die Frage im Vordergrund, ob eine konstruktive partnerschaftliche Kommunikation zwischen Eltern und Kindern besteht und das Verhältnis durch „Wärme und Liebe" geprägt ist. Das Instrument stellt eine Übersetzung der Supportive Parenting Scale von Simons et al. (1992) dar. Die Skala erreichte in der Originalversion eine interne Konsistenz von .78 für die Angaben zum Vater und .83 für die Angaben zur Mutter. In der vorliegenden Untersuchung betrugen die Werte für die Mutter .83 und für den Vater .82.
Ein weiterer wichtiger negativer Aspekt elterlichen Erziehungsverhaltens erfasst die Skala *„Strenge Kontrolle"*, welcher als Unterscheidungskriterium zwischen autoritativen und autoritären Eltern dienen kann. Mit der Skala soll ein elterliches Verhalten gekennzeichnet werden, welches keine Diskussionen über Regeln zulässt und bei Widersetzen mit Strafe reagiert. Die Skala stellt eine Neukonstruktion von Schwarz et al. (1997) dar, einige Items wurden jedoch in Anlehnung an Items aus der Dimension „Psychological Autonomy" von Steinberg (Lamborn et al. 1991) formuliert. Die Items zu körperlichen Strafen wurden jedoch ausgespart und stattdessen drei Items neu formuliert (Schwarz et al. 1997).
In der Skala *„Einfühlungsvermögen"* soll der Aspekt Wärme / Liebe in der Familie erfasst werden. Die Items wurden aus der Skala „Einfühlungsvermögen" des FDTS (Schneewind et al. 1995) entnommen, stark gekürzt und leicht umformuliert (Schwarz et al. 1997). Die vorliegende Version wurde in einer Längsschnittstudie mit 10 bis 13jährigen Jugendlichen aus Westdeutschland eingesetzt und als Bereich der autoritativen Erziehung verwendet. Die interne Reliabilität lag bei dieser Studie bei einem Alpha von .70 (Schwarz & Silbereisen 1996).

2.2.2 Übersicht über alle durchgeführten Tests und Verfahren

Neben den beschriebenen Skalen wurden eine Reihe demographischer Daten erhoben, um eine bessere Beschreibung der Stichprobe vornehmen zu können. Diese umfassen in erster Linie Angaben zur Person, Schulsituation und familiären Situation. Hinzu kommen Angaben zur Schulleistung in den zentralen Fächern Mathematik und Deutsch, aus welchen ein Leistungsindex gebildet wurde.

Tab. 14: Übersicht über die durchgeführten Tests und Verfahren

Dimension	Test / Verfahren	Autoren	Verwendete Skalen	Anzahl der Items
Ängste	Spence Children Anxiety Scale (SCAS)	Spence 1997	komplett	38
Verhaltenshemmung	Behaviour Inhibition Scale (BIS)	Essau et al 2002a	komplett	30
Perfektionismus / Anspruchsniveau	Cognitive Perfectionism Scale (CAPS)	Hawitt & Flett 1991	komplett	22
Psychosoziale Beeinträchtigung	Columbia Impairment Scale (CIS)	Bird et al. 1993	Problem-Bereiche	13
Soziale Fähigkeiten	Social Skills Questionnaire (SSQ)	Spence 1998	komplett	30
Demoskopische Daten			Schulsituation Familiensituation	14
Soziale Integration		Schwarz et al. 1997	Soziale Integration	8
Elterlicher Erziehungsstil		Schwarz et al. 1997	Unterstützende Erziehung	9
		Schwarz et al. 1997	Strenge Kontrolle	5
		Schwarz et al. 1997	Schulengagement der Eltern	5
		Schwarz et al. 1997	Negative Kommunikation	4
		Schwarz et al. 1997	Überbehütung	4
		Schwarz et al. 1997	Einfühlung	3
Klinisches Screening	Youth Self Report (YSR)	Achenbach 1991	komplett	116

In der Tabelle sind alle Tests und Verfahren aufgeführt, die bei der vorliegenden Untersuchung verwendet wurden (vgl. Tab. 14). Die Übersicht ist nach inhaltlichen Kriterien aufgebaut, im Fragebogen wurden die einzelnen Themenblöcke gemischt, um Beantwortungstendenzen vorzubeugen. Es wird weiterhin gekennzeichnet, ob nur einzelne Skalen der Tests bzw. Verfahren eingesetzt wurden oder ob der komplette Fragebogen Verwendung fand.

2.2.3 Vergleich der Methoden von Prätest und Posttest

Einige der beschriebenen Methoden wurden nur in der Voruntersuchung eingesetzt, da mit ihrer Hilfe die unterschiedlichen Einflussfaktoren und Kovariablen der Angst genauer untersucht werden sollten. Die anderen Variablen dienen der Veränderungsmessung: im Vergleich zwischen Prä- und Posttest sollen einerseits die Veränderungen innerhalb der Interventionsgruppe festgestellt werden (vgl. Tab. 15).

Tab. 15: Übersicht über die im Prä- und Posttest verwendeten Methoden

Prätest	Posttest
Demoskopische Daten	-----
Soziale Integration	-----
Spence Children Anxiety Scale	Spence Children Anxiety Scale
Cognitive perfectionism	Cognitive perfectionism
Columbia Impairment Scale	Columbia Impairment Scale
Behaviour Inhibition Scale	Behavioural Inhibition Scale
Social Skills Questionnaire	Social Skills Questionnaire
Elterlicher Erziehungsstil: *Unterstützende Erziehung* *Strenge Kontrolle* *Schulisches Engagement der Eltern* *Negative Kommunikation* *Einfühlungsvermögen* *Überbehütung*	-----
Youth Self-Report	Youth Self-Report
-----	Offene Fragen zur Wahrnehmung und zum Umgang mit Ängsten

Zum anderen soll mit Hilfe des Kontrollgruppenvergleichs festgestellt werden, ob die Veränderungen auf die Durchführung des Programms zurückzuführen sind oder es nicht zu einer spontanen Remission der Angstwerte und einem generellen Anwachsen sozialer Fertigkeiten dieser Altersstufe zu diesem Zeitraum kam. Die offenen Fragen, welche im Posttest der Beschreibung des Wissenszuwachses dienten, sind im folgenden Abschnitt genauer beschrieben. Aus den aufgeführten Methoden wurde für den Prä- Test und den Posttest jeweils ein Fragebogen zusammengestellt, welche die Schüler in ihrer Klasse ausfüllten (vgl. Abschnitt 2.4.2).

2.2.4 Erläuterung der offenen Fragen des Posttests

Im Rahmen des Post-Tests sollte überprüft werden, welches Wissen die Schüler über die Wahrnehmung von Ängsten und welches Wissen sie im Umgang mit Ängsten besitzen und inwiefern sich die Interventionsgruppe von der Kontrollgruppe unterschied. Es erschien wichtig, die Fragen als offene Fragen zu formulieren, um Effekten der Wiedererkennung und Tendenzen der sozialen Erwünschtheit vorbeugen und genauer einschätzen zu können, über welche Bereiche die Schüler genauer Bescheid wissen und in welchen Bereichen eher Lücken bestehen.

Hierzu wurde eine Reihe von Fragen gesammelt, die zentrale Bereiche angstbezogenen Wissens und Umgangswissen zu Ängsten betreffen. Die Fragen wurden sowohl einer Gruppe von Studenten als auch einigen Experten (promovierten Psychologen) vorgelegt, um Ergänzungen vorzunehmen und aus einer Liste von Fragen die wichtigsten auszuwählen. Weiterhin sollten mehrdeutige Formulierungen präzisiert und redundante Fragen eliminiert werden.

Diese Liste wurde von einem Diplompsychologen und zwei Schulpsychologinnen inhaltlich strukturiert, sprachlich überarbeitet und in einem Probedurchlauf einigen Schülern der gleichen Altersstufe vorgelegt. Hieraus entstand eine Liste von fünfzehn Fragen, welche sich den Bereichen Wahrnehmung von Gefühlen, Angst und Umgangswissen zuordnen lassen. Letzterer lässt sich in die Bereiche Strategiewissen und Ressourcenorientierung / Selbstbelohnung (Positive Denken) unterteilen (vgl. Tab. 16).

Zur Auswertung wurde ein Merkmalskatalog aufgestellt, in dem berücksichtigt wurde, welche Inhalte zu einer Beantwortung einer Frage von Bedeutung waren. Die Fragebögen wurden von drei Ratern unabhängig voneinander nach einem Kategoriensystem eingeschätzt. Wurde die Frage nur teilweise oder unvollständig beantwortet, erhielten die Personen einen Punkt, bei vollständiger Beantwortung zwei Punkte. Anschließend wurden die Ergebnisse der drei Rater miteinander verglichen und die uneinheitlichen Ergebnisse in Anlehnung an das Kategoriensystem besprochen und entschieden. Für die Subskalen und die offenen Fragen insgesamt wurde ein Summenscore gebildet, der als Indikator für Wahrnehmung von Ängsten und Bewältigungswissen gelten kann.

In die Auswertung der offenen Fragen gingen sowohl die einzelnen Summenscores als auch der Gesamtwert aller Fragen ein.

Tab. 16: Kategorien der offenen Fragen

Nr.	Frage	Kategorie
1.	Was empfindest du, wenn du dir Sorgen machst?	Wahrnehmung
2.	Woran erkennst du, wie sich jemand fühlt?	Wahrnehmung
3.	Was kannst du tun, wenn du aufgeregt bist?	Strategiewissen /UW
4.	Welche Arten von Gedanken gibt es?	Wahrnehmung
5.	Kennst du einen Plan oder eine Strategie, wie du mit Problemen besser umgehen kannst?	Strategiewissen
6.	Warum ist es wichtig, sich nach einer schweren Aufgabe zu belohnen?	Positives Denken / UW
7.	Wer kann dir helfen, mit Problemen umzugehen?	Umgangswissen
8.	Welche Signale gibt dir dein Körper, wenn du Angst hast?	Wahrnehmung
9.	Warum ist es wichtig, Gefühle bei sich und anderen erkennen zu können?	Wahrnehmung
10.	Welche Dinge kannst du tun, damit du dich wohlfühlst?	Positives Denken / UW
11.	Wie hängen Gedanken, Gefühle und Verhalten zusammen?	Wahrnehmung
12.	Welche Schritte gehören zu einem Plan, um besser mit Sorgen umgehen zu können?	Strategiewissen / UW
13.	Nenne möglichst viele positive und negative Gefühle!	Wahrnehmung
14.	Welche Entspannungsübungen kennst du?	Strategiewissen / UW
15.	Wie können dir hilfreiche Gedanken bei einem Problem helfen?	Positives Denken / UW

Die offenen Fragen insgesamt haben mit Cronbach α von .85 eine hohe interne Konsistenz. Ebenso weisen die Subskalen Umgangswissen mit α =.80 gute und Wahrnehmung mit α =.71 zufriedenstellende Werte auf, die darauf hinweisen, dass man die offenen Fragen zu einer reliablen Einschätzung des Angstwissens verwenden kann.

2.3 Ergebnisse des Prätests

2.3.1. Demoskopische Daten und Kurzbeschreibung der Stichprobe

Im Folgenden soll zunächst die Stichprobe genauer gekennzeichnet werden, mit der die Untersuchung durchgeführt wurde. Am Prätest nahmen insgesamt 200 Schüler der sechsten Klassen zweier Hauptschulen teil, welche sich auf insgesamt 9 Klassen verteilten. Dies waren alle Schüler der sechsten Klassen der beiden teilnehmenden Schulen. Hiervon waren 121 Schüler männlich (60,5%) und 79 (39,5%) weiblich. Das durchschnittliche Alter betrug 12;7 Jahre bei einer Standardabweichung von 8 Monaten. Der jüngste Teilnehmer war 11;7 Jahre alt und der älteste 14;8 Jahre. Die Befragung der Schüler fand im Rahmen des normalen Unterrichts im jeweiligen Klassenraum statt. Hierbei waren der Klassenleiter und ein Psychologe anwesend. Letzterer teilte die Fragebögen aus, erklärte die Vorgehensweise und stand für Rückfragen zur Verfügung. Bei einigen Schülern gab es bei einzelnen Fragen Verständnisschwierigkeiten, die jedoch in allen Fällen geklärt werden konnten. Die meisten Schüler waren in der Lage, die Fragebögen innerhalb von 90 Minuten auszufüllen, einige benötigten jedoch 20 Minuten mehr Zeit.

Im Folgenden werden die Ergebnisse des Prätests dargestellt, welche nach den einzelnen Hauptbereichen und ihren Kovariablen aufgegliedert sind. Zunächst werden jeweils die Gesamtergebnisse der Skalen dargestellt und dann auf Einzelergebnisse bzw. auffällige Befunde eingegangen. Die Ergebnisse des Prätests werden jedoch nicht diskutiert, da der Fokus der vorliegenden Studie auf die Interventionsmaßnahme und die hierbei erzielten Effekte gerichtet ist.

2.3.2. Ängstlichkeit

Gesamtergebnis

Im Zentrum der Arbeit steht die Erfassung der Angst und ihrer wichtigen Korrelate. Mit Hilfe der Spence Children Anxiety Scale (SCAS) sollte die Ängstlichkeit der Schüler insgesamt und in den verschiedenen Teilbereichen erfasst werden. Der Gesamtsummenwert der Ängstlichkeitsskala bei allen Schülern wies einen Mittelwert von 24,89 bei einer Standardabweichung von 12,3 auf. Es stellte sich zunächst die Frage des Anteils an Schülern mit klinisch bedeutsamen Ängsten.

In Anlehnung an die Untersuchungen von Barrett und Turner (2001) und Lowry-Webster et al. (2001) wurde als Kriterium für klinisch bedeutsame Ängstlichkeit der Cut-Off-Wert für den SCAS von 42,48 übernommen. Es zeigte sich, dass 17 Schüler (8,5%) klinisch bedeutsame Ängste aufwiesen (vgl. Tab. 17).

Der Geschlechtsvergleich zeigte, dass der Anteil der klinischen Ängste bei den Mädchen mit 10% deutlich höher lag als bei den Jungen (7%).

Tab. 17: Klinisch bedeutsame Ängste

		N	Mittelwert	Standardabweichung	Standardfehler des Mittelwertes
Ängstlichkeit	Normalängstliche	183	22,37	9,305	,688
(SCAS)	klinisch Ängstliche	17	51,94	7,154	1,735

Geschlechtsunterschiede

Untersucht man den Gesamtwert der Ängstlichkeitsskala in Bezug auf Geschlechtseffekte, hatten die Mädchen mit einem Durchschnittswert von 26,9 einen deutlich höheren Gesamtwert als die Jungen (M=23,5). Die Prüfung mittels T-Test zeigte, dass dieser Unterschied zwar nicht signifikant war, jedoch signifikante Tendenzen aufwies (T=1,95; p=.053).

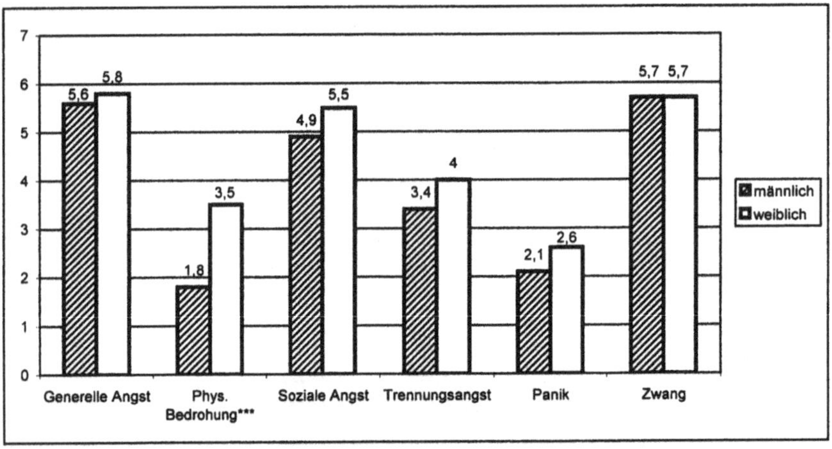

Abb. 11: Geschlechtsvergleich der Subskalen von Angst (*p< .001)**

Vergleicht man die einzelnen Subskalen der Ängstlichkeit, fallen in der Skala Angst vor physischer Bedrohung hochsignifikante (T= 4,99; p<.001) Unterschiede zwischen Jungen und Mädchen auf: die Mädchen hatten demnach deutlich mehr Angst vor physischer Bedrohung als die Jungen (vgl. Abb. 11). Bei allen anderen Skalen kann man allenfalls von tendenziellen Unterschieden sprechen, die auf leicht höhere Angstwerte der Mädchen gegenüber den Jungen hin-

weisen. Der Durchschnittswert der Skala *Zwang* war hingegen für Jungen und Mädchen identisch (vgl. Abb. 11).
Man kann also von einer etwas höheren Ängstlichkeit der Mädchen gegenüber den Jungen sprechen, welche auf allen Subskalen auftritt. Hierbei ist der Unterschied in der Subskala *Angst vor physischer Bedrohung* besonders hoch und statistisch bedeutsam.

Extremgruppenvergleich

Zur genaueren Datenanalyse wurde eine Rangreihe der Angstwerte gebildet und die Teilnehmer in drei Gruppen eingeteilt: *Hochängstliche* (N=62), *Normalängstliche* (N=80) und *Niedrigängstliche* (N=58). Die mittlere Gruppe fiel größer als die anderen beiden Gruppen aus, weil eine große Anzahl von Personen den gleichen Summenwert hatte und der mittleren Gruppe zugeteilt wurde. Die Hochängstlichen hatten einen durchschnittlichen Angstwert von 39,4, die Normalängstlichen von 23,0 und die Niedrigängstlichen von 12,0 (vgl. Tab. 18).

Tab. 18: Extremgruppenvergleich Ängstlichkeit bei Jungen und Mädchen

	Hochängstliche		**Normalängstliche**		**Niedrigängstliche**	
	Mittelwert	N	Mittelwert	N	Mittelwert	N
Jungen	39,4	30	22,7	46	12,1	43
Mädchen	39,4	32	23,1	34	11,9	15
Gesamt	39,4	62	23,0	80	12,0	58

Vergleicht man die Mittelwerte in Bezug auf Geschlechtsunterschiede, sind die Gruppenmittelwerte für Jungen und Mädchen nahezu identisch (vgl. Tab. 18). Untersucht man die Häufigkeitsverteilung der Schüler auf die drei Gruppen nach Geschlechtsunterschieden, fällt jedoch auf, dass der Anteil der Hochängstlichen bei den Mädchen mit 38% deutlich größer ist als bei den Jungen (26%). Der Anteil der Niedrigängstlichen hingegen ist bei den Jungen (36%) deutlich höher als bei den Mädchen (19%), wohingegen der Anteil der Normalängstlichen bei beiden Gruppen nicht stark differiert (vgl. Abb. 12).
Demnach weisen die Durchschnittswerte der Ängstlichkeits- Extremgruppen keine Geschlechtsunterschiede auf. Die Häufigkeitsverteilung der einzelnen Schüler auf die drei Angstgruppen unterscheidet sich zwischen Jungen und Mädchen hingegen beträchtlich.

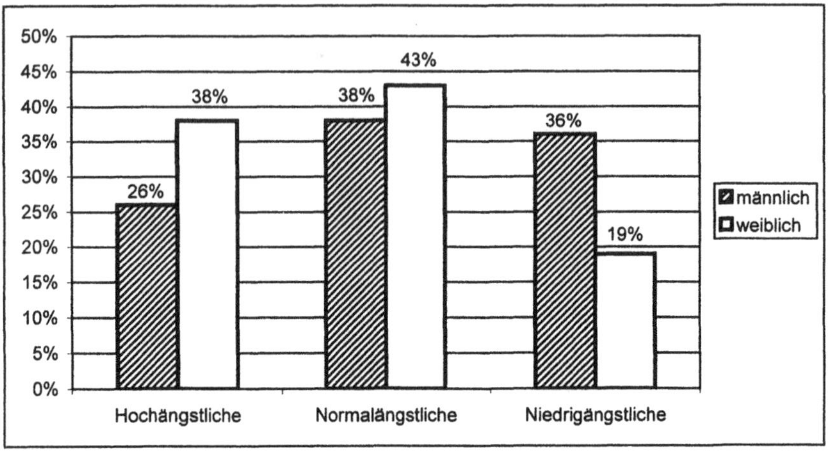

Abb. 12: Häufigkeitsverteilung der Jungen und Mädchen auf die drei Angstgruppen

Elterliche Einflussfaktoren

Es wurden eine Reihe von Fragen zur Einschätzung der Interaktion mit den Eltern erhoben. Im Folgenden soll dargestellt werden, inwiefern diese in Zusammenhang mit der Ängstlichkeit stehen. Die Angaben zu den Eltern wurden getrennt nach Vater und Mutter erhoben und ausgewertet.

Tab. 19: Korrelationsmatrix Ängstlichkeit und elterliche Einflussfaktoren (p<.01; *p<.05)**

		Unterstütz. Erziehung	Strenge Kontrolle	Schulengagement	Negative Kommun.	Einfühlung	Überbehütung
Ängstlichkeit (SCAS)	Vater	-,121	,161*	,059	,160*	,120	,074
	Mutter	-,023	,177*	,125	,275**	,193*	,241**

Es zeigte sich, dass die Faktoren *wahrgenommene strenge Kontrolle* und *negative Kommunikation* sowohl hinsichtlich des Vaters als auch der Mutter signifikant mit der Ängstlichkeit der Schüler zusammenhängen (vgl. Tab. 19). Die Überbehütung wies hingegen nur bei der Mutter einen signifikanten Zusammenhang mit der Ängstlichkeit auf. Weiterhin korreliert das Einfühlungsvermögen der Mutter leicht positiv mit der Angstskala (p<.05). Die unterstützende Erziehung durch die Eltern korrelierte hingegen leicht negativ (Vater r=-,12; Mutter r=-,02) mit der Ängstlichkeit der Schüler, war jedoch annähernd gleich null.
Bei allen Werten zeigte sich, dass die Werte der Mutter höher mit der Ängstlichkeit korrelierten als die Werte des Vaters. Der wahrgenommene Einfluss der

Mutter auf die Ängstlichkeit ist aus der Sicht der Schüler demnach höher als der wahrgenommene Einfluss des Vaters. Die wichtigsten Faktoren waren hierbei negative Kommunikation und wahrgenommene Überbehütung seitens der Mutter. Es zeigte sich weiterhin, dass die negativen elterlichen Dimensionen einen deutlichen Zusammenhang zur Ängstlichkeit aufwiesen, während die positiven Dimensionen deutlich niedriger korrelierten – die einzige Ausnahme war hier die Einfühlsamkeit der Mutter.

Bedeutung der Freunde

Es wurde weiterhin untersucht, welche Bedeutung die Freunde bei der Ängstlichkeit spielen. Hierzu wurden von dem Item „Anzahl der Freunde" die Werte in zwei Gruppen aufgeteilt und zwischen Schülern, die keinen oder einen Freund haben, und solchen, die zwei oder mehr Freunde haben, unterschieden (vgl. Tab. 20).

Tab. 20: Extremgruppenvergleich Anzahl der Freunde und Ängstlichkeit

	Anzahl der Freunde	N	Mittelwert	Standardabweichung	Standardfehler des Mittelwertes
Ängstlichkeit	keinen oder einen Freund	10	37,30	18,403	5,820
(SCAS)	weiblich	188	24,22	11,663	,851

Es zeigte sich, dass die Schüler mit keinem oder einem Freund mit einem Punktwert von 37,3 deutlich mehr Angst hatten als die Schüler mit zwei oder mehr Freunden. Der Unterschied zwischen den Gruppen war hochsignifikant ($T=3,33$; $p<.001$). Weiterhin wurde bei dem Item „Aktivitäten mit Freunden" zwischen denjenigen unterschieden, die höchstens einmal die Woche etwas mit Freunden unternehmen, und denen, die mindestens zweimal wöchentlich etwas mit Freunden unternehmen (vgl. Tab. 21).

Tab. 21: Aktivität mit Freunden und Ängstlichkeit

	Treffen mit Freunden	N	Mittelwert	Standardabweichung	Standardfehler des Mittelwertes
Ängstlichkeit	höchstens einmal die Woche	16	30,00	16,653	4,163
(SCAS)	mindestens zweimal die Woche	181	24,34	11,743	,873

Es zeigte sich, dass die Aktiveren mit einem Durchschnittswert von 24,3 deutlich weniger Angst zeigten als die Inaktiveren ($M=30,0$). Eine Prüfung mittels T-Test ergab, dass der Unterschied jedoch nur eine signifikante Tendenz auf-

wies (T=2,37; p=.08). Es wurde zusätzlich die Frage gestellt, ob die Schüler einen besten Freund haben. Diese Frage wurde von 95% der Schüler bejaht und von 5% der Schüler verneint. Es zeigte sich zwischen den Schülern mit einem besten Freund (M=25,2) nahezu kein Unterschied im Mittelwert der Ängstlichkeit zu den Schülern ohne einen besten Freund (M=24,5).
Einen weiteren Indikator zur Erhebung des Verhältnisses der Schüler zu den Gleichaltrigen stellte die Skala zur sozialen Integration dar. Mit deren Hilfe sollte überprüft werden, ob eine geringe Kontaktbereitschaft bzw. Isolation einen Zusammenhang mit der Ängstlichkeit aufweist. Hierzu wurde ein Summenwert der acht Items der Skala *Soziale Integration* gebildet und mit der Ängstlichkeitsskala korreliert: die Korrelation zeigte mit r=.23 einen niedrigen positiven Zusammenhang, der allerdings statistisch signifikant war (p<.01). Ein Vergleich der drei Ängstlichkeitsgruppen zeigte weiterhin, dass die Hochängstlichen mit einem Durchschnittswert von 4,7 signifikant (p<.05) höhere Werte in der Skala Soziale Integration als die Normalängstlichen (M=3,0) und Niedrigängstlichen (M=2,9) hatten. Zusammenfassend lässt sich sagen, dass die Anzahl der Freunde und die wahrgenommene Isolation bedeutsam mit der Ängstlichkeit zusammenhängen.

Schulleistung

Die Leistungsthematik steht nicht im Zentrum der Arbeit, dennoch soll kurz auf den Zusammenhang der Schulleistung und Ängstlichkeit eingegangen werden. Aus der Deutsch- und Mathematiknote wurde ein Summenscore gebildet, der als Indikator für die generelle Schulleistung dient. Zwischen dem Summenwert und der Ängstlichkeit bestand nur ein sehr niedriger positiver Zusammenhang (r=.11). Anhand des Summenwertes der Noten wurde eine Rangreihe der Werte aufgestellt und die beiden Extremgruppen der leistungsstärksten und leistungsschwächsten Schüler gebildet (vgl. Tab. 22).

Tab. 22: Extremgruppenvergleich Leistung und Ängste

	Extremgruppen	N	Mittelwert	Standardabweichung	Standardfehler des Mittelwertes
Ängstlichkeit	Leistungsschwächste Schüler	17	32,00	13,856	3,361
(SCAS)	Leistungsstärkste Schüler	17	23,47	8,434	2,046

Es fällt auf, dass die leistungsschwächsten Schüler mit einem Durchschnittswert von 32,0 deutlich mehr Angst hatten als die leistungsstärksten Schüler (M=23,5). Die Überprüfung mittels T-Test ergab, dass der Unterschied statistisch signifikant ist (T=2,17; p<.05). Die Ergebnisse sprechen dafür, dass man nicht von einem linearen Zusammenhang zwischen Schulleistung und Angst sprechen kann, es jedoch beträchtliche Unterschiede zwischen den Extremgruppen gibt: die leistungsschwachen Schüler sind deutlich ängstlicher als die leistungsstarken Schüler.

2.3.3 Verhaltenshemmung

Die Verhaltenshemmung stellt einen zentralen Teilbereich bzw. eine Äußerungsform der Ängstlichkeit dar. Sie wurde mit Hilfe der *Behavioral Inhibition Scale* erhoben, indem ein Summenscore der 30 Items gebildet wurde. Hierbei wurde ein durchschnittlicher Summenwert von 31,9 Punkten erzielt, wobei die Werte zwischen 7 und 77 lagen. Die Standardabweichung betrug 10,4.

Tab. 23: Geschlechtsunterschiede in der Skala Verhaltenshemmung

	Geschlecht		Mittelwert	Standardabweichung	Standardfehler des Mittelwertes
Verhaltenshemmung (BIS)	männlich	121	30,88	9,784	,889
	weiblich	79	33,51	11,142	1,254

Der Geschlechtsvergleich zeigte, dass die Mädchen mit einem mittleren Wert von 33,5 deutlich über den Jungen (M=30,9) lagen, sie gaben in den Fragebögen demnach stärker an, in ihrem Verhalten gehemmt und zurückhaltend zu sein als die Jungen (vgl. Tab. 23).

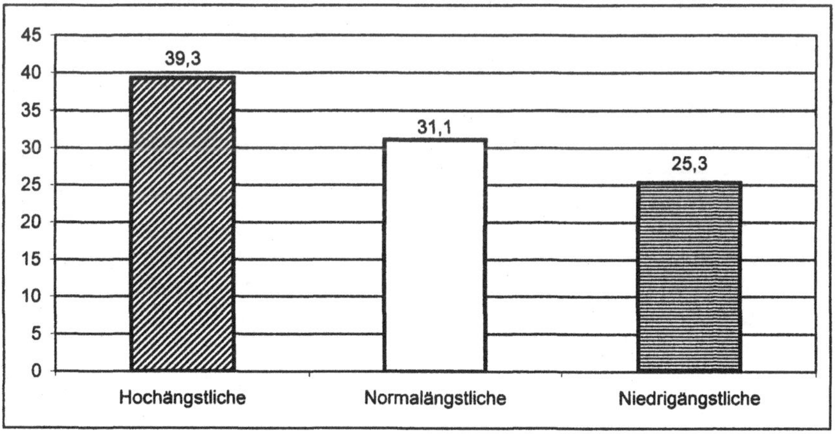

Abb. 13: Extremgruppenvergleich Verhaltenshemmung

Die Berechnung mittels T-Test ergab, dass der Unterschied statistisch nicht signifikant war, jedoch signifikante Tendenzen aufwies (T=1,78; p=.08). Weiterhin streuten die Werte der Mädchen etwas stärker als die Werte der Jungen (vgl. Tab. 23).
Vergleicht man die Ängstlichkeitsextremgruppen in Bezug auf die Verhaltenshemmung, hatten die Hochängstlichen mit einem Durchschnittswert von 39,3 deutlich höhere Werte als die Normalängstlichen (M=31,1), welche wiederum deutlich über den Niedrigängstlichen (M=25,3) lagen (vgl. Abb. 13). Der T-Test ergab, dass die Unterschiede zwischen allen drei Gruppen hochsignifikant waren (p<.001).
Zusammenfassend kann man sagen, dass die Mädchen eine deutlich höhere Verhaltenshemmung angaben als die Jungen. Weiterhin zeigte sich, dass die Extremwerte der Ängstlichkeitsgruppen sich auch in der Skala Verhaltenshemmung niederschlagen.

Elterliche Einflussfaktoren

Die Wahrnehmung elterlicher Kontrolle und negativer Kommunikation korrelierte sowohl bei Vater als auch bei Mutter signifikant positiv mit der Verhaltenshemmung (p<.01).

Tab. 24: Korrelationsmatrix Verhaltenshemmung und elterliche Einflussfaktoren (p<.01; *p<.05)**

		Unterstütz. Erziehung	Strenge Kontrolle	Schulengagement	Negative Kommun.	Einfühlung	Überbehütung
Verhaltenshemmung	Vater	-,058	,234**	,121	,195**	,074	,075
(BIS)	Mutter	,041	,192**	,158*	,250**	,171*	,187**

In den Bereichen Überbehütung und Einfühlung bestand nur für die Mutter ein signifikanter Zusammenhang, wohingegen die Werte des Vaters fast gleich Null waren. Die wahrgenommene schulische Unterstützung wies mit Korrelationswerten von r=-.06 für den Vater und r=.04 für die Mutter nahezu keinen Zusammenhang mit der Verhaltenshemmung des Kindes auf. Demnach stellten die negative Kommunikation mit den Eltern und die wahrgenommene strenge Kontrolle durch die Eltern die entscheidenden Korrelate der Verhaltenshemmung dar. Insgesamt wiesen die negativen Dimensionen elterlichen Verhaltens deutlich höhere Korrelate zur Ängstlichkeit auf als die positiven Dimensionen (vgl. Tab. 24).

Bedeutung der Freunde

Es wurde weiterhin untersucht, welche Bedeutung die Freunde bei der Verhaltenshemmung spielen. Es zeigte sich, dass die Schüler mit keinem oder einem Freund mit einem Punktwert von 38,9 deutlich höhere Verhaltenshemmung aufwiesen als die Schüler mit zwei oder mehr Freunden (M=31,6). Der Unterschied zwischen den Gruppen war auf 5%-Niveau signifikant (T=2,19). Die Werte der Schüler mit einem Freund wiesen zudem eine fast doppelt so große Standardabweichung auf wie die der Schüler mit zwei oder mehr Freunden (vgl. Tab. 25).

Tab. 25: Anzahl der Freunde und Verhaltenshemmung

	Anzahl der Freunde	N	Mittelwert	Standardabweichung	Standardfehler des Mittelwertes
Verhaltenshemmung	keinen oder einen Freund	10	38,90	18,412	5,822
(BIS)	zwei oder mehr Freunde	188	31,55	9,794	,714

Weiterhin wurde untersucht, inwieweit die Aktivität mit Freunden mit der Verhaltenshemmung zusammenhängt. Hierbei zeigte sich, dass diejenigen, die höchstens einmal die Woche etwas mit Freunden unternehmen, mit einem Wert von 35,8 eine höhere Verhaltenshemmung aufwiesen als diejenigen, die mindestens zweimal die Woche mit Freunden etwas unternehmen (M=31,4). Der Unterschied war jedoch nicht signifikant (T=1,66; p=.09).

Schulleistung

Es stellte sich auch die Frage, ob ein Zusammenhang zwischen der Schulleistung und der Verhaltenshemmung besteht. Es zeigte sich jedoch, dass der Summenscore der Deutsch- und Mathematiknote nahezu keinen Zusammenhang mit der Verhaltenshemmung aufwies (r=-.05). Der Extremgruppenvergleich zwischen den leistungsstärksten Schülern (M=33,5) und den leistungsschwächsten Schülern (M=34,5) deutete ebenfalls darauf hin, dass zwischen der Schulnote und der Verhaltenshemmung kein Zusammenhang besteht.
Zusammenfassend kann man sagen, dass die Anzahl der Freunde und die Häufigkeit der Aktivitäten mit Freunden mit der Verhaltenshemmung in Zusammenhang stehen. Zwischen der Schulleistung und der Verhaltenshemmung konnte weder ein genereller Zusammenhang gefunden werden noch ergab der Extremgruppenvergleich Unterschiede.

2.3.4 Kognitiver Perfektionismus und Anspruchsniveau

Perfektionismus bzw. ein übertrieben hohes unrealistisches Anspruchsniveau stellt eine weitere wichtige Teilkomponente der Angst dar. Sie wurde mit Hilfe der *Cognitive perfectionism Scale* erhoben – hierzu wurde ein Summenwert der 22 Items gebildet. Der durchschnittliche Gesamtwert der Skala betrug 16,9 mit einer Standardabweichung von 8,4. Die Werte lagen zwischen einem Minimum von einem Punkt und einem Maximum von 39 Punkten.

Tab. 26: Geschlechtsunterschiede in der Skala Perfektionismus

	Geschlecht	N	Mittelwert	Standardabweichung	Standardfehler des Mittelwertes
Perfektionismus (CAPS)	männlich	121	17,96	8,640	,785
	weiblich	79	15,14	7,741	,871

Vergleicht man die Summenwerte der Jungen und Mädchen, weisen die Jungen mit durchschnittlich 18,0 Punkten einen deutlich höheren Wert als die Mädchen (M=15,1) auf (vgl. Tab. 26). Der T-Test ergab, dass der Unterschied auf 5%-Niveau signifikant war (T=2,35). Die Standardabweichung lag bei den Jungen (SD=8,6) ebenfalls etwas höher als bei den Mädchen (SD=7,7).

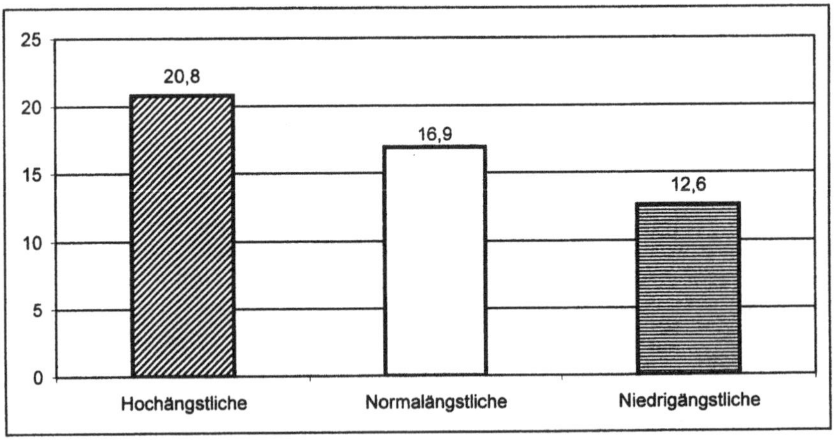

Abb. 14: Ängstlichkeitsgruppenvergleich in der Skala Perfektionismus

Ein Vergleich der Extremgruppen ergab, dass die Hochängstlichen mit einem Durchschnittswert von 20,8 deutlich höhere Werte in der Perfektionismusskala hatten als die Normalängstlichen (M=16,9), diese lagen wiederum deutlich über den Niedrigängstlichen (M=12,6). Ein Vergleich der Gruppen mittels T-Test ergab, dass sich die Hochängstlichen hochsignifikant von den Niedrigängstlichen unterschieden (T=3,38; p<.001), alle anderen Gruppenunterschiede waren auf 1%-Niveau signifikant (vgl. Abb.14).

Elterliche Einflussfaktoren

Ebenso war von großem Interesse, inwieweit der Perfektionismus bzw. das Anspruchsniveau der Schüler mit elterlichen Einflussfaktoren zusammenhängen. Die höchste Korrelation elterlicher Einflussfaktoren zum Perfektionismus zeigte sich bei den Bereichen wahrgenommene Überbehütung (r=.35), negative Kommunikation (r=.27) und strenge Kontrolle (r=.22; p<.01) seitens der Mutter. In Bezug auf den Vater war nur die wahrgenommene Überbehütung (r=.16; p<.05) ein wichtiges Korrelat des Perfektionismus. Unterstützende Erziehung, schulische Unterstützung und Einfühlungsvermögen wiesen hingegen sowohl für den Vater als auch für die Mutter keine signifikanten Zusammenhänge auf (vgl. Tab. 27).

Tab. 27: Korrelationsmatrix Perfektionismus und elterliche Einflussfaktoren (p<.01; *p<.05)**

		Unterstütz. Erziehung	Strenge Kontrolle	Schulengagement	Negative Kommun.	Einfühlung	Überbehütung
Verhaltenshemmung	Vater	-,047	,080	,096	,047	,096	,162*
(BIS)	Mutter	,017	,215**	,073	,271**	,128*	,345**

Zusammenfassend kann man sagen, dass die Mütter eine deutlich stärkere Rolle für den Perfektionismus spielen als die Väter. Die wichtigsten Bereiche sind hierbei wahrgenommene Überbehütung, negative Kommunikation und strenge Kontrolle.

Schulleistung

Um zu überprüfen, ob eine Beziehung zwischen Schulleistung und Perfektionismus besteht, wurde zunächst der Zusammenhang zwischen den beiden zentralen Fächern Deutsch und Mathematik und dem Perfektionismus untersucht. Sowohl die Deutschnote (r=-.07) als auch die Mathematiknote (r=-.06) korrelierten nicht bedeutsam mit der Perfektionismusskala.
Weiterhin wurde untersucht, ob es Unterschiede zwischen den leistungsstärksten und den leistungsschwächsten Schülern in Bezug auf Perfektionismus gibt.

Hierzu wurden aus der Mathematiknote und Deutschnote ein Summenscore gebildet und eine Rangreihe aufgestellt. Der Extremgruppenvergleich ergab, dass die leistungsstärksten Schüler mit einem Mittelwert von 19,3 einen deutlich höheren Perfektionismuswert als die leistungsschwächsten Schüler (M=16,1) hatten (vgl. Tab. 28). Die Überprüfung mittels T-Test zeigte, dass dieser Unterschied jedoch nicht signifikant war (T=1,06; p=.29).

Tab. 28: Gruppenvergleich Zusammenhang Leistung und Perfektionismus

		N	Mittelwert	Standardab weichung	Standard-fehler des Mittelwertes
Perfektionismus	Leistungsschwächste Schüler	17	16,12	9,212	2,234
(CAPS)	Leistungsstärkste Schüler	17	19,29	8,244	2,000

Es konnte demnach kein linearer Zusammenhang zwischen Schulleistung und Perfektionismus gefunden werden. Es zeigte sich jedoch, dass die leistungsstärksten Schüler strengere Maßstäbe für sich festlegen und ein höheres Streben nach Perfektionismus aufweisen als die leistungsschwachen Schüler. Inwiefern die Schüler diese Skala auch als Wettbewerbsorientierung interpretierten, lässt sich an dieser Stelle nicht klären.

2.3.5 Wahrgenommene psychosoziale Beeinträchtigung

Mit Hilfe der Skala *Wahrgenommene psychosoziale Beeinträchtigung* sollte eine wichtige Kovariable der Angst und hier insbesondere der sozialen Angst erfasst werden. Hierzu wurde die Columbia Impairment Scale verwendet: es wurde ein Summenwert der 13 Items dieser Skala gebildet.

Tab. 29: Geschlechtsvergleich wahrgenommener psychosozialer Beeinträchtigung

	Geschlecht	N	Mittelwert	Standardab-weichung	Standard-fehler des Mittelwertes
Psychosoziale	männlich	120	9,88	7,470	,682
Beeinträchtigung (CIS)	weiblich	79	9,56	7,479	,842

Der durchschnittliche Gesamtsummenwert betrug 9,8 mit einer Standardabweichung von 7,5. Die Werte streuten insgesamt von einem Minimumwert von 0 bis zu einem maximalen Wert von 36. Auffallend ist die Häufigkeitsverteilung der einzelnen Werte: Dreizehn Schüler hatten einen Summenwert von Null und gaben somit an, überhaupt keine Probleme zu haben. Da alle dreizehn Schüler nur in dieser Skala ein solches Antwortverhalten zeigten, kann eine systematische

Antworttendenz oder eine bewusste Irreführung der Testleiter ausgeschlossen werden. Insgesamt gaben die Schüler eher niedrige Werte an.
Zwischen Jungen und Mädchen bestanden in der Skala *Wahrnehmung psychosozialer Beeinträchtigung* fast keine Unterschiede: Die Jungen wiesen mit einem Mittelwert von 9,9 nahezu den gleichen Wert auf wie die Mädchen (M=9,6), die Standardabweichung war identisch und betrug jeweils 7,5 (vgl. Tab. 29).
Vergleicht man die Extremgruppen der Ängstlichkeit (vgl. Abb. 15), liegen die Hochängstlichen mit einem Summenwert von 13,8 für *Wahrgenommene psychosoziale Beeinträchtigung* deutlich über den Normalängstlichen (M=8,8). Diese lagen wiederum nur leicht über den Niedrigängstlichen (M=6,9).

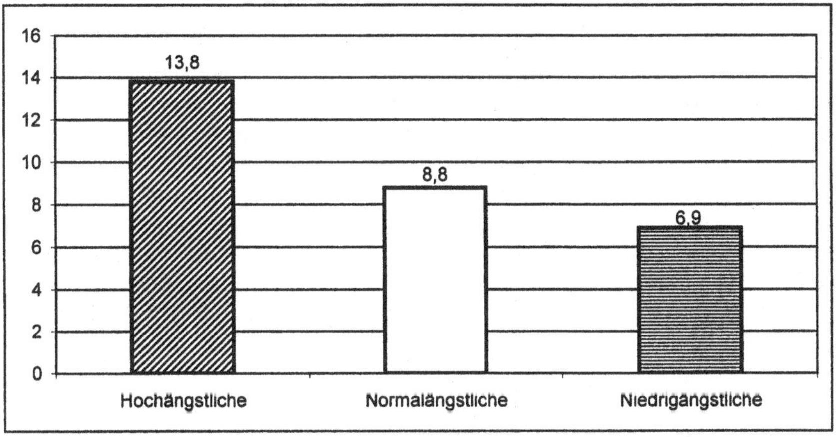

Abb. 15: Extremgruppenvergleich in der Skala psychosoziale Beeinträchtigung

Ein Vergleich mittels T-Test ergab, dass die Hochängstlichen sich hochsignifikant von den Normalängstlichen (T=3,96; p<.001) und den Niedrigängstlichen unterschieden (T=4,97; p<.001). Die Differenz zwischen Normalängstlichen und Niedrigängstlichen wies hingegen nur eine signifikante Tendenz auf (T=1,82; p=.07).

Elterliche Einflussfaktoren

Betrachtet man die elterlichen Einflussfaktoren, bestehen die höchsten Korrelationen der psychosozialen Beeinträchtigung zur negativen Kommunikation mit der Mutter (r=.36) und strengen Kontrolle seitens der Mutter (r=.32), welche beide signifikant sind (p<.01). Eine ebenfalls positive signifikante Korrelation besteht zwischen der strengen Kontrolle seitens des Vaters (r=.21; p<.01), der negativen Kommunikation mit dem Vater (r=.18; p<.05) und der psychosozialen Beeinträchtigung. Weder die Überbehütung seitens des Vaters noch das Einfühlungsvermögen oder Schulengagement der Eltern wiesen einen signifikanten Zusammenhang mit dieser Skala auf (vgl. Tab. 30).

Tab. 30: Korrelationsmatrix psychosoziale Beeinträchtigung und elterliche Einflussfaktoren (p<.01; *p<.05)**

		Unterstütz. Erziehung	Strenge Kontrolle	Schulengagement	Negative Kommun.	Einfühlung	Überbehütung
Psychosoziale	Vater	-,279**	,206**	-,041	,184*	,061	-,011
Beeinträchtigung (CIS)	Mutter	-,211**	,323**	-,044	,356**	-,026	-,217**

Die unterstützende Erziehung hingegen hing sowohl für die Mutter (r=-.21) als auch für den Vater (r=-.28) signifikant mit der Skala psychosozialer Beeinträchtigung zusammen (p<.01), d.h. je höher die wahrgenommene Unterstützung seitens der Eltern ist, desto niedriger wird die psychosoziale Beeinträchtigung wahrgenommen. Zwischen der Überbehütung seitens der Mutter und dieser Skala besteht ebenfalls eine bedeutsame negative Korrelation (r=.22; p<.01).
Zusammenfassend kann man sagen, dass in Bezug auf wahrgenommene psychosoziale Beeinträchtigung die größten negativen Einflussfaktoren seitens der Eltern die negative Kommunikation mit der Mutter und eine strenge Kontrolle beider Elternteile darstellt. Als positiver Einflussfaktor kann die unterstützende Erziehung seitens beider Elternteile angesehen werden.

Bedeutung der Freunde

Von zentralem Interesse war die Frage, ob die Beziehung zu Gleichaltrigen mit der wahrgenommenen psychosozialen Beeinträchtigung zusammenhängt. Hierzu wurden die Aussagen zu Freundschaften in zwei Gruppen eingeteilt und miteinander verglichen. Bei diesem Vergleich zeigte sich, dass Schüler mit keinem oder einem Freund mit 13,0 einen deutlich höheren Wert aufwiesen als Schüler, die angaben, zwei oder mehr Freunde zu haben (M=9,4). Die Prüfung mittels T-Test ergab, dass der Unterschied jedoch nicht signifikant war (T=1,51; p=.13). Zudem wurde untersucht, ob es Unterschiede in der wahrgenommenen psychosozialen Beeinträchtigung in Abhängigkeit von der Häufigkeit der Aktivitäten mit Freunden gab (vgl. Tab. 31).
Es zeigte sich, dass Schüler, welche höchstens einmal in der Woche etwas mit Freunden unternehmen, eine höhere wahrgenommene psychosoziale Beeinträchtigung angaben (M=14,8) als Schüler, die mindestens zweimal die Woche etwas mit Freunden unternehmen (M=9,2). Der T-Test ergab einen signifikanten Un-

terschied zwischen den beiden Werten (T=2,96; p<.01). Der Kontakt zu den Mitschülern wurde weiterhin mit der Skala *Soziale Integration* untersucht.

Tab. 31: Aktivität mit Freunden und psychosoziale Beeinträchtigung

	Aktivität mit Freunden	N	Mittelwert	Standardabweichung	Standardfehler des Mittelwertes
Psychosoziale	höchstens einmal die Woche	16	14,75	9,630	2,407
Beeinträchtigung (CIS)	mindestens zweimal die Woche	180	9,16	7,006	,522

Diese korrelierte mit der *psychosozialen Beeinträchtigung* hochsignifikant (r=.26; p<.001). Zusammenfassend kann man sagen, dass insbesondere Schüler, die wenig Kontakt zu Freunden haben und sich eher isolieren, weniger Sozialkompetenz besitzen und eine stärkere psychosoziale Beeinträchtigung wahrnehmen.

Schulleistung

Untersucht man die *Schulleistung* in ihrem Zusammenhang mit der *psychosozialen Beeinträchtigung*, zeigen sich nur sehr niedrige Korrelationen zwischen Notensummenwert und Skalenwert (r=-.03).

Tab. 32: Extremgruppenvergleich Schulleistung und psychosoziale Beeinträchtigung

		N	Mittelwert	Standardabweichung	Standardfehler des Mittelwertes
Psychosoziale	Leistungsschwächste Schüler	17	9,59	7,357	1,784
Beeinträchtigung (CIS)	Leistungsstärkste Schüler	17	11,82	6,748	1,637

Ein Extremgruppenvergleich ergab, dass die Gruppe der leistungsstärksten Schüler die *psychosoziale Beeinträchtigung* mit einem Wert von 11,8 etwas höher ansahen als die leistungsschwachen Schüler (M=9,6; vgl. Tab. 32). Die Prüfung mittels T-Test ergab jedoch, dass der Unterschied nicht signifikant war (T=0,92; p=.63).
Zusammenfassend bleibt festzuhalten, dass die Schüler insgesamt einen sehr niedrigen Wert der wahrgenommenen psychosozialen Beeinträchtigung aufwiesen und deswegen Bodeneffekte nicht ausgeschlossen werden können: die Schüler gaben insgesamt an, sehr wenig Probleme zu haben.

2.3.6 Soziale Fertigkeiten

Die sozialen Fertigkeiten wurden in der vorliegenden Studie als allgemeiner protektiver Faktor gegenüber der Ängstlichkeit untersucht. Hierzu wurden allerdings keine angstspezifischen Bewältigungsmechanismen oder spezifische soziale Fertigkeiten, sondern allgemeine soziale Fertigkeiten mit Hilfe des Social Skills Questionnaire erhoben. Zur Auswertung wurde ein Summenscore der 30 Items gebildet.
Hierbei wurde ein durchschnittlicher Gesamtwert von 38,9 mit einer Standardabweichung von 10,0 erzielt. Die Spannweite der Werte reichte von einem Minimum von 10 bis zu einem Maximum von 60 (vgl. Tab. 33).

Tab. 33: Geschlechtsunterschiede in der Skala soziale Fertigkeiten

		N	Mittelwert	Standardabweichung	Standardfehler des Mittelwertes
Soziale Fertigkeiten	männlich	121	37,52	10,693	,972
(SSQ)	weiblich	79	40,96	8,570	,964

Nimmt man einen Geschlechtsvergleich vor, erzielten die Mädchen mit einem Durchschnittswert von 41,0 deutlich höhere Punktwerte als die Jungen (M=37,5). Die Überprüfung mittels T-Test ergab, dass dieser Unterschied statistisch signifikant war (T=2,40; p<.05). Weiterhin zeigte die niedrigere Standardabweichung, dass die Werte der Mädchen (S=8,6) eine geringere Streuung aufweisen als die der Jungen (S=10,7).

Tab. 34: Extremgruppenvergleich soziale Fertigkeiten

		N	Mittelwert	Standardabweichung	Standardfehler des Mittelwertes
Soziale Fertigkeiten	Hochängstliche	62	39,90	8,277	1,051
(SSQ)	Normalängstliche	80	39,73	10,519	1,176
	Niedrigängstliche	58	36,62	10,822	1,421

Der Extremgruppenvergleich der Ängstlichkeitsgruppen zeigte, dass zwischen Hochängstlichen (M=39,9) und Normalängstlichen (M=39,7) nahezu kein Unterschied bestand. Die Niedrigängstlichen hatten jedoch mit 36,6 einen deutlich niedrigeren Summenwert (vgl. Tab. 34). Die Prüfung der Unterschiede mittels T-Test zeigte, dass keiner der Unterschiede zwischen den Gruppen signifikant war. Die Differenz zwischen Hoch- und Niedrigängstlichen (T=1,87; p=.06) und die zwischen Normal- und Niedrigängstlichen wies lediglich eine signifikante Tendenz auf (T=1,69; p=.09).

Elterliche Einflussfaktoren

Betrachtet man die elterlichen Einflussfaktoren in Bezug auf die sozialen Fertigkeiten, fallen seitens der Mutter Einfühlungsvermögen (r=.36) und die unterstützende Erziehung (r=.39) als wichtigste Korrelate der sozialen Fertigkeiten auf (p<.01). Auch die unterstützende Erziehung des Vaters war bedeutsam für diese Skala (r=.33; p<.01). Bei beiden Elternteilen korrelierte zudem das Schulengagement signifikant (p<.01) mit den sozialen Fertigkeiten (vgl. Tab. 35).

Tab. 35: Korrelationsmatrix der sozialen Fertigkeiten und elterliche Einflussfaktoren (p<.01; *p<.05)**

		Unterstütz. Erziehung	Strenge Kontrolle	Schulengagement	Negative Kommun.	Einfühlung	Überbehütung
Soziale Fähigkeiten	Vater	,331**	,080	,268**	,157*	,167*	-,057
(SSQ)	Mutter	,394**	-,011	,312**	,036	,355**	,018

Weiterhin bestand ein statistisch bedeutsamer Zusammenhang (p<.05) zu den Skalen Einfühlungsvermögen und negative Kommunikation des Vaters (vgl. Tab. 35). Die Skala Überbehütung spielte hingegen sowohl in Bezug auf den Vater als auch in Bezug auf die Mutter nahezu keine Rolle.
Insgesamt sind die drei positiven Skalen Unterstützende Erziehung, Schulengagement und Einfühlung die weitaus bedeutenderen Korrelate der sozialen Fertigkeiten der Schüler, während die negativen Faktoren wie strenge Kontrolle, negative Kommunikation und Überbehütung nahezu keinen Zusammenhang aufwiesen.

Bedeutung der Freunde

Da man davon ausgeht, dass die Peers einen wichtigen Einfluss auf die Entwicklung prosozialen Verhaltens und die Ausbildung sozialer Fähigkeiten haben, soll das Verhältnis zu den Freunden im Folgenden genauer beleuchtet werden.

Tab. 36: Anzahl der Freunde und soziale Fertigkeiten

	Anzahl der Freunde	N	Mittelwert	Standardabweichung	Standardfehler des Mittelwertes
Soziale Fertigkeiten	Keinen oder einen Freund	10	37,50	8,885	2,810
(SSQ)	zwei oder mehr Freunde	188	38,84	10,066	,734

Berücksichtigt man die Anzahl der Freunde für die sozialen Fertigkeiten, liegen die Schüler mit zwei oder mehr Freunden mit einem Mittelwert von 38,8 etwas

über den Schülern mit keinem oder einem Freund (M=37,5). Der T-Test ergab, dass der Unterschied statistisch nicht signifikant ist (T= 0,41; p=.68).
Die Anzahl der Aktivitäten mit Freunden hingegen wies einen deutlicheren Gruppenunterschied auf: Schüler, die mindestens zweimal die Woche etwas mit ihren Freunden unternehmen, hatten mit 39,2 einen deutlich höheren Summenwert als Schüler, die höchstens einmal die Woche etwas mit Freunden unternehmen (M=35,1; vgl. Tab. 37). Die Überprüfung mittels T-Test ergab, dass der Unterschied jedoch nur eine signifikante Tendenz aufwies (T=1,57; p=.12).

Tab. 37: Aktivitäten mit Freunden und Soziale Fertigkeiten

	Aktivitäten mit Freunden	N	Mittelwert	Standardabweichung	Standardfehler des Mittelwertes
Soziale	höchstens einmal die Woche	16	35,13	10,819	2,705
Fertigkeiten (SSQ)	mindestens zweimal die Woche	181	39,19	9,881	,734

Es wurde zudem untersucht, ob die Schüler angaben, einen besten Freund zu haben. Die Schüler mit einem besten Freund hatten mit einem durchschnittlichen Punktwert von 39,3 deutlich mehr soziale Fertigkeiten als die Schüler ohne besten Freund (M=34,1). Der T-Test ergab jedoch, dass der Unterschied lediglich tendenziell signifikant war (T=1,61; p=.11).
Weiterhin wurde der Zusammenhang zwischen den sozialen Fertigkeiten und der Skala soziale Integration untersucht. Es zeigte sich, dass die Korrelation der Skala soziale Fertigkeiten mit der Skala soziale Integration jedoch annähernd gleich Null (r=-.06) war, es bestand demnach kein Zusammenhang zwischen den allgemeinen sozialen Fertigkeiten und der spezifischen Kompetenz im Umgang mit anderen.

Schulleistung

Untersucht man den Zusammenhang der sozialen Fertigkeiten und der Schulleistung anhand des Summenscores der Deutsch- und Mathematiknote, zeigt sich eine sehr geringe negative Korrelation (r=-.13).
Ein Extremgruppenvergleich wies jedoch darauf hin, dass die leistungsstärksten Schüler mit einem Durchschnittswert von 42,5 über deutlich mehr soziale Fertigkeiten verfügen als die leistungsschwächsten Schüler (M=34,5; vgl. Tab. 38). Der T-Test ergab, dass der Unterschied zwischen den beiden Gruppen statistisch signifikant ist (T=2,64; p<.05).

Tab. 38: Extremgruppenvergleich Schulnoten und Soziale Fertigkeiten

		N	Mittelwert	Standardabweichung	Standardfehler des Mittelwertes
Soziale Fertigkeiten (SSQ)	Leistungsschwächste Schüler	17	34,53	9,932	2,409
	Leistungsstärkste Schüler	17	42,53	7,600	1,843

Zusammenfassend kann man sagen, dass die Anzahl der Freunde nur einen geringen Einfluss hat, die Aktivitäten mit Freunden jedoch deutlich positiv mit sozialen Fertigkeiten zusammenhängen. Weiterhin zeigte sich, dass die leistungsstarken Schüler über deutlich mehr soziale Fertigkeiten verfügen als die leistungsschwachen Schüler.

2.3.7 Klinische Auffälligkeiten

Als allgemeines klinisches Verfahren wurde der Youth Self-Report eingesetzt. Dieser hat als Hauptbereiche die Syndromskalen Internalisierende und Externalisierende Störungen. Des Weiteren lässt sich ein Gesamtsummenwert der acht Skalen bilden. Es zeigte sich, dass die Mädchen in der Skala *Internalisierende Störungen* (M=9,4) etwas höhere Werte aufwiesen als die Jungen (M=9,0), der Unterschied war allerdings statistisch nicht signifikant (T=0,45; p=.65).

Tab. 39: Geschlechtsvergleich des Youth Self-Report

		N	Mittelwert	Standardabweichung	Standardfehler des Mittelwertes
Internalisierende (YSR)	männlich	120	8,99	6,764	,617
	weiblich	78	9,44	6,860	,777
	gesamt	198	9,17	6,788	,482
Externalisierende (YSR)	männlich	120	12,83	7,744	,707
	weiblich	78	12,04	7,527	,852
	gesamt	198	12,52	7,650	,544
Gesamt (YSR)	männlich	120	31,37	17,606	1,607
	weiblich	78	29,91	16,245	1,839
	gesamt	198	30,79	17,056	1,212

In der Skala *Externalisierende Störungen* hatten hingegen die Jungen mit 12,8 etwas höhere Werte als die Mädchen (M=12,0). Der T-Test ergab, dass der Unterschied statistisch nicht bedeutsam war (T=0,72; p=.47). Die Standardabweichungen waren in beiden Gruppen nahezu identisch (vgl. Tab. 39). Der Vergleich der Gesamtsummenwerte des Youth Self-Report ergab für die Jungen mit

31,4 etwas höhere Werte als für die Mädchen (M=29,9), der Unterschied war jedoch nicht signifikant (T=0,59; p=.56).
Vergleicht man die Ängstlichkeitsgruppen, zeigt sich, dass die Hochängstlichen mit 14,6 auf der Skala *Internalisierende Störungen* fast doppelt so hohe Werte aufweisen wie die Normalängstlichen (M=7,9), welche wiederum deutlich über den Niedrigängstlichen (M=5,0) lagen (vgl. Tab. 40). Ein Vergleich mittels T-Test ergab, dass die Unterschiede der einzelnen Gruppen untereinander hochsignifikant waren. Ein ähnliches Bild zeigt sich bei den externalisierenden Störungen, wenngleich die Unterschiede hier nicht so groß sind. Die Hochängstlichen liegen mit 15,5 im Durchschnitt über den Normalängstlichen (M=11,8), welche einen etwas höheren Wert als die Niedrigängstlichen haben (10,3).

Tab. 40: Extremgruppenvergleich des Youth Self-Report

		N	Mittelwert	Standardabweichung	Standardfehler des Mittelwertes
Internalisierende (YSR)	Hochängstliche	62	14,61	7,534	,957
	Normalängstliche	79	7,87	4,882	,549
	Niedrigängstliche	57	5,04	3,808	,504
Externalisierende (YSR)	Hochängstliche	62	15,48	8,587	1,090
	Normalängstliche	79	11,84	6,446	,725
	Niedrigängstliche	57	10,25	7,214	,956
Gesamt (YSR)	Hochängstliche	62	42,27	19,115	1,428
	Normalängstliche	79	27,83	13,065	1,469
	Niedrigängstliche	57	22,42	12,573	1,665

Der Unterschied zwischen Hoch- und Normalängstlichen ist auf 1% Niveau signifikant (T=2,88), zu den Niedrigängstlichen hochsignifikant (T=3,59). Dieser Zusammenhang ist auf die hohe Komorbidität von *Internalisierenden* und *Externalisierenden* Störungen zurückzuführen. In der vorliegenden Stichprobe betrug die Korrelation r=.53 und war signifikant (p<.01).
Betrachtet man den Gesamtwert des Youth Self-Report, liegen die Hochängstlichen (M=42,3) ebenfalls deutlich über den Normalängstlichen (M=27,8), welche etwas höhere Werte als die Niedrigängstlichen haben (M=22,4). Der T-Test ergab, dass sich die Hochängstlichen hochsignifikant (p<.001) von den anderen beiden Gruppen unterschieden, während die Differenz zwischen Normal- und Niedrigängstlichen auf 5%-Niveau signifikant war (T=2,42).
Zusammenfassend lässt sich sagen, dass sich in Bezug auf die klinische Auffälligkeit der Stichprobe keine Geschlechtsunterschiede feststellen ließen. Es bestehen jedoch signifikante Unterschiede zwischen den Ängstlichkeitsgruppen, welche sich sowohl auf die beiden Syndromskalen *Internalisierende* und *Exter-*

nalisierende Störungen als auch auf den Gesamtwert des Youth Self-Report beziehen.

2.3.8 Korrelationsmatrix der einzelnen Skalen

Im Folgenden sollen die Korrelationen der Hauptskalen untereinander dargestellt und kurz erläutert werden. Die zentrale Skala stellt die Ängstlichkeit (SCAS) dar, welche mit der Verhaltenshemmung hoch signifikant korreliert (r=.63; p<.001). Dies bedeutet, dass Verhaltenshemmung und Ängstlichkeit positiv und bedeutsam zusammenhängen – die Verhaltenshemmung stellt eine Äußerungsform bzw. einen Teilbereich der Angst dar, ist mit ihr jedoch nicht gleichzusetzen. Die wichtigste Subskala im Vergleich von Angst und Verhaltenshemmung ist die soziale Angst, welche ebenfalls hochsignifikant korreliert (r=.55; p<.001).

Tab. 41: Korrelationsmatrix der Hauptskalen (*p<-001; **p<.01; *p<.05)**

		SCAS	BIS	CAPS	CIS	SSQ	YSR
Ängstlichkeit	Korr.	1	,633***	,412***	,423***	,156*	,616***
(SCAS)	Sign.	-	,000	,000	,000	,027	,000
Verhaltenshemmung	Korr.	,633***	1	,132	,307***	,263***	,482***
(BIS)	Sign.	,000	-	,063	,000	,000	,000
Perfektionismus	Korr.	,412***	,132	1	,331***	,062	,369***
(CAPS)	Sign.	,000	,063	-	,000	,386	,000
Beeinträchtigung	Korr.	,423***	,307***	,331***	1	-,009	,542***
(CIS)	Sign.	,000	,000	,000	-	,897	,000
Soziale Fertigkeiten	Korr.	,156*	,263***	,062	-,009	1	,019
(SSQ)	Sign.	,027	,000	,386	,897	-	,791
Internalisierende	Korr.	,616***	,482***	,369***	,542***	,019	1
(YSR, int.)	Sign.	,000	,000	,000	,000	,791	-

Die Perfektionismusskala weist mit r=.41 ebenfalls eine hochsignifikante positive Korrelation mit der Ängstlichkeit auf, welche allerdings etwas niedriger als der Zusammenhang zur Verhaltenshemmung ist. Dies spricht dafür, dass der kognitive Perfektionismus als wichtiger Bestandteil der Ängstlichkeit gelten kann, jedoch nicht so zentral wie die Verhaltenshemmung ist. Eine etwas höhere Korrelation besteht zwischen Ängstlichkeit und wahrgenommener psychosozialer Beeinträchtigung (r=.42), welche ebenfalls hochsignifikant ist (p<.001). Demnach hängt auch die wahrgenommene psychosoziale Beeinträchtigung bedeutsam mit der Ängstlichkeit zusammen.

Eine niedrige (r=.15), jedoch signifikante Korrelation (p<.05) besteht zwischen der Ängstlichkeit und den allgemeinen sozialen Fertigkeiten. Dieser Befund ist insofern zu relativieren, da mit dem *Social Skills Questionnaire* allgemeine soziale Fertigkeiten abgeprüft werden, welche eher indirekt mit der Angst zusammenhängen.
Die Syndromskala *Internalisierende Störungen* des Youth Self-Report korreliert hochsignifikant (r=.62) mit der Ängstlichkeitsskala. Dies kann als weiterer Hinweis darauf gewertet werden, dass mit dieser Skala valide Ergebnisse erzielt werden. Weiterhin ist die Korrelation zu der Verhaltenshemmung (r=.48), dem Perfektionismus (r=.37) und der psychosozialen Beeinträchtigung (r=.54) ebenfalls hochsignifikant. Der etwas größere Zusammenhang zur psychosozialen Beeinträchtigung spricht dafür, dass die Syndromskala *Internalisierende Störungen* weiter gefasst und allgemeiner gehalten ist als die Ängstlichkeitsskala. Zwischen sozialen Fertigkeiten und den internalisierenden Störungen besteht jedoch kein Zusammenhang (r=.019).
Zusammenfassend lässt sich sagen, dass die Korrelationsmatrix der einzelnen Skalen aufzeigt, dass die eingesetzten Verfahren, welche die Teilbereiche der Angst erfassen sollen, hoch korrelieren. Dies gilt sowohl für die kategoriale Diagnostik (SCAS) und ihre Korrelate als auch für die dimensionale Diagnostik (YSR). Die Ergebnisse können als weiteres Indiz für eine valide Messung der Ängstlichkeit gewertet werden. Die Skala der sozialen Fertigkeiten (SSQ) hingegen weist eine niedrige Korrelation zur Angst bzw. zu den internalisierenden Störungen auf (vgl. Tab. 41).

2.4 Studiendesign und Beschreibung des Programms

Im Folgenden sollen das Studiendesign, die Vorbereitung und praktische Durchführung des Programms FREUNDE als Interventionsmaßnahme vorgestellt und die vorgenommenen Modifikationen gegenüber dem Originalprogramm (Barrett et al. 2003a) beschrieben werden.

2.4.1 Vorbereitung des Programms und Studiendesign

Das Präventionsprogramm FREUNDE wurde als universelles Programm an zwei Hauptschulen durchgeführt. Nachdem der Kontakt zu zwei Augsburger Hauptschulen hergestellt worden war, fand ein vorbereitendes Gespräch mit den Leitern der beiden Schulen statt, die eine Unterstützung des Projektes in vollem Umfange zusagten und dies auch im Verlaufe des Projektes gewährleisteten. Dann wurde ein Gespräch mit allen Lehrern der anvisierten Schulklassen durchgeführt, in dem diese über die Inhalte und Ziele des Gruppenprogramms informiert wurden. Alle beteiligten Lehrer zeigten Interesse an der Durchführung des Programms, wenngleich einige Bedenken geäußert und die Wichtigkeit der Durchführung eines Elternabends betont wurde. Die Eltern der beteiligten Schüler wurden in einem Elternbrief kurz über das geplante Projekt informiert und zu einem Elternabend eingeladen. Am Elternabend, an dem auch die Klassenleiter und die Schulleiter teilnahmen, wurden die zentralen Inhalte und Ziele des Programms vorgestellt. Die Resonanz war sehr gering, die wenigen teilnehmenden Eltern zeigten jedoch großes Interesse an dem Projekt.
Da alle neun beteiligten Lehrer bereit waren, ihre Schüler an dem Programm teilnehmen zu lassen, konnten die an dem Programm teilnehmenden Schüler und Klassen zufällig ausgewählt werden. Hierbei wurde folgendermaßen vorgegangen: Es wurden drei Klassen ausgewählt, in denen es den Schülern freigestellt wurde, an dem Projekt teilzunehmen. Es sollten pro Klasse Gruppen gebildet werden, die höchstens zwölf Schüler umfassten. Hieraus ergaben sich drei Interventionsgruppen. Zusätzlich wurde eine Klasse in zwei Hälften aufgeteilt, die jeweils als Gruppe an dem Programm teilnahmen. Weiterhin nahm eine Intensivklasse als Ganze an dem Projekt teil. Hierbei handelt es sich um eine Klasse mit zwölf besonders lernschwachen Schülern, die in einer kleineren Klasse den Unterrichtsstoff bewältigen sollen. Diejenigen Schüler, die nicht an der Intervention teilnahmen, dienten als Kontrollgruppe. Von allen Schülern wurde eine Einverständniserklärung der Eltern zur Teilnahme am Projekt eingeholt. Für die Durchführung des Programms und der Fragebogenerhebung wurde auf Anfrage hin das Einverständnis des Kultusministeriums erteilt. Das Programm wurde als universelles Gruppenprogramm im Kontrollgruppendesign durchgeführt. Alle Schüler der Interventions- und Kontrollgruppe füllten vor und nach der Intervention die gleichen Fragebögen aus. Das Ausfüllen der Fragebögen fand im Klas-

senverband in einem Zeitraum von einer Woche vor und nach der Intervention statt. Die Schüler hatten jeweils 90 Minuten Zeit, um den Fragebogen auszufüllen. Nach 45 Minuten wurde eine zehnminütige Pause eingelegt. Da es sich um ein universelles Programm handelt, fand keine Selektion nach inhaltlichen Kriterien wie z.B. erhöhte Ängstlichkeit oder familiäre Risikofaktoren statt.
Am Programm nahmen insgesamt sechs Gruppen mit jeweils acht bis zwölf Schülern teil. Das FREUNDE- Programm umfasste 10 Sitzungen und wurde jeweils wöchentlich in einer Doppelstunde im Rahmen des normalen Schulunterrichts durchgeführt, welche zu Beginn des Projektes mit den Klassenleitern festgelegt wurde. Der Zeitpunkt der Gruppendurchführung war je nach Stundenplan unterschiedlich: in zwei Gruppen fand das Programm in den ersten beiden Stunden statt, in zwei Gruppen in den mittleren beiden Stunden und in zwei Gruppen in den letzten beiden Stunden. Das Programm konnte bei fünf Gruppen im eigenen Klassenzimmer der Schüler durchgeführt werden. Bei einer Gruppe war dies aus schulorganisatorischen Gründen nicht möglich und wurde in die Schulbibliothek verlegt.
Gruppenleiter waren in fünf Gruppen jeweils ein Diplompsychologe und eine Schulpsychologin. Bei einer Gruppe führte der Psychologe das Programm alleine durch, wobei der Klassenlehrer anwesend war.

2.4.2 Beschreibung der Durchführung des FREUNDE- Programms

Die einzelnen Übungen des Programms fanden in Einzelarbeit, Partnerarbeit, Klein-Gruppenarbeit oder in der Großgruppe statt. Jeder Teilnehmer bekam in der ersten Sitzung einen Ordner, in den er die Arbeitsblätter einordnen konnte, die er zu Beginn der einzelnen Sitzungen erhielt. Das Programm umfasste zehn Sitzungen, die abgesehen von der ersten Sitzung jeweils nach gleichem Schema abliefen: zu Beginn wurde Rückschau gehalten, welche Übungen in der letzten Woche durchgeführt wurden und wie die Übungen angekommen waren. Weiterhin wurde reflektiert, ob in der vergangenen Woche noch etwas von den Übungen nachgewirkt hatte oder in besonderem Maße zur Anwendung kam. Anschließend wurden die Hausaufgaben besprochen, welche zum Teil Beobachtungsaufgaben im familiären Kontext darstellten. Nach einer Aufwärm- oder Auflockerungssequenz wurde mit der ersten Übung begonnen. Diese Struktur wurde nach Möglichkeit in den unterschiedlichen Sitzungen beibehalten, um den Schülern einen festen Rahmen zu gewährleisten, an dem sie sich orientieren konnten.
Die Hauptthemen der einzelnen Sitzungen und die einzelnen Übungen sind in der Übersicht zusammengefasst (vgl. Abb. 16). Zu Beginn des Programms formulierten die Schüler ihre Erwartungen an das Programm bzw. die Ziele, die sie erreichen wollten. Zur Förderung der Motivation der Teilnehmer sollte der Gruppenleiter im Verlaufe des Programms versuchen, auf die persönlichen Ziele

der Teilnehmer Bezug zu nehmen und sie in Relation zu den Zielen des Programms setzen.

	(Haupt)-Thema der Sitzung	**(Haupt-)-Übungen**
Sitzung 1	Vorstellung der Teilnehmer; Programm kennen lernen *Einführung in die Gruppe*	• Kennenlern- Spiel • Ziele, Gruppenregeln erarbeiten • Belohnungen aushandeln
Sitzung 2	Konzept von Gefühlen vorstellen: *Einführung in Gefühle*	• Gefühle spielen und erkennen • Wie zeige ich Gefühle? • Bedeutung von Gefühlsäußerungen
Sitzung 3	Der Zusammenhang zwischen Gedanken und Gefühlen *Gedanken bestimmen Gefühle und Verhalten*	• Gedanken als Kontrollzentrale • Denkspiel: Perspektivenübernahme • Gedanken / Gefühle in Situationen
Sitzung 4	Schritt 1 und 2 des FREUNDE- Plans: *Lernen, wie man mit Sorgen umgeht*	• Körperwahrnehmung • Entspannungsspiele • Wohlfühlaktivitäten
Sitzung 5	Schritt 3 des FREUNDE- Plans beginnen: *Lernen, wie man mit Sorgen umgeht*	• hilfreiche / wenig hilfreiche Gedanken • Alternative Gedanken entwickeln • Gedanken / Gefühle / Konsequenzen
Sitzung 6	Schritt 3 abschließen und Schritt 4 beginnen: *Lernen, wie man mit Sorgen umgeht*	• Gedankenjägerübung • „Untersuche, was du tun kannst!" • Vorbilder suchen • Unterstützungsteam bilden
Sitzung 7	Schritt 4 vertiefen und abschließen *Wie man mit Ängsten umgeht*	• 6-Block-Problemlöseplan • Stufenplan vorstellen
Sitzung 8	Schritt 5 des Plans vorstellen *Wie man mit Ängsten umgeht*	• eigenen Stufenplan entwickeln • Selbstbelohnung auswählen • positiv denken in schwieriger Situation
Sitzung 9	Abschließen des FREUNDE- Plans: *Wir üben den Freunde- Plan*	• Wiederholung des Stufenplans • Rollenspiel mit Stufenplan • Theaterspiel
Sitzung 10	Gelerntes betonen, gratulieren: *Rückschau und Party*	• zukünftige schwierige Situationen • Quiz-Spiel • Übergabe der Urkunden

Abb. 16: Überblick über die einzelnen Sitzungen des Programms

Da das Programm als universelles Programm durchgeführt wurde, können die persönlichen Ziele der einzelnen Teilnehmer durchaus vom Globalziel des Programms abweichen. Am Ende der ersten Sitzung wurden die Schüler aufgefordert, ihre persönlichen Ziele aufzunotieren. Sie sollten alles aufschreiben, was sie von dem Programm erwarten und inwiefern sie von der Teilnahme am Programm profitieren könnten. Hierbei wurde betont, dass ihre ganz individuelle Sichtweise von Bedeutung sei und es keine falschen Äußerungen gebe. Anschließend wurden die aufgeschriebenen Ziele im Plenum auf einem Flipchart gesammelt. Die genannten Äußerungen lassen sich hauptsächlich in zwei Bereiche einordnen: dem Abbau von Ängsten und Problemen einerseits und der Verbesserung des Umgangs miteinander andererseits. Die häufigsten Nennungen lauteten wie folgt (vgl. Abb. 17):

Erwartungen / Ziele:
- *nicht so viel Angst haben, Angst überwinden*
- *sich nicht so viel Sorgen machen*
- *Probleme lösen können*
- *mehr Freunde haben, sich gegenseitig helfen*
- *besser miteinander auskommen*

Abb. 17: Erwartungen an das Programm (häufigste Nennungen)

Besonders wichtig für den weiteren Verlauf der Durchführung des Programms war das Aufstellen der *Gruppenregeln* innerhalb der einzelnen Gruppe. Die Regeln wurden von den Teilnehmern selbstständig formuliert und auf einem Regelplakat festgehalten, welches in den folgenden Gruppensitzungen zur Erinnerung aufgestellt wurde. Hierdurch sollte der Zusammenhalt innerhalb der Gruppe und die Verpflichtung zum Einhalten der Regeln gefördert werden. Es wurde betont, dass die Gruppenregeln dem Schutz der einzelnen Teilnehmer dienen und für eine gute Zusammenarbeit notwendig sind. Alle Regeln stammten von den Schülern, der Gruppenleiter führte als einzige Regel die Schweigepflicht als Vertrauensbasis für die Zusammenarbeit ein, welche sowohl für die Teilnehmer als auch für die Leiter gilt. Die in den verschiedenen Gruppen gemeinsam zusammengetragenen Regeln ähnelten sich sehr stark und zielten hauptsächlich auf den sozialen Umgang miteinander ab. Nach Aufstellen der Regeln unterzeichneten alle Teilnehmer und die Gruppenleiter das Regelplakat, um zu signalisieren, dass sie sich auf diese Regeln verbindlich geeinigt haben. Im Folgenden soll das Regelplakat einer Klasse exemplarisch herausgegriffen werden, an dem die Äußerungen aller Gruppen veranschaulicht werden (vgl. Abb. 18).
Im Verlauf der Durchführung des Programms wurde deutlich, dass das Regelplakat eine deutliche Stütze und Hilfe für das Einüben der Gesprächs- und Verhaltensregeln für die Kinder darstellte. In den meisten Fällen wiesen die Schüler selbstständig bei Regelverstößen auf die gemeinsam vereinbarten Gesprächsregeln hin. In einer Klasse, welche geschlossen am Programm teilnahm, wurden die Gruppenregeln in Absprache mit dem Klassenleiter und seinen Schülern als

Klassenregeln übernommen (vgl. Abb. 18). Hierdurch sollte die Bedeutung der Regeln unterstrichen und der Transfer der Regeln in den Schullalltag erleichtert werden.

Gruppenregeln:
- *einander zuhören und ausreden lassen*
- *niemanden auslachen!*
- *ehrlich die Meinung sagen*
- *zusammenhalten und einander helfen!*
- *Ausdrücke vermeiden, keine Beleidigungen*
- *nicht herausschreien – melden!*
- *nichts weitererzählen (Vertrauen)*

Abb. 18: Regelplakat einer Interventionsgruppe

Zentral für die Durchführung des Programms sind die beiden Verstärkersysteme: das *Verstärkungs-System* und das *Selbstverstärkungssystem*. Zu Beginn des Programms (1. Sitzung) wurde das Token-System eingeführt und erklärt: wenn die Teilnehmer die Hausaufgaben gemacht haben oder durch eine besonders positive Aktivität oder einen guten Beitrag auffallen, erhalten sie einen Smiley. Wenn sie in der Gruppe eine bestimmte Anzahl an Smileys gesammelt haben, bekommen sie eine Belohnung, welche zuvor gemeinsam ausgehandelt wird. Hierdurch soll der Zusammenhalt innerhalb der Gruppe gefördert werden, gleichzeitig soll es den Teilnehmern erleichtert werden, eine positive Arbeitshaltung innerhalb des Programms zu entwickeln.

Später wurde das Selbstverstärkungssystem in Zusammenhang mit der Ausarbeitung des eigenen Stufenplans eingeführt (Barrett 2003a): die Teilnehmer sollen sich adäquate Belohnungen für die unterschiedlich schwierigen Situationen, die sie zu bewältigen haben, überlegen. Hierdurch lernen die Jugendlichen, unabhängiger vom Urteil anderer zu werden, selbstwirksam zu handeln und die eigene Leistung realistischer und positiver einzuschätzen. Weiterhin sollen sie in stärkerem Maße langfristige Ziele in kurzfristige, überschaubare Ziele einteilen, für die sie sich dann entsprechend belohnen können.

Im Verlaufe des Programms wurden unterschiedliche Arbeitsformen wie die Bearbeitung von Lesetexten und Arbeitsblättern, Rollenspiele, Gruppendiskussion und Körperübungen eingesetzt. Zu den einzelnen Thematiken erhielten die Jugendlichen auch Aufgaben oder Fragestellungen, die sie zu Hause bearbeiten sollten. Diese haben allerdings nicht den Charakter von „Hausaufgaben" im herkömmlichen Sinne, sondern stellen eher praktische Übungen zur Fortführung der erlernten Fertigkeiten dar. Die Teilnehmer des Programms sollten beispielsweise die Entspannungsspiele und das tiefe Atmen in unterschiedlichen Situationen ausprobieren und auf die Reaktionen des eigenen Körpers achten. Das regelmäßige Wiederholen und Vertiefen der Übungen des Programms zu Hause ist insbesondere deswegen wichtig, damit die Intervention nicht nur punktuellen Charakter hat, sondern sich auf die unterschiedlichen Lebensbereiche der Schüler auswirken kann und die erlernten Fähigkeiten auch mittel- und langfristig in unterschiedlichen Kontexten zur Anwendung kommen können.

2.4.3 Modifikationen des Programms

Folgende Modifikationen wurden am Programm bzw. am Material vorgenommenen: Die Schüler erhielten anstelle des von Barrett und anderen (2003a) vorgesehenen Workbooks einen Ordner, dessen Deckblatt mit Aufdruck sie ausmalen oder individuell gestalten konnten. In den einzelnen Stunden wurden die Materialien für die jeweilige Sitzung ausgeteilt, die die Teilnehmer in ihren Ordner einsortieren konnten. Diesem Vorgehen wurde der Vorzug gegenüber dem Austeilen des kompletten Arbeitsbuches gegeben, damit die Schüler sich besser auf den Inhalt der jeweiligen Sitzung konzentrieren konnten und nicht vorzeitig Arbeitsmaterialien einer späteren Sitzung kennen lernen oder bearbeiten.

Das Belohnungssystem wurde modifiziert: im Programm ist vorgesehen, die Hausaufgabe zum Programm mit einem Sticker zu belohnen, welcher von den Teilnehmern in eine Tabelle im Anhang des Workbooks geheftet werden kann. Hier wurde eine Erweiterung vorgenommen: die Teilnehmer erhielten nicht nur für die Hausaufgabe, sondern auch für jede besondere Leistung während des Programms wie z.B. einen sehr persönlichen Beitrag, eine Idee oder eine versöhnliche Geste zu einem anderen Gruppenteilnehmer nach einer Auseinandersetzung einen Smiley als Belohnung. Diese konnten die Teilnehmer auf ihren Ordner kleben. Es wurde ihnen freigestellt, ob sie die Smileys einzeln oder in der Gruppe sammeln. In Absprache mit den Gruppenleitern wurde gemeinsam überlegt, was eine angemessene Belohnung beim Erreichen einer bestimmten Anzahl von Smileys sei.

Im Begleitbuch für Gruppenleiter (Barrett et al. 2003b) ist vorgesehen, dass die Gruppenleiter die Tagesordnungspunkte der einzelnen Sitzungen auf einem Flipchart oder an der Tafel festhalten. Die Autorinnen zielen darauf ab, dass die Teilnehmer einen Überblick über die Sitzung bekommen und sich in den Gruppenprozess eingebunden fühlen. Unserer Einschätzung nach ist durch eine solche Vorgehensweise jedoch der flexible Umgang mit den einzelnen Übungen verstellt und man kann leicht Opfer einer zu starren Struktur werden (Kendall et al. 1998). Weiterhin birgt diese Vorgehensweise die Gefahr, dass die Teilnehmer zu Beginn der Sitzung sich schon zu sehr mit den weiterführenden Übungen beschäftigen und es ihnen erschwert wird, sich auf die einzelnen Übungen einzulassen.

In der zweiten Sitzung sollten die Teilnehmer eine Reihe von Gefühlen spielen und erkennen. Hierbei wurde eine Reihe von Gefühlen ergänzend auf Karten

aufnotiert, um eine differenzierte Wahrnehmung von Gefühlen zu ermöglichen und das Ziel der Übung zu vertiefen.
In der letzten Sitzung fand ein Quiz-Spiel statt, welches auf eine Wiederholung wichtiger Inhalte und die Reflexion des Programms auf spielerische Art und Weise abzielt. Die vom Programm vorgesehenen Fragen wurden um eine Reihe weiterer Fragen ergänzt, um auf spezifische Inhalte, welche den Gruppenleitern wichtig waren, noch einmal gezielt hinweisen zu können bzw. sie den Schülern ins Gedächtnis zu rufen.
Wie im Programm vorgesehen erhielten alle Teilnehmer in der Abschlusssitzung eine Urkunde, diese wurde jedoch umgestaltet und in Form einer wertvollen Urkunde aus Büttenpapier überreicht, um die Bedeutung des Erreichens dieses Ziels zu unterstreichen. Dass dieses Ziel erreicht wurde, zeigte sich bei zwei Gruppen, die bei der Übergabe der einzelnen Urkunden sich gegenseitig zuklatschten. Die Abschlussparty wurde unabhängig von der letzten Sitzung als eigene Veranstaltung durchgeführt, die je nach Gruppe sehr unterschiedlich aussah, da sich die Gruppe auf eine gemeinsame schöne Aktivität einigen sollte: zwei Gruppen wollten Picknick mit Video machen, drei Gruppen wollten wandern und Eis essen gehen und eine Gruppe wollte „Döner-Kebap" essen gehen.
Die beiden Auffrischungssitzungen konnten aus schulorganisatorischen und praktischen Gründen nicht durchgeführt werden. Sie hätten nach den Sommerferien stattfinden sollen. Da es aber zu einer Auflösung einer Klasse und Umstrukturierung einiger weiterer Klassen kam, war eine Durchführung in der bestehenden Gruppenform nicht möglich und eine Weiterführung in anderer Form wurde als wenig sinnvoll angesehen. Ebenso war es nicht möglich, die begleitenden Elternabende durchzuführen, da es hierzu an Interesse seitens der beteiligten Eltern mangelte. Letzteres dürfte ein generelles Problem in der Hauptschule darstellen, insofern kann man von einer sehr alltagsnahen Durchführung des Programms sprechen.

2.4.4 Hypothesen der Untersuchung

Wie in der Fragestellung (vgl. Abschnitt 2.1) beschrieben, soll in der vorliegenden Interventionsstudie untersucht werden, ob die Durchführung des FREUNDE- Programms zu einem bedeutsamen Zuwachs an Wissen, zu einer Reduktion der Ängstlichkeit und zu einer Verbesserung der sozialen Fertigkeiten geführt hat. Im Folgenden werden die einzelnen Haupt- und Unterhypothesen der Untersuchung und ihre Operationalisierung dargestellt.

1. Hauptthypothese:
H_1: Das Programm bewirkt eine Erweiterung angstspezifischen Wissens und Umgangswissens der Interventionsgruppe im Vergleich zu einer Kontrollgruppe

Unterhypothesen:

$H_{1.1}$: Es besteht ein deutlicher Zuwachs an Wissen über Wahrnehmung von Ängsten, Gefühlen in der Interventionsgruppe im Verhältnis zur Kontrollgruppe

Operationalisierung: Vergleich der offenen Fragen in der Nachbefragung zwischen der Interventionsgruppe und der Kontrollgruppe im Bereich Wahrnehmung

$H_{1.2}$ Es besteht signifikant mehr Wissen über Möglichkeiten des Umgangs mit Ängstlichkeit und Anwendungswissen der Interventionsgruppe im Vergleich zur Kontrollgruppe

Operationalisierung: Vergleich der offenen Fragen in der Nachbefragung zwischen der Interventionsgruppe und der Kontrollgruppe im Bereich Umgangswissen

2. Haupthypothese

H_2: Das Programm führt zu einer Reduktion von Ängsten, von Verhaltenshemmung und einer Verbesserung sozialer Fertigkeiten in der Interventionsgruppe im Vergleich zur Kontrollgruppe.

Unterhypothesen:

$H_{2.1}$ Das Programm führt zu einer Reduktion der Ängstlichkeit, insbesondere der generellen und sozialen Ängstlichkeit, in der Interventionsgruppe im Vergleich zur Kontrollgruppe (Evaluation / Wirksamkeit des Programms)

Operationalisierung: Veränderungsmessung Interventionsgruppe im Vergleich zur Kontrollgruppe in Bezug auf die Skala Ängstlichkeit (SCAS), insbesondere die Subskalen Generelle Ängstlichkeit und Soziale Ängstlichkeit

$H_{2.2}$ Das Programm führt zu einer Reduktion der Verhaltenshemmung in der Interventionsgruppe im Vergleich zur Kontrollgruppe

Operationalisierung: Veränderungsmessung Interventionsgruppe im Vergleich zur Kontrollgruppe in Bezug auf die Skala Verhaltenshemmung (BIS).

$H_{2.3}$ Das Programm führt zu einer Reduktion der wahrgenommenen psychosozialen Beeinträchtigung in der Interventionsgruppe im Vergleich zur Kontrollgruppe

Operationalisierung: Veränderungsmessung Interventionsgruppe im Vergleich zur Kontrollgruppe in Bezug auf die Skala Psychosoziale Beeinträchtigung (CIS).

$H_{2.4}$ Das Programm führt zu einer Reduktion des Strebens nach Perfektionismus in der Interventionsgruppe im Vergleich zur Kontrollgruppe

Operationalisierung: Veränderungsmessung Interventionsgruppe im Vergleich zur Kontrollgruppe in Bezug auf die Skala Perfektionismus (CAPS).

$H_{2.5}$ Das Programm führt zu einem Zuwachs sozialer Fertigkeiten in der Interventionsgruppe im Vergleich zur Kontrollgruppe

Operationalisierung: Veränderungsmessung Interventionsgruppe im Vergleich zur Kontrollgruppe in Bezug auf die Skala Soziale Fertigkeiten (SSQ).

$H_{2.6}$ Das Programm wirkt in stärkerem Maße bei Mädchen als bei Jungen.

Operationalisierung: Vergleich Veränderungsmessung der Jungen und Mädchen innerhalb der Interventionsgruppe in Bezug auf die Skalen SCAS, BIS, CAPS, CIS, SSQ und die offenen Fragen.

$H_{2.7}$ Höher Ängstliche profitieren in stärkerem Maße von dem Programm als Schüler mit mittlerer Ängstlichkeit und niedriger Ängstlichkeit

Operationalisierung: Bildung von drei Untergruppen in der Interventionsgruppe: Hochängstliche, Normalängstliche und Niedrigängstliche; Gruppenvergleich der Veränderungsmessung in Bezug auf die Skalen SCAS, BIS, CAPS, CIS, SSQ und die offenen Fragen.

2.5 Ergebnisse der Interventionsmaßnahme

Im Folgenden sollen die Ergebnisse der Befragung nach der Interventionsmaßnahme im Vergleich zum Prätest dargestellt werden. Für die Überprüfung der Wirksamkeit des Programms ist hierbei der Vergleich zwischen der Interventions- und der Kontrollgruppe von zentraler Bedeutung. Am Interventionsprogramm FREUNDE nahmen insgesamt 60 Schüler in sechs Gruppen teil. Hiervon führten drei Schüler das Programm nicht zu Ende: Zwei Schülerinnen meldeten sich nach der ersten Sitzung vom Programm ab und ein Schüler verließ die Schule im Interventionszeitraum. Deswegen konnten die Fragebögen von insgesamt 57 Schülern der Interventionsgruppe in die Datenanalyse eingehen. Die Kontrollgruppe wurde aus den restlichen Schülern der sechsten Klassen der beiden Schulen gebildet, die auch an der Intervention teilnahmen. In die Auswertung gingen nur die Fragebögen der Schüler ein, welche an Prä- und Posttest teilgenommen hatten und die vollständig ausgefüllt waren. Dies waren insgesamt 129 Fragebögen. Die anonymisierten Fragebögen wurden mit Hilfe der Angaben zu Geburtsdatum, Geschlecht und Klassenzugehörigkeit kodiert. Anschließend wurden sie in den Computer eingegeben, umkodiert und mit Hilfe des Statistikprogramms SPSS 11.0 ausgewertet. Im Folgenden werden zunächst die Befunde zu den einzelnen Hypothesen und dann weitere Ergebnisse dargestellt.

2.5.1 Veränderung angstbezogenen Wissens

Der erste große Bereich der Untersuchung umfasste den Vergleich zwischen Interventions- und Kontrollgruppe in Bezug auf angstbezogenes Wissen. Mit Hilfe der offenen Fragen der Befragung nach der Intervention sollte geprüft werden, ob das Programm zu einem Wissenszuwachs der Interventionsgruppe in Bezug auf Ängste geführt hat. Hierzu mussten die Schüler 15 offene Fragen beantworten, die nach einem Kategoriensystem ausgewertet wurden (vgl. Abschnitt 2.2.4). Je nach Vollständigkeit und Richtigkeit der Beantwortung konnten pro Frage bis zu zwei Punkten erzielt werden. Insgesamt konnte demnach ein Gesamtpunktewert von 30 Punkten erreicht werden.
In der Interventionsgruppe erzielten die Teilnehmer durchschnittlich einen Gesamtpunktwert von 19,9, in der Kontrollgruppe 10,7 (vgl. Abb. 19). Die Teilnehmer des Programms hatten durchschnittlich fast die doppelte Punktzahl erreicht wie die Kontrollgruppe. Dies entspricht für die Interventionsgruppe einem Prozentsatz von 66% und in der Kontrollgruppe einem Wert von 36% der erreichbaren Gesamtpunktzahl. Betrachtet man die Häufigkeitsverteilung der Werte innerhalb der Gruppe anhand der Boxplots (vgl. Abb. 19), sieht man in der Kontrollgruppe eine deutlich größere Streuung der Werte als in der Interventionsgruppe. Die Teilnehmer der Intervention erzielten demnach im Durchschnitt

höhere Punktwerte in den offenen Fragen. Die Werte der einzelnen Teilnehmer der Interventionsgruppe unterschieden sich weiterhin nicht so stark voneinander wie die Werte der Kontrollgruppe.

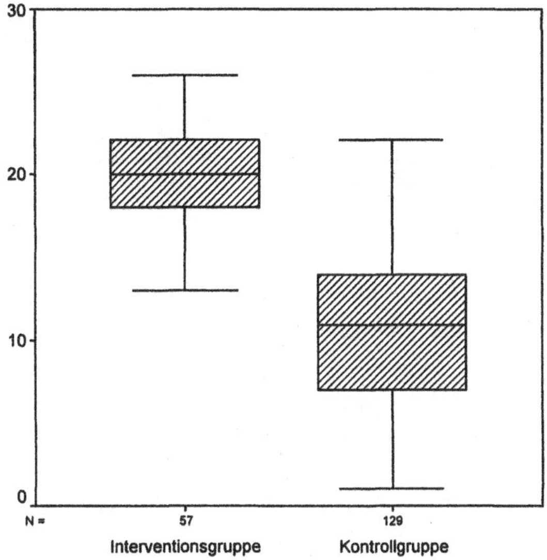

Abb. 19: Vergleich Gesamtwert offene Fragen Interventions- und Kontrollgruppe

Gliedert man die Punktwerte der offenen Fragen nach den einzelnen Teilbereichen Wahrnehmung und Umgangswissen auf, werden ebenfalls große Unterschiede zwischen Interventionsgruppe und Kontrollgruppe deutlich. Die Teilnehmer der Intervention hatten im Bereich der Wahrnehmung einen Wert von 9,3, während die Kontrollgruppe einen Wert von 5,3 aufwies. Im Umgang mit Ängsten lag der Wert mit 10,6 in der Interventionsgruppe ebenfalls doppelt so hoch wie in der Kontrollgruppe (M=5,4). Zur Überprüfung der Bedeutsamkeit der Differenz zwischen den Gruppenwerten wurde ein T-Test durchgeführt, welcher hochsignifikante Unterschiede (T=12,41; p<.001) zwischen Interventions- und Kontrollgruppe aufwies. Dies galt sowohl in Bezug auf den Gesamtwert der offenen Fragen als auch auf die beiden Teilbereiche Wahrnehmung und Umgangswissen (vgl. Abb. 20).

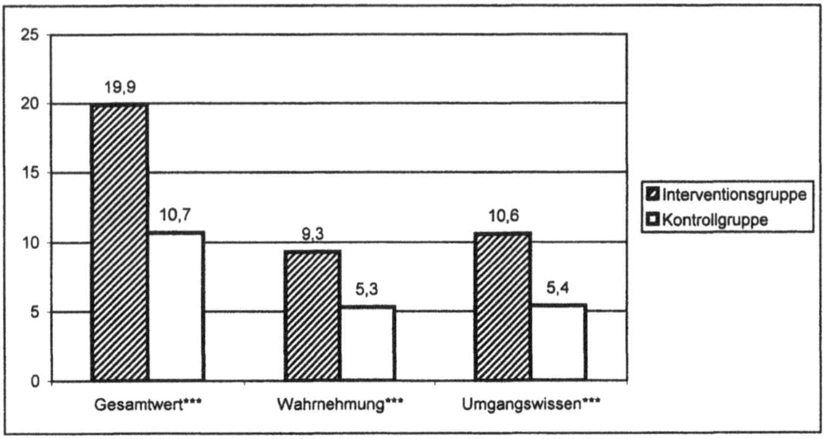

Abb. 20: Offene Fragen Vergleich Interventionsgruppe und Kontrollgruppe (*p<.001)**

Der Bereich des Umgangswissens lässt sich weiterhin in die Bereiche Strategiewissen im Umgang mit Ängsten und positives Denken untergliedern. In den Teilbereichen Strategiewissen und positives Denken zeigten sich ebenfalls hochsignifikante Unterschiede zwischen Interventions- und Kontrollgruppe (vgl. Tab. 42):

Tab. 42: Offene Fragen im Kontrollgruppenvergleich, Gesamtergebnis und Teilbereiche (*p<.001)**

	Wahrnehmung***	Strategiewissen***	Positives Denken***	Gesamtwert***
Interventionsgruppe (N=57)	9,3	7,1	2,2	19,9
Kontrollgruppe (N=129)	5,4	3,8	1,6	10,7
T-Werte	9,60	11,07	10,72	12,41

Weiterhin kam es in der Kontrollgruppe zu einem Geschlechtseffekt bei der erfolgreichen Beantwortung der offenen Fragen. Die Mädchen verfügten mit einem Gesamtwert 12,3 über deutlich mehr angstbezogenes Wissen als die Jungen (M=9,7). Die Berechnung mittels T-Tests ergab sowohl für den Gesamtwert (T=3,15) als auch für die beiden Teilbereiche Wahrnehmung (T=2,22) und Umgangswissen (T=3,46) einen signifikanten Unterschied (p<.01): Die Mädchen verfügten in der Kontrollgruppe über deutlich mehr Wissen sowohl in der Wahrnehmung als auch im Umgang mit Ängsten als die Jungen (vgl. Abb. 21). In der Interventionsgruppe zeigten sich hingegen keine Unterschiede zwischen Jungen und Mädchen beim Beantworten der Fragen (T=.04; p=.97)

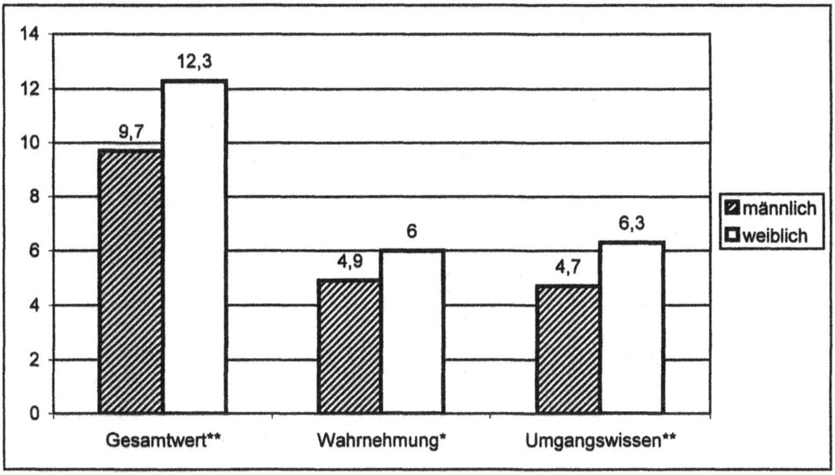

Abb. 21: Geschlechtsunterschiede offene Fragen Kontrollgruppe (p<.01; *p<.05)**

Fazit:

Die erste Haupthypothese zum Wissenszuwachs der Interventionsgruppe konnte in beiden Unterhypothesen bestätigt werden: In der Interventionsgruppe besteht im Vergleich zu der Kontrollgruppe nach Durchführung des FREUNDE- Programms sowohl mehr Wissen über die Wahrnehmung von Ängsten als auch über den Umgang mit Ängsten. Zudem war in der Kontrollgruppe ein Geschlechtseffekt sichtbar: die Mädchen verfügten über deutlich mehr angstbezogenes Wissen.

2.5.2 Veränderung der Ängstlichkeit

Die zweite zentrale Fragestellung betraf den Vergleich der Veränderung der selbstberichteten Ängstlichkeit im Vergleich zwischen Interventions- und Kontrollgruppe. Die Ängstlichkeit wurde mit Hilfe der *Spence Children Anxiety Scale (SCAS)* erhoben. Zur Auswertung wurde sowohl der Gesamtsummenwert aller 38 Items gebildet als auch die Summenwerte für die einzelnen Skalen.
Im Folgenden werden zunächst die Werte des Prä- und Posttests im Vergleich der beiden Gruppen dargestellt. Hierbei zeigte sich, dass die Interventionsgruppe mit einem Gesamtsummenwert von 26,4 im Prätest höhere Werte als die Kontrollgruppe (24,5) aufwies, dieser Wert jedoch statistisch nicht bedeutsam war. Die Standardabweichung ist sowohl in der Interventionsgruppe (SD=13,0) als auch in der Kontrollgruppe relativ hoch (SD=12,0). Der Wert der Interventionsgruppe ist etwas höher als der der Kontrollgruppe (vgl. Tab. 43).

Tab. 43: Vergleich der Ängstlichkeit zwischen Interventions- und Kontrollgruppe

		N	Mittelwert	Standardabweichung	Standardfehler des Mittelwertes
Prätest (SCAS)	Interventionsgruppe	57	26,40	13,037	1,727
	Kontrollgruppe	129	24,53	12,036	1,060
Posttest (SCAS)	Interventionsgruppe	57	22,21	9,899	1,311
	Kontrollgruppe	129	25,71	13,996	1,232
Differenz (SCAS)	Interventionsgruppe	57	-4,19	8,941	1,184
	Kontrollgruppe	129	1,18	9,194	,810

In der Interventionsgruppe war es zu einer signifikanten Abnahme (T=3,54; p<.001) der Ängstlichkeit im Vergleich des Posttests mit dem Prätest gekommen. In der Kontrollgruppe fand im gleichen Zeitraum hingegen ein leichter Anstieg der Ängstlichkeit statt. Dieser Schereneffekt zwischen Interventions- und Kontrollgruppe wird in der Abbildung verdeutlicht (vgl. Abb. 22).

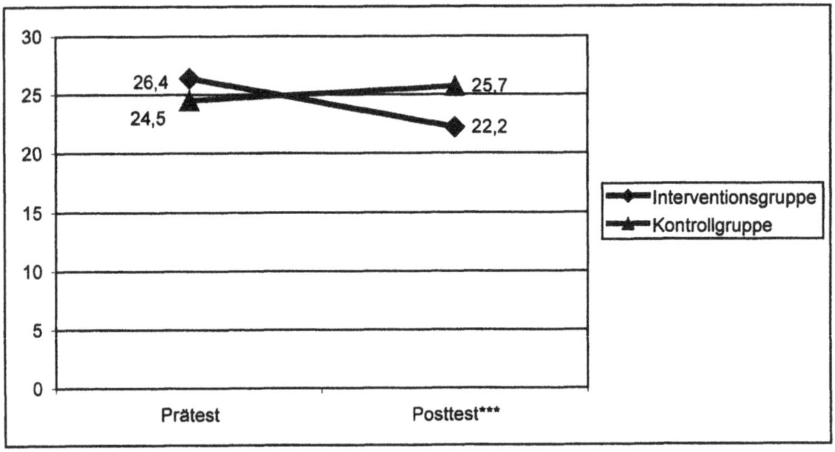

Abb. 22: Veränderung der Ängstlichkeit im Vergleich der Gruppenmittelwerte (* p<.001)**

Zudem fällt eine größere Streuung der Werte der Kontrollgruppe (SD=14,0) im Posttest im Vergleich zur Interventionsgruppe (SD=13,9) auf.
Neben dem Vergleich der Gesamtsummenwerte sollen im Folgenden die Veränderung der einzelnen Subskalen in der Interventions- und Kontrollgruppe verglichen werden (vgl. Tab. 44). In der Subskala *Generelle Angst* kam es in der Interventionsgruppe zu einer deutlichen Verringerung, während in der Kontrollgruppe der Wert leicht anstieg. Gleiches galt für die Skalen *Angst vor physischer*

Bedrohung und *Sozialangst*. In den beiden Skalen *Trennungsangst* und *Zwang* kam es sowohl in der Interventions- als auch in der Kontrollgruppe zu einer Reduktion der Werte. In beiden Fällen nahmen die Werte in der Interventionsgruppe jedoch stärker ab als in der Kontrollgruppe.

Tab. 44: Subskalen der Angst im Kontrollgruppenvergleich (p<.01; *p<.05)**

Subskala	Teilnehmer	N	Prätest	Posttest	Differenz
Generelle Angst	Interventionsgruppe	57	6,09	4,88	- 1,21**
	Kontrollgruppe	129	5,54	6,06	+ 0,52
Angst vor phys. Bedrohung	Interventionsgruppe	57	2,86	2,51	- 0,35
	Kontrollgruppe	129	2,33	2,71	+ 0,37
Sozialangst	Interventionsgruppe	57	5,39	4,37	- 1,02**
	Kontrollgruppe	129	5,10	5,12	+ 0,02
Trennungsangst	Interventionsgruppe	57	3,81	3,04	- 0,77*
	Kontrollgruppe	129	3,64	3,40	- 0,25
Panik	Interventionsgruppe	57	2,33	1,88	- 0,46
	Kontrollgruppe	129	2,38	2,78	+ 0,40
Zwang	Interventionsgruppe	57	5,93	4,47	- 1,46**
	Kontrollgruppe	129	5,53	4,58	- 0,95**

Die Prüfung mittels T-Test ergab, dass die Abnahme der Werte in der Interventionsgruppe in den Skalen *Generelle Angst* (T=3,12), *Sozialangst* (T=2,93) und *Zwang* (T=3,84) hochsignifikant (p<.01) und in der Skala *Trennungsangst* signifikant (T=2,26; p<.05) sind. In der Kontrollgruppe hingegen kam es lediglich bei der Skala *Zwang* zu einer signifikanten Abnahme der Werte (T=4,08; p<.01). Mit Hilfe eines T-Testes wurden weiterhin die Differenzwerte zwischen den beiden Gruppen auf Signifikanz hin überprüft. Hierbei zeigte sich, dass die Unterschiede zwischen Interventions- und Kontrollgruppe in der Skala *Generelle Angst* hochsignifikant (T=4,04; p<.001) sind. Weiterhin zeigten sich signifikante Unterschiede (p<.05) in den Subskalen *Angst vor physischer Bedrohung* (T=2,55), *Sozialangst* (T=2,49) und *Panik* (T=2,17). In den Bereichen *Trennungsangst* (T=1,45; p=.15) und *Zwang* (T=1,15; p=.25) sind Unterschiede zwischen Interventions- und Kontrollgruppe erkennbar (vgl. Tab. 44), diese werden jedoch nicht signifikant.

Fazit:

Es kam zu einer signifikanten Abnahme der Ängstlichkeit in der Interventionsgruppe im Vergleich von Prätest und Posttest. Dieser Unterschied war auch im Vergleich zur Kontrollgruppe statistisch bedeutsam. Besonders deutliche Effekte zeigten sich in dem Bereich der generellen Ängstlichkeit, der Angst vor physischer Bedrohung, der Sozialangst und der Panik.

Die Hypothese, dass die Durchführung des FREUNDE- Programms zu einer Reduktion der Ängstlichkeit, insbesondere der generellen Angst und der sozialen Angst führt, konnte bestätigt werden.

2.5.3 Veränderung der Verhaltenshemmung

Die Verhaltenshemmung stellt einen wichtigen Teilbereich der Angst dar. Im Rahmen des FREUNDE- Programms wurde darauf abgezielt diese bei den Gruppenteilnehmern zu reduzieren. Die Verhaltenshemmung wurde mit Hilfe der *Behavioral Inhibition Scale (BIS)* erhoben. Zur Auswertung wurde der Summenwert der 30 einzelnen Items gebildet.

Tab. 45: Verhaltenshemmung im Kontrollgruppenvergleich

		N	Mittelwert	Standardabweichung	Standardfehler des Mittelwertes
Prätest (BIS)	Interventionsgruppe	57	32,65	10,206	1,352
	Kontrollgruppe	129	31,40	10,549	,929
Posttest (BIS)	Interventionsgruppe	57	27,54	9,783	1,296
	Kontrollgruppe	129	32,80	13,024	1,147
Differenz (BIS)	Interventionsgruppe	57	-5,11	7,775	1,030
	Kontrollgruppe	129	1,40	8,724	,768

Vergleicht man die Summenwerte des Prätests, liegen die Werte der Interventionsgruppe (M=32,7) etwas über denen der Kontrollgruppe (M=31,4). Die Standardabweichungen der beiden Gruppenwerte waren mit 10,2 in der Interventionsgruppe und 10,5 in der Kontrollgruppe nahezu identisch (vgl. Tab. 45).
In der Interventionsgruppe kam es zu einer deutlichen Reduktion des Wertes für Verhaltenshemmung (-5,1), während in der Kontrollgruppe der Wert leicht anstieg (+1,4). Die Berechnung mittels T-Test ergab eine hochsignifikante (T=4,96; p<.001) Reduktion der Verhaltenshemmung in der Interventionsgruppe im Vergleich des Posttests zum Prätest (vgl. Abb. 23). Vergleicht man die Differenzbeträge zwischen Interventions- und Kontrollgruppe und überprüft sie mit Hilfe des T-Tests, ist der Unterschied ebenfalls hochsignifikant (T=5,06; p<.001). Weiterhin fällt ein Unterschied der Standardabweichungen zwischen Interventions- und Kontrollgruppe im Posttest auf. Während in der Interventionsgruppe der Wert im Vergleich zum Prätest leicht abgenommen hat (SD=9,8), kam es in der Kontrollgruppe zu einer deutlich höheren Standardabweichung (SD=13,0): die Werte der Interventionsgruppe liegen somit deutlich enger zusammen als die Werte der Kontrollgruppe.

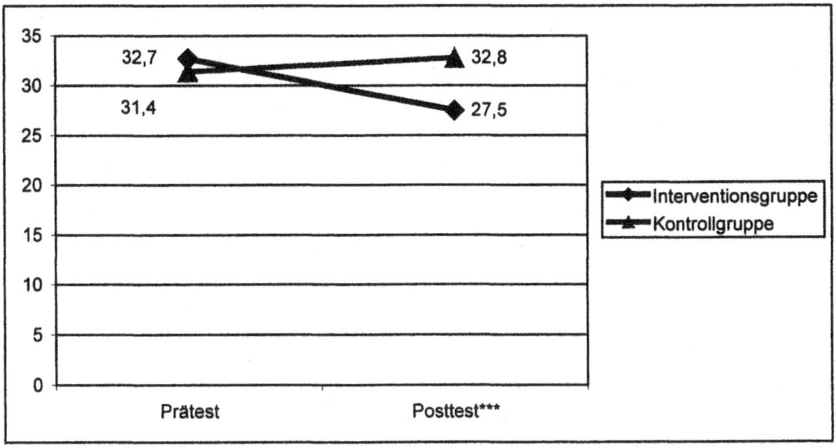

Abb. 23: Veränderung der Gruppenmittelwerte in der Skala Verhaltenshemmung (*p<.001)**

Fazit:

Es kam zu einer hochsignifikanten Abnahme der Verhaltenshemmung in der Interventionsgruppe nach Durchführung des FREUNDE- Programms, während in der Kontrollgruppe im gleichen Zeitraum der Wert leicht anstieg. Weiterhin zeigte sich im Posttest in der Interventionsgruppe eine deutlich niedrigere Streuung der Werte als in der Kontrollgruppe. Die Hypothese, dass das Programm zu einer Reduktion der Verhaltenshemmung in der Interventionsgruppe führt, konnte bestätigt werden.

2.5.4 Veränderung der wahrgenommenen psychosozialen Beeinträchtigung

Eines der Ziele des FREUNDE- Programms, das eher indirekt mit der Veränderung der Angst zu tun hat, bestand in einer Reduktion der wahrgenommenen psychosozialen Beeinträchtigung. Diese sollte mit Hilfe der *Columbia Impairment Scale (CIS)* ermittelt werden. Zur Auswertung wurde aus den 13 Items der Gesamtsummenwert errechnet.

Ein Vergleich der Prätest- Werte ergab mit einem Mittelwert von 10,3 einen etwas höheren Wert in der Interventions- als in der Kontrollgruppe (M=9,4). Im Vergleich von Prä- und Posttest zeigte sich, dass das Programm zu einer leichten Reduktion des Summenwertes in der Interventionsgruppe führte (-0,34). Diese Veränderung war jedoch nicht signifikant, wie der T-Test zeigte (T=0,32; p=.75).

Tab. 46: Wahrgenommene psychosoziale Beeinträchtigung im Kontrollgruppenvergleich

		N	Mittelwert	Standardabweichung	Standardfehler des Mittelwertes
Prätest (CIS)	Interventionsgruppe	56	10,29	8,409	1,124
	Kontrollgruppe	129	9,38	7,144	,629
Posttest (CIS)	Interventionsgruppe	57	10,00	8,534	1,130
	Kontrollgruppe	127	8,69	7,749	,688
Differenz (CIS)	Interventionsgruppe	56	-,34	7,898	1,055
	Kontrollgruppe	127	-,84	6,263	,556

Im Vergleich von Prä- und Posttest kam es zu einer etwas stärkeren Reduktion der wahrgenommenen psychosozialen Beeinträchtigung in der Kontrollgruppe (-0,84) als in der Interventionsgruppe (-.34; vgl. Tab. 46). Die Überprüfung mittels T-Test zeigte, dass die Veränderung in der Kontrollgruppe ebenfalls nicht signifikant war (T=1,52; p=.13).

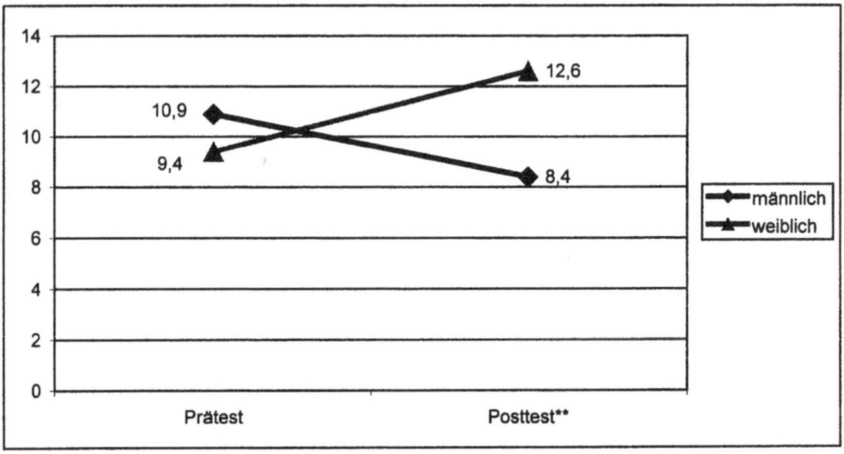

Abb. 24: Geschlechtsunterschiede psychosoziale Beeinträchtigung, Mittelwertvergleich (p<.01)**

Innerhalb der Interventionsgruppe zeigte sich zudem ein Geschlechtseffekt: während es bei den Jungen zu einer deutlichen Reduktion (-2,65) kam, zeigte sich bei den Mädchen im Posttest eine deutliche Zunahme (+3,23).

Die Berechnung mittels T-Test zeigte, dass die Reduktion bei den Jungen allerdings nicht signifikant war (T=1,89; p=.07). In der Abbildung wird der Schereneffekt in der Interventionsgruppe zwischen Jungen und Mädchen zu den beiden Messzeitpunkten sichtbar (vgl. Abb. 24). Der T-Test zum Vergleich der Differenzwerte ergab, dass der Geschlechtsunterschied signifikant war (T=2,99; p<.01). In der Kontrollgruppe waren hingegen keine Geschlechtseffekte in dieser Skala beobachtbar.

Fazit:
Die Hypothese, dass das FREUNDE- Programm zu einer Reduktion der wahrgenommenen psychosozialen Beeinträchtigung führt, konnte nicht bestätigt werden: in der Kontrollgruppe zeigte sich eine stärkere Reduktion der Summenwerte als in der Interventionsgruppe. Weiterhin wurde ein Geschlechtseffekt in der Interventionsgruppe sichtbar: während es bei den Mädchen zu einem Anstieg der Werte kam, nahmen die Werte bei den Jungen ab.

2.5.5 Veränderung des Perfektionismus

Das Streben nach Perfektionismus bzw. ein übertrieben hohes Anspruchsniveau stellt einen weiteren wichtigen Teilbereich der Angst dar. Im Rahmen des FREUNDE- Programms wurde darauf abgezielt zu lernen, realistischere Ziele zu formulieren und übertriebenen Perfektionismus bei den Gruppenteilnehmern zu reduzieren. Der Perfektionismus wurde mit Hilfe der *Cognitive Perfectionism Scale (CAPS)* erhoben. Zur Auswertung wurde der Summenwert der 30 einzelnen Items gebildet.

Tab. 47: Kontrollgruppenvergleich der Perfektionismusskala

		N	Mittelwert	Standardabweichung	Standardfehler des Mittelwertes
Prätest (CAPS)	Interventionsgruppe	56	17,12	8,874	1,175
	Kontrollgruppe	129	16,87	8,411	,741
Posttest (CAPS)	Interventionsgruppe	57	14,00	7,370	,976
	Kontrollgruppe	129	15,90	8,692	,765
Differenz (CAPS)	Interventionsgruppe	56	-3,12	7,164	,949
	Kontrollgruppe	129	-,97	5,859	,516

Im Prätest lag die Interventionsgruppe mit einem durchschnittlichen Summenwert von 17,1 etwas höher als die Kontrollgruppe (M=16,9), der Unterschied war statistisch allerdings nicht bedeutsam. Die Standardabweichungen waren mit 8,8 bzw. 8,4 nahezu identisch (vgl. Tab. 47).
Im Vergleich von Prä- und Posttest kam es in der Interventionsgruppe zu einer deutlichen Reduktion des Perfektionismus (-3,1). Der T-Test zeigte, dass die Veränderung signifikant war (T=3,29; p<.01). In der Kontrollgruppe nahm der Summenwert der Perfektionismusskala ebenfalls leicht ab (-0,97), diese Verän-

derung war jedoch nicht signifikant (T=1,88; p=.06). Ein Vergleich der beiden Differenzwerte mittels T-Test ergab, dass die Veränderung in der Interventionsgruppe signifikant stärker war als die der Kontrollgruppe (T=2,16; p<.05).

Fazit:
Es kam zu einer signifikanten Abnahme des Perfektionismus in der Interventionsgruppe im Vergleich von Prätest und Posttest. Dieser Unterschied war auch im Vergleich zur Kontrollgruppe, in der die Werte ebenfalls leicht abgenommen hatten, statistisch bedeutsam. Die Hypothese, dass die Durchführung des FREUNDE- Programms zu einer Reduktion des Perfektionismus führt, konnte bestätigt werden.

2.5.6 Zunahme der sozialen Fertigkeiten

Im FREUNDE- Programm wird als universellem Präventionsprogramm neben der Reduktion der Angst als zweites zentrales Ziel der Aufbau sozialer Fertigkeiten anvisiert. Die Überprüfung des Interventionseffektes fand mit Hilfe des *Social Skills Questionnaire (SSQ)* statt, welcher ein Fragebogen ist, der allgemeine soziale Fertigkeiten berücksichtigt.

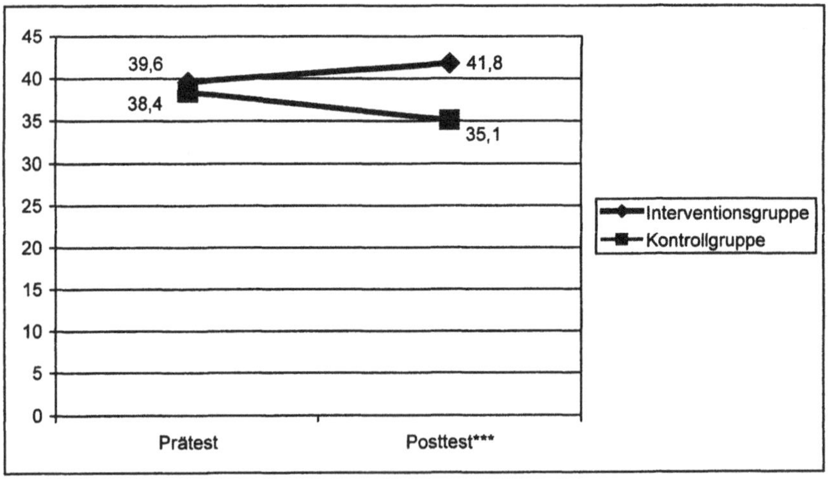

Abb. 25: Veränderung der sozialen Fertigkeiten im Gruppenmittel (* p<.001)**

Es wurde ein Gesamtsummenwert der 30 Items gebildet, um so eine globale Einschätzung der Veränderung der sozialen Fertigkeiten ermitteln zu können. Der Mittelwert der Summenscores lag in der Interventionsgruppe im Prätest mit

39,4 etwas höher als in der Kontrollgruppe (M=38,4), der Unterschied war statistisch jedoch nicht bedeutsam. Die Standardabweichung lag in der Kontrollgruppe mit 10,5 über der Interventionsgruppe (SD=8,9). In der Gruppe, die am Programm teilgenommen hatte, kam es im Vergleich von Prätest und Posttest zu einem deutlichen Anstieg des Summenwertes (+2,4). Der Vergleich der beiden Summenwerte mittels T-Test ergab, dass die Veränderung hochsignifikant war (T=2,71; p<.001). In der Kontrollgruppe kam es im gleichen Zeitraum hingegen zu einer durchschnittlichen Abnahme des Summenwertes von 3,3 (vgl. Abb. 25). Der Unterschied der Differenzwerte zwischen Interventions- und Kontrollgruppe wurde mittels T-Test geprüft und war ebenfalls hochsignifikant (T=4,35; p<.001). Weiterhin war sowohl in der Interventionsgruppe (SD=10,2) als auch in der Kontrollgruppe (SD=11,5) die Standardabweichung der Werte im Posttest etwas höher als im Prätest.

Fazit:

Es kam zu einer deutlichen Zunahme der sozialen Fertigkeiten in der Interventionsgruppe im Vergleich von Prätest zu Posttest. Diese ist auch im Verhältnis zur Kontrollgruppe statistisch signifikant. In der Kontrollgruppe kam es hingegen zu einer Abnahme des Durchschnittswertes der sozialen Fertigkeiten im Untersuchungszeitraum. Die Hypothese, dass das FREUNDE- Programm zu einem Zuwachs sozialer Fertigkeiten geführt hat, konnte bestätigt werden.

2.5.7 Geschlechtsunterschiede in der Wirkung des Programms

Am FREUNDE- Programm nahmen insgesamt 35 Jungen und 22 Mädchen teil. Die Geschlechtsverteilung in den Gruppen wies demnach einen leichten Überschuss der Jungen auf. Dies entspricht mit 61% Jungen und 39% Mädchen exakt der Geschlechtsverteilung der beiden Hauptschulen (121 Jungen und 79 Mädchen), an denen die Untersuchung stattfand. In Bezug auf die unterschiedliche Wirksamkeit des Programms nach Subgruppen wurde postuliert, dass die Mädchen in stärkerem Maße von dem Programm profitieren als die Jungen. Zur Überprüfung wurde ein Geschlechtsvergleich innerhalb der Interventionsgruppe durchgeführt.
Vergleicht man die Werte des Prä- und Posttests in Hinblick auf Geschlechtsunterschiede, zeigt sich, dass die Mädchen lediglich in der Skala Ängstlichkeit (-5,2) in stärkerem Maße vom Programm profitiert haben als die Jungen (-3,5), wobei die Reduktion der Ängstlichkeit in beiden Gruppen auf 5%-Niveau signifikant war (vgl. Tab. 48). Eine Überprüfung mittels T-Test ergab jedoch, dass dieser Differenzunterschied zwischen Mädchen und Jungen nicht signifikant war (T=0,69 ;p=.49). Bei der Skala Soziale Fertigkeiten zeigte sich bei beiden Gruppen gleichermaßen ein Anstieg der Werte, wobei die Mädchen sowohl im Prä-

test als auch im Posttest einen deutlich höheren Summenwert als die Jungen hatten (vgl. Tab. 48).

Tab. 48: Geschlechtsunterschiede in der Interventionsgruppe (p<.01; *p<.05)**

Skala	Geschlecht	N	Prätest	Posttest	Differenz
Ängstlichkeit (SCAS)	männlich	35	25,00	21,46	-3,54*
	weiblich	22	28,64	23,41	-5,23*
Verhaltenshemmung (BIS)	männlich	35	32,46	26,63	-5,83**
	weiblich	22	32,95	29,00	-3,95**
Perfektionismus (CAPS)	männlich	35	18,43	14,29	-4,14**
	weiblich	22	15,05	13,55	-1,50
Beeinträchtigung (CIS)	männlich	34	10,88	8,37	-2,65
	weiblich	22	9,36	12,59	3,23
Soziale Fertigkeiten (SSQ)	männlich	35	37,74	40,14	2,40*
	weiblich	22	42,00	44,36	2,36*

Sowohl im Bereich der Verhaltenshemmung als auch im Bereich des Perfektionismus hat das Programm zu einer stärkeren Reduktion der Werte bei den Jungen als bei den Mädchen geführt. Eine Überprüfung der Unterschiede mittels T-Test ergab jedoch, dass dieser Unterschied weder in der Skala Verhaltenshemmung (T=1,00; p=.38) noch in der Skala Perfektionismus (T=1,37; p=.17) signifikant war. In der Skala psychosoziale Beeinträchtigung kam es zu einer Zunahme der Werte bei den Mädchen (+3,2), wohingegen der Summenwert bei den Jungen im Posttest im Durchschnitt um 2,7 Punkten unter dem Wert des Prätests lag. Der Unterschied der Veränderungen war hochsignifikant (T=2,99; p<.01).

Bei der Untersuchung der offenen Fragen zeichnete sich das gleiche Bild ab. Sowohl in der Subskala Wahrnehmung von Ängsten als auch in der Subskala Umgangswissen sind nur leichte Unterschiede zwischen Jungen und Mädchen erkennbar (vgl. Abb. 26).

Die Jungen wiesen mit einem Durchschnittswert von 10,5 gegenüber den Mädchen (M=8,9) etwas höhere Werte im Bereich der Wahrnehmung auf, während die Mädchen (M=11,0) über etwas mehr Wissen im Bereich des Umgangs mit Ängsten verfügen als die Jungen (M=9,4). Die Gesamtwerte der offenen Fragen sind bei Jungen und Mädchen im Durchschnitt identisch (M=19,9), die Mädchen weisen mit einem Wert von 5,0 jedoch eine etwas höhere Standardabweichung auf als die Jungen (SD=4,3).

Fazit:

Das Programm wirkt in gleichem Maße bei Jungen wie bei Mädchen. Dies gilt sowohl in Bezug auf die Reduktion der Ängstlichkeit und ihren Teilbereichen als auch für den Aufbau sozialer Fertigkeiten und den Erwerb angstbezogenen Wissens.

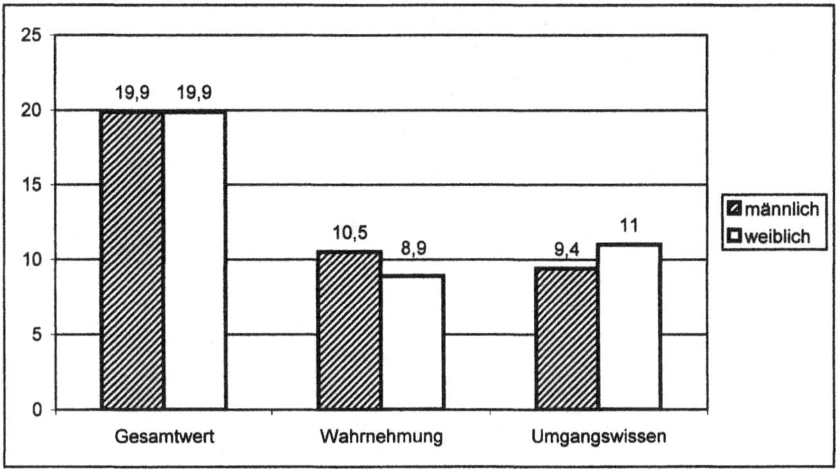

Abb. 26: Geschlechtsvergleich offene Fragen der Interventionsgruppe

Die Unterschiede in der Wirksamkeit waren statistisch nicht bedeutsam. Lediglich im Bereich der psychosozialen Beeinträchtigung führte das Programm zu einer Reduktion der Werte bei den Jungen, wohingegen es bei den Mädchen zu einem Anstieg kam. Die Hypothese, dass Mädchen in stärkerem Maße von dem Programm profitieren als Jungen, kann nicht bestätigt werden.

2.5.8 Extremgruppenvergleich nach Ängstlichkeit

Es wurde postuliert, dass Hochängstliche in stärkerem Maße von dem FREUNDE- Programm profitieren als Normalängstliche. Zur Überprüfung der Hypothese wurde innerhalb der Interventionsgruppe eine Rangreihe anhand des Summenwertes der Ängstlichkeitsskala aufgestellt, um so drei etwa gleichgroße Gruppen zu bilden: die ‚Hochängstlichen' (N=18), die ‚Normalängstlichen' (N=19) und die ‚Niedrigängstlichen' (N=20). Im Folgenden sollen diese drei Gruppen in Bezug auf die Veränderungswerte der einzelnen Skalen miteinander verglichen werden.
Betrachtet man die Veränderung der Ängstlichkeitsskala, wird deutlich, dass es bei den Hochängstlichen zu einer deutlichen Reduktion (-11,5) und in der mittleren Gruppe zu einer leichten Reduktion (-2,6) der Ängstlichkeitswerte kam (vgl.

Abb. 27). In der Gruppe der Niedrigängstlichen kam es hingegen zu einem leichten Anstieg der Werte (+0,9).

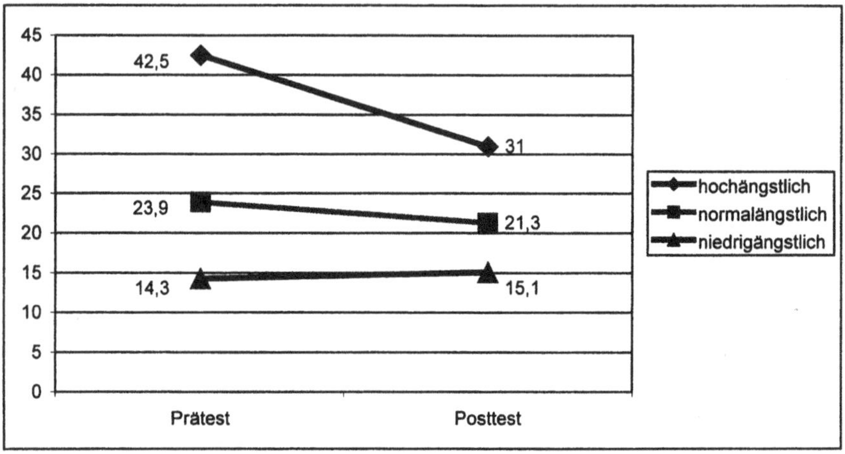

Abb. 27: Veränderung der Ängstlichkeit nach drei Extremgruppen (Gruppenmittelwerte)

Die Überprüfung mittels T-Test ergab, dass die Veränderung bei der Gruppe der Hochängstlichen signifikant (T=5,03; p<.001) war. Bei der Gruppe der Normalängstlichen wies die Veränderung hingegen lediglich signifikante Tendenzen (T=1,71; p=.105) auf. Der Vergleich der Differenzwerte zwischen den Gruppen ergab, dass es bei den Hochängstlichen zu einer signifikant stärkeren Reduktion der Ängstlichkeit gekommen war als in der mittleren Gruppe (T=3,29; p<.001). Ein ähnliches Bild zeigt sich im Bereich der Verhaltenshemmung: während es in der Gruppe der Hochängstlichen zu einer sehr deutlichen Reduktion der Werte (-8,3) kam, nahm die Verhaltenshemmung in der Gruppe der Normalängstlichen etwas schwächer ab (-2,9: vgl. Tab. 49). In der Gruppe der Niedrigängstlichen kam es allerdings ebenfalls zu einer deutlichen Abnahme der Verhaltenshemmung (-4,3). Die Veränderung war bei den Hochängstlichen hochsignifikant (T=3,84; p<.001) auf 1%-Niveau und bei den Niedrigängstlichen auf 5%-Niveau signifikant (T=2,69), bei den Normalängstlichen hatte die Veränderung lediglich Tendenzcharakter (T=2,05; p=.055). Ein Vergleich der Differenzwerte der Gruppen untereinander mittels T-Test ergab, dass es in der Gruppe der Hochängstlichen zu einer signifikant stärkeren Abnahme der Verhaltenshemmung kam als in der Gruppe der Normalängstlichen (T=2,12; p<.05). In der Perfektionismusskala zeigte sich ebenfalls eine deutliche Reduktion der Werte in der Gruppe der Hochängstlichen (-6,5). In der Gruppe der Normalängstlichen nahm der Wert auch ab, jedoch nicht so stark (-2,5) und in der Gruppe der Niedrigängstlichen kam es zu einer sehr geringen Abnahme des Wertes (-0,65).

Tab. 49: Extremgruppenvergleich in der Interventionsgruppe (*p<.001, **p<.01, p<.05)**

Skala	Gruppen	N	Prätest	Posttest	Differenz
Ängstlichkeit (SCAS)	Hochängstliche	18	42,50	31,00	-11,50**
	Normalängstliche	19	23,89	21,32	-2,58*
	Niedrigängstliche	20	14,30	15,15	+0,85
Verhaltenshemmung (BIS)	Hochängstliche	18	39,67	31,33	-8,33**
	Normalängstliche	19	32,05	29,16	-2,89
	Niedrigängstliche	20	26,90	22,60	-4,30*
Perfektionismus (CAPS)	Hochängstliche	18	22,22	15,72	-6,50*
	Normalängstliche	19	16,68	14,16	-2,53*
	Niedrigängstliche	20	12,95	12,30	-0,65
Beeinträchtigung (CIS)	Hochängstliche	17	13,82	11,59	-2,24
	Normalängstliche	19	10,84	13,21	+2,37
	Niedrigängstliche	20	6,75	5,45	-1,30
Soziale Fertigkeiten (SSQ)	Hochängstliche	18	39,00	39,94	+0,94
	Normalängstliche	19	41,16	42,63	+1,47
	Niedrigängstliche	20	38,05	42,60	+4,55***

Mittels T-Test wurde ermittelt, dass die Veränderung der ersten Gruppe signifikant war (T=3.36; p<.01), die mittlere Gruppe lediglich signifikante Tendenzen (T=1,86; p=.08) aufwies.

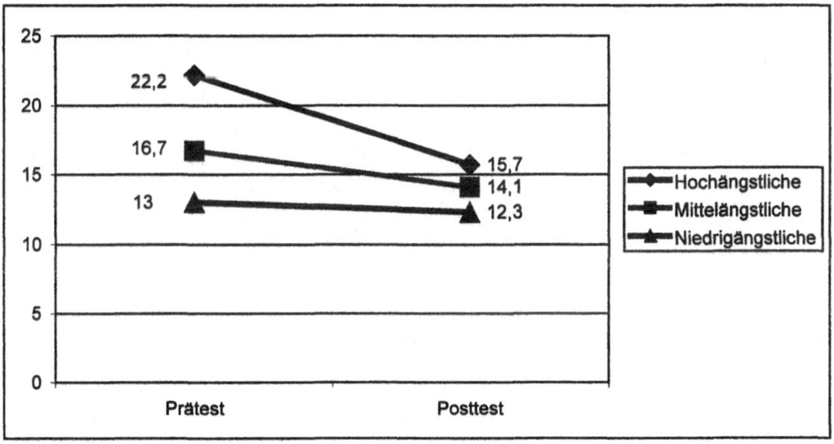

Abb. 28: Veränderung des Perfektionismus nach drei Extremgruppen (Gruppenmittelwerte)

Ein Vergleich der Differenzwerte zwischen den Gruppen ergab, dass die Abnahme des Perfektionismus in der Gruppe der Hochängstlichen signifikant höher

war als bei der Gruppe der Niedrigängstlichen (T=2,47; p<.05). Alle weiteren Gruppenunterschiede waren statistisch nicht bedeutsam (vgl. Abb. 28).
Bei der Skala Psychosoziale Beeinträchtigung zeigte sich bei den Hochängstlichen eine leichte Reduktion der Werte (-2,2), während es in der Gruppe der Normalängstlichen zu einem leichten Anstieg kam (+2,4). Bei den Niedrigängstlichen nahmen die Werte durchschnittlich ebenfalls leicht ab (-1,3). Die Berechnungen mittels T-Test ergaben, dass weder die Veränderungen zwischen Prä- und Posttest, noch die Unterschiede zwischen den Gruppen signifikant waren.
Ein etwas anderes Bild zeigt sich bei der Skala Soziale Fertigkeiten: die stärkste Zunahme der Werte zeigt sich bei den Niedrigängstlichen (+4,6), während die Hochängstlichen mit 0,9 und die Normalängstlichen mit 1,5 Punkten nur leicht zulegten. Die Veränderung von Prä- zu Posttest war nur in der Gruppe der Niedrigängstlichen statistisch bedeutsam (T=3,84; p<.001). Bei der Analyse sollte jedoch das höhere Ausgangsniveau der beiden anderen Gruppen berücksichtigt werden. Vergleicht man die Differenzwerte der Gruppen untereinander, ergeben sich keine statistisch bedeutsamen Unterschiede (vgl. Tab. 49).

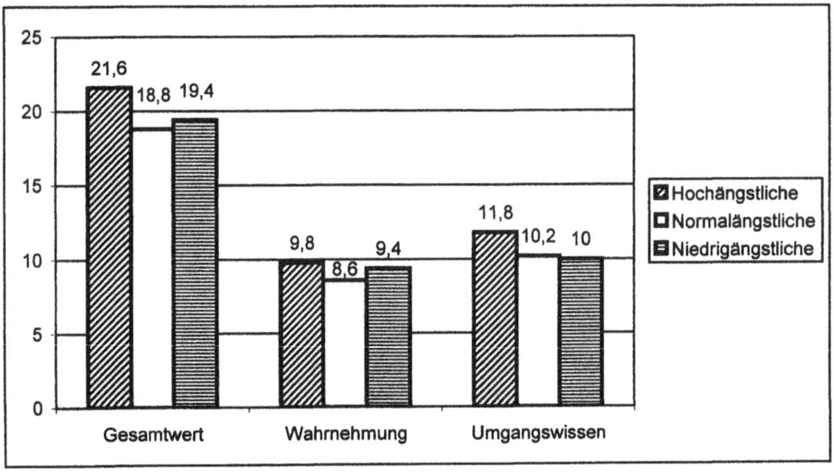

Abb. 29: Extremgruppenvergleich der Interventionsgruppe; Offene Fragen

Neben den Veränderungsmessungen der einzelnen Skalen wurden zum Extremgruppenvergleich auch die offenen Fragen zum Vergleich herangezogen. Im Bereich angstbezogenen Wissens zeigten sich beim Gesamtwert leichte Unterschiede zwischen den Gruppen: die Hochängstlichen wiesen mit einem Durchschnittswert von 21,6 Punkten den höchsten Wert auf, die Niedrigängstlichen (M=19,4) und Normalängstlichen (M=18,8) lagen etwas niedriger. Im Teilbereich Wahrnehmung erzielten die Hochängstlichen ebenfalls den höchsten

Punktwert (M=9,8), gefolgt von den Niedrigängstlichen (M=9,4) und den Normalängstlichen (M=8,6). Im Bereich des Umgangs mit Ängsten verfügten die Hochängstlichen über das meiste Wissen, hier allerdings gefolgt von den Normalängstlichen und den Niedrigängstlichen (vgl. Abb. 29). Die Unterschiede zwischen den Gruppenmittelwerten wurden mit Hilfe eines T-Tests auf statistische Signifikanz überprüft. Lediglich der Unterschied im Bereich Umgangswissen zwischen den Hochängstlichen und Niedrigängstlichen ist statistisch signifikant ($T=2,24$; $p<.05$), alle anderen Differenzen weisen allenfalls signifikante Tendenzen auf.

Fazit:
Es kam zu einer deutlicheren Reduktion der Ängstlichkeit, von Verhaltenshemmung und Perfektionismus bei den Hochängstlichen als in den anderen Gruppen der Intervention. Beim angstbezogenen Wissen zeigten sich ebenfalls etwas höhere Werte der Hochängstlichen. In dem Bereich sozialer Fähigkeiten war hingegen der Zuwachs bei den Niedrigängstlichen stärker. Die Hypothese, dass die Hochängstlichen vom Programm stärker profitieren als Normal- und Niedrigängstliche konnte nicht global bestätigt werden, sie gilt allerdings für zentrale Bereiche.

2.5.9 Weitere Ergebnisse der Interventionsmaßnahme

Kognitive Aspekte
Eine globale Ziel- und Fragestellung des Programms bestand darin, ob ein kognitiv-behaviorales Präventionsprogramm überhaupt an einer Hauptschule durchgeführt werden kann und eine wirksame Intervention darstellt oder es zu einer kognitiven Überforderung der Schüler kommt, welche eine wirksame Intervention erschwert oder unmöglich macht. Die globalen Interventionseffekte des Programms haben eindeutig für eine erfolgreiche Durchführung des Programms im Hauptschulkontext gesprochen, wenngleich einige Modifikationen vonnöten sind, um insbesondere den sprachlichen Defiziten und Problemen der Hauptschüler Rechnung zu tragen (vgl. Abschnitt 2.7.2).
Der Frage, ob das Programm bei leistungsschwächeren Schülern gleichermaßen wirkt wie bei leistungsstärkeren Schülern, lässt sich mit Hilfe eines Extremgruppenvergleichs nachgehen. Anhand der Deutsch- und Mathematiknote wurde ein Summenscore ermittelt, welcher als zentraler Indikator für Schulleistung und somit als guter Schätzwert für generelle kognitive Fähigkeiten gelten kann. Anhand des Summenwertes wurde eine Rangreihe der Werte der Interventionsgruppe aufgestellt. Im Vergleich der 20% besten und schwächsten Schüler der Interventionsgruppe zeigte sich, dass die leistungsschwachen Schüler signifikant

(T=3,25; p<.01) stärker Ängste abbauen als die leistungsstarken Schüler, weiterhin wiesen sie eine Tendenz in Richtung geringerer Verhaltenshemmung auf. Die guten Schüler konnten andererseits in höherem Maße ihre Neigung zu Perfektionismus reduzieren, dieser Effekt war jedoch nicht signifikant (T=0,80; p=.43).

Tab. 50: Extremgruppenvergleich: Veränderungswerte der Interventionsgruppe (p<.01)**

	SCAS**	BIS	CAPS	SSQ
Leistungsstärkste Schüler (N=9)	+0,56	-2,67	-5,89	+2,22
Leistungsschwächste Schüler (N=9)	-8,78	-5,67	-3,33	+2,78

Weiterhin zeigte sich bei den offenen Fragen, dass die leistungsstarken Schüler mit einem Summenwert von M=21,4 über etwas mehr angstbezogenes Wissen verfügen als die leistungsschwachen Schüler (M=19,4), der Unterschied war statistisch jedoch nicht bedeutsam. Ansonsten zeigten sich keine Unterschiede zwischen den beiden Gruppen (vgl. Tab. 50).
Ein weiteres Indiz für die Wirksamkeit des Programms bei kognitiv schwächeren Schülern zeigte sich in der Intensivklasse: dies ist eine Projektklasse, in welcher besonders schwache Schüler unterrichtet werden, die zuvor Probleme hatten, den Unterrichtsstoff im normalen Klassenverband zu bewältigen. Diese Klasse nahm mit allen zwölf Schülern als eine Gruppe an der Intervention teil und wurde mit den übrigen Interventionsgruppen verglichen (vgl. Tab. 51).

Tab. 51: Vergleich Intensivklasse und übrige Interventionsgruppen: Veränderungswerte

	SCAS	BIS	CAPS	SSQ
Intensivklasse (N=12)	-5,00	-3,17	-2,42,	+4,33
Andere Interventionsgruppen (N=45)	-3,98	-5,62	-3,31	+1,78

Hierbei zeigte sich eine Tendenz zu einer stärkeren Zunahme sozialer Fähigkeiten und eine stärkere Abnahme der Ängste der Intensivklasse, beide Effekte waren jedoch nicht signifikant. Bei der Verhaltenshemmung zeigte sich hingegen eine stärkere Veränderung in den anderen Interventionsgruppen als in der Intensivklasse. In den anderen erhobenen Variablen zeigten sich keine Unterschiede zu den anderen Gruppen (vgl. Tab. 51).
Eine Analyse der offenen Fragen zeigte, dass die Intensivklasse im Durchschnitt mit 17,0 auf einen niedrigeren Gesamtpunktwert kam als die restlichen Gruppen (M=20,6). Sowohl im Teilbereich Wahrnehmung (M=7,8) als auch im Teilbereich Umgangswissen (M=9,3) wiesen sie niedrigere Werte als die Restgruppe auf (vgl. Abb. 30). Der T-Test ergab, dass dieser Gruppenunterschied für beide

Teilbereiche Wahrnehmung (T=2,56), Umgangswissen (T=2,09) und für den Gesamtwert (T=2,58) statistisch bedeutsam war (p<.05).

Fazit

Die Ergebnisse sowohl des Extremgruppenvergleichs als auch des Vergleichs der Intensivklasse mit den anderen Interventionsgruppen bestätigen, dass ein kognitiv-behaviorales Programm auch bei schwächeren Schülern erfolgreich eingesetzt werden kann.

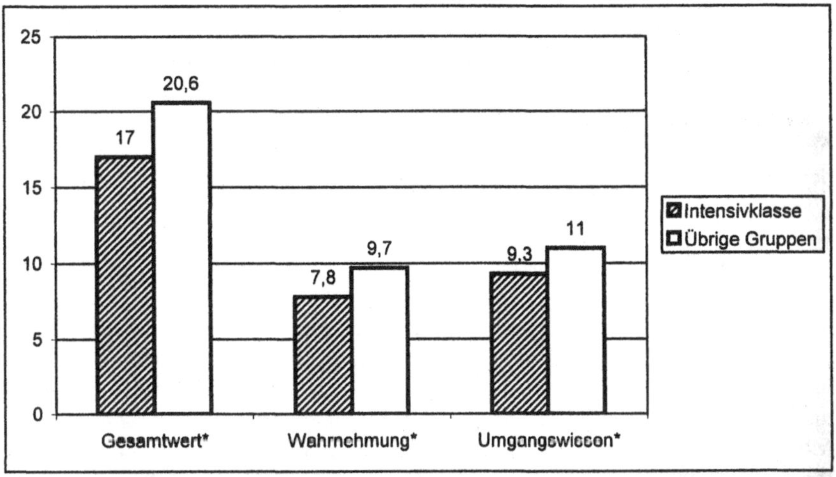

Abb. 30: Vergleich Intensivklasse und übrige Gruppen bei offenen Fragen (*p<.05)

Klasseneffekte

Vergleicht man die Interventionsgruppen, bei denen nur ein Teil der Klasse die Intervention durchführte mit den Gruppen, bei denen alle Schüler der Klasse die Intervention durchgeführt haben (jeweils 3 Gruppen), lassen sich keine Unterschiede in Bezug auf die Ängstlichkeitsreduktion feststellen (vgl. Tab. 52).

Tab. 52: Vergleich Veränderungswerte Gesamtklasse und Teilgruppen (*p<.05)

	SCAS	BIS	CAPS	SSQ*
Gesamtklasse (N=34)	-4,15	-4,56	-3,15	+3,79
Teilgruppen (N=23)	-4,26	-5,91	-3,09	+0,30

Im Gegensatz dazu zeigten sich jedoch signifikante Unterschiede in Bezug auf den Aufbau sozialer Fähigkeiten (T=2,00; p<.05). In den Klassen, die als ganze

am Programm teilnahmen, kam es zu einem deutlich stärkeren Aufbau allgemeiner sozialer Fertigkeiten, wobei die Ängstlichkeitsreduktion in beiden Gruppen gleich groß war.
Bei dem Vergleich der offenen Fragen zeigte sich, dass die Gesamtklassen mit einem Durchschnittswert von 20,6 über etwas mehr angstbezogenes Wissen verfügten als die Teilklassen (M=18,9), das Gleiche galt für die beiden Teilbereiche Wahrnehmung und Umgangswissen. Der Unterschied war statistisch jedoch nicht bedeutsam. Hinzu kam die Tatsache, dass in den Klassen, welche komplett an der Intervention teilnahmen, das Interesse seitens der Lehrkräfte an der Interventionsmaßnahme besonders hoch war und ein intensiver Austausch über die einzelnen Elemente der Intervention stattfand. Ein positives Beispiel stellte auch die Übernahme der Gruppenregeln der Intervention als Klassenregeln dar. Weiterhin erhielten die Psychologen von diesen Lehrkräften in besonderem Maße Informationen darüber, ob die einzelnen Interventionsmaßnahmen zu Veränderungen geführt hatten und welche anderen besonderen Vorkommnisse sich in der Zwischenzeit zugetragen hatten.

Dimensionaler Vergleich der Veränderung

Neben der kategorialen Diagnostik besteht weiterhin die Möglichkeit der dimensionalen Diagnostik anhand von Syndromskalen. Da dies eine andere Herangehensweise an das Phänomen Angst bzw. Störungen darstellt, werden die Ergebnisse des Youth Self-Reports getrennt von den anderen Skalen beschrieben.
Mit Hilfe des Youth Self-Reports sollte einerseits überprüft werden, ob die Interventionseffekte sich negativ auf den Bereich der externalisierenden Störungen ausgewirkt haben. Andererseits sollte auch auf der dimensionalen Ebene überprüft werden, ob es zu bedeutsamen Reduktionen der internalisierenden Störungen, wozu die Ängstlichkeit als Teilbereich gehört, gekommen war.
Da die Schüler im Laufe des Programms lernen sollten, Ängste abzubauen und besser mit Konflikten umzugehen, stellte sich die Frage, ob es tatsächlich zu einer Reduktion der Ängste gekommen war oder nur eine Symptomverschiebung in Richtung externalisierende Störungen stattgefunden hat. Deswegen wurde mit Hilfe der Syndromskala *Externalisierende Störungen* des Youth Self Reports die Veränderung dieser Werte untersucht, indem ein Summenwert der Syndromskala gebildet wurde.
Es zeigte sich, dass der Summenwert der Interventionsteilnehmer beim Prätest mit 11,1 etwas unter den Werten der Kontrollgruppe lag (M=12,6). In beiden Gruppen stiegen die Werte leicht an: in der Interventionsgruppe um 0,2 und in der Kontrollgruppe um 0,8 (vgl. Abb. 31). Der T-Test ergab, dass die Zunahme in beiden Fällen nicht signifikant war. Ein Vergleich der Differenzwerte zeigte, dass es keinen signifikanten Unterschied zwischen Interventions- und Kontrollgruppe gab (T=0,73; p=.46). Der Vergleich der Werte des Posttests ergab wei-

terhin, dass der Mittelwert der Kontrollgruppe etwas über dem Wert der Interventionsgruppe lag, dieser Unterschied jedoch nicht signifikant war (T=1,69; p=.09).

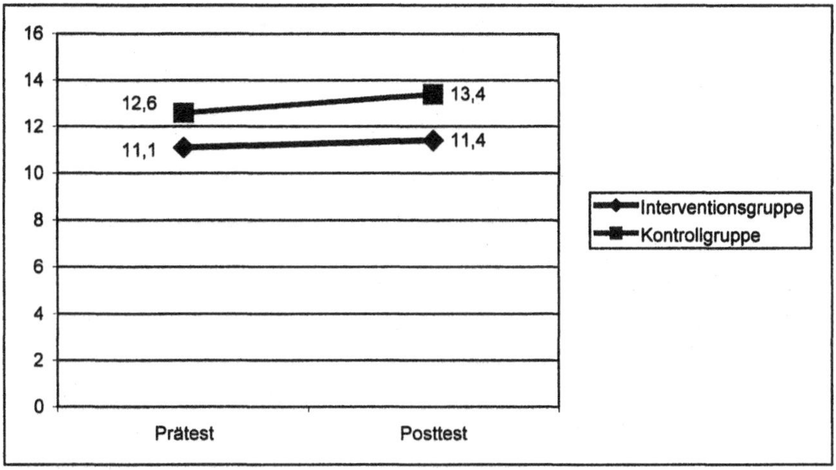

Abb. 31: Veränderung der externalisierenden Störungen (Gruppenmittelwerte)

Im Geschlechtsvergleich zeigte sich, dass es bei den Jungen zu einer leichten Abnahme (-0,38) auf der Skala *Externalisierende Störungen* kam, während der Wert der Mädchen leicht zugenommen hat (+1,14; vgl. Tab. 53). Diese Veränderung ist jedoch statistisch nicht bedeutsam.

Tab. 53: Geschlechtsunterschiede externalisierende Störungen in der Interventionsgruppe

	Geschlecht	N	Mittelwert	Standardabweichung	Standardfehler des Mittelwertes
Prätest (YSR, external.)	männlich	34	11,62	6,624	1,136
	weiblich	22	10,41	7,275	1,551
Posttest (YSR, external.)	männlich	34	11,34	6,637	1,122
	weiblich	22	11,55	7,738	1,650
Differenz (YSR, external.)	männlich	34	-,38	4,703	,807
	weiblich	22	1,14	3,992	,851

Zusammenfassend kann man sagen, dass die Skala *Externalisierende Störungen* sowohl in der Interventions- als auch in der Kontrollgruppe einen leichten Anstieg der Werte aufwies, welcher jedoch statistisch nicht signifikant war. Die

Geschlechtseffekte sind ebenso allenfalls marginal. Auf der Skala *Internalisierende Störungen* zeigte sich ein deutlicher Interventionseffekt: in der Interventionsgruppe fand eine Reduktion der *Internalisierenden Störungen* von einem Ausgangswert von 9,3 auf einen Posttest-Wert von 6,6 statt (vgl. Abb. 32).

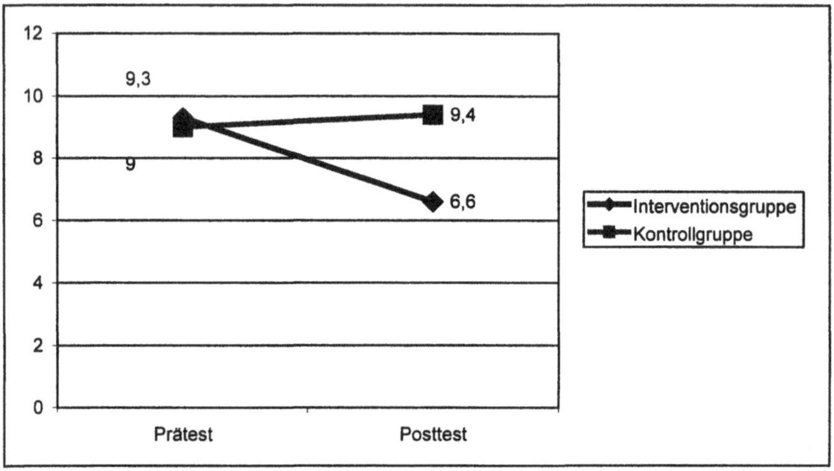

Abb. 32: Mittelwertvergleich der Gruppen in der Skala Internalisierende Störungen (YSR)

Die Berechnung mittels T-Test zeigte, dass die Veränderung hochsignifikant war (T=3,45; p<.001). In der Kontrollgruppe hingegen stieg der Wert von 9 auf 9,4 leicht an. Der Unterschied der Veränderungen in den beiden Gruppen war ebenfalls hochsignifikant (T=4,09; p<.001).
Es fiel weiterhin auf, dass die Standardabweichung in der Interventionsgruppe im Posttest deutlich geringer war (SD=4,7) als in der Kontrollgruppe (SD=5,9), während sie beim Prätest noch etwas größer war als in der Kontrollgruppe.

Tab. 54: Geschlechtsvergleich internalisierende Störungen in der Interventionsgruppe

	Geschlecht	N	Mittelwert	Standardabweichung	Standardfehler des Mittelwertes
Prätest (YSR, internal.)	männlich	34	9,88	7,470	1,281
	weiblich	22	8,36	6,730	1,435
Posttest (YSR, internal.)	männlich	35	6,77	5,298	,895
	weiblich	22	6,26	3,718	,793
Differenz (YSR, internal.)	männlich	34	-3,06	6,065	1,040
	weiblich	22	-2,09	5,476	1,168

Im Vergleich von Jungen und Mädchen zeigte sich, dass die Ausgangswerte der Jungen mit 9,9 etwas über den Mädchen lagen (M=8,4), der Unterschied war jedoch statistisch nicht bedeutsam. Bei den Jungen kam es zu einer etwas stärkeren Reduktion der Ängstlichkeit (-3,1) als bei den Mädchen (-2,1; vgl. Tab. 54). Die statistische Analyse ergab, dass die Veränderung sowohl bei den Jungen (T=2,95; p<.01) als auch bei den Mädchen statistisch signifikant (T=1,97; p<.05) war. Der Unterschied der Veränderung zwischen Jungen und Mädchen war jedoch nicht statistisch bedeutsam (T=0,61; p=.54).

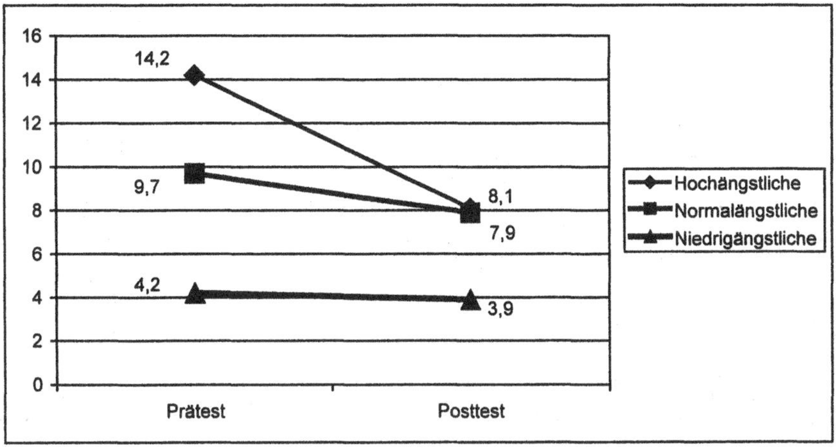

Abb. 33: Extremgruppen der Interventionsgruppe in Internalisierenden Störungen

Vergleicht man weiterhin die Ängstlichkeitsgruppen, wird deutlich, dass der Wert der Hochängstlichen sehr stark (-6,1) abgenommen hat, bei den Normalängstlichen kam es ebenfalls zu einer deutlichen Reduktion (-1,8), während die Niedrigängstlichen nur einen leichten Rückgang (-0,3) auf der Skala *Internalisierende Störungen* verzeichneten (vgl. Abb. 33). Die Überprüfung mittels T-Test ergab, dass die Veränderung der Hochängstlichen signifikant war (T=3,52; p<.01), während die Reduktion der Normalängstlichen (T=1,70; p=.11) und Niedrigängstlichen (T=0,39; p=.70) allenfalls signifikante Tendenzen aufwies. Die Abnahme auf dieser Skala bei den Hochängstlichen unterschied sich signifikant von den Normalängstlichen (T=2,01; p<.05) und Niedrigängstlichen (T=3,02; p<.01). Zwischen den Normalängstlichen und Niedrigängstlichen hingegen bestand kein bedeutsamer Unterschied (T=1,11; p=.27).
Zusammenfassend lässt sich sagen, dass auf der Skala *Internalisierende Störungen* die gleichen Ergebnisse wie bei der Angstskala erzielt werden: es besteht eine deutliche Reduktion der Werte in der Interventionsgruppe in Vergleich von Prä- und Posttest. Dieser ist bei den Hochängstlichen besonders deutlich. So-

wohl Jungen als auch Mädchen profitieren von dem Programm, hierbei erzielen die Jungen etwas deutlichere Effekte, der Unterschied ist jedoch statistisch nicht bedeutsam.
Es wurde weiterhin der Gesamtsummenwert des Youth Self-Report gebildet, um Aussagen über die Gesamtveränderung klinischer Auffälligkeiten machen zu können. Dieser umfasst neben den Syndromskalen Internalisierende und Externalisierende Störungen auch die Bereiche soziale Probleme, Zwang/ Schizophrenie und Aufmerksamkeitsprobleme. Der Gesamtwert der Interventionsgruppe lag beim Prätest (M=30,6) leicht über der Kontrollgruppe (M=30,3; vgl. Tab. 55). Es kam in der Interventionsgruppe zu einem deutlichen Rückgang der Werte (-3,3), während in der Kontrollgruppe der Wert im Durchschnitt leicht anstieg (+1,0).

Tab. 55: Vergleich Interventionsgruppe und Kontrollgruppe im Youth Self-Report

	Teilnehmer	N	Mittelwert	Standardabweichung	Standardfehler des Mittelwertes
Prätest (YSR)	Interventionsgruppe	56	30,58	18,364	2,454
	Kontrollgruppe	128	30,28	16,098	1,422
Posttest (YSR)	Interventionsgruppe	57	27,38	14,983	1,984
	Kontrollgruppe	129	31,14	15,799	1,398
Differenz (YSR)	Interventionsgruppe	56	-3,26	11,445	1,529
	Kontrollgruppe	128	1,03	12,624	1,115

Der T-Test ergab, dass die Veränderung in der Interventionsgruppe signifikant war (T=2,14; p<.05). Ein Vergleich der beiden Gruppen zeigte, dass die Veränderung der beiden Gruppen sich ebenfalls signifikant unterschied (T=2,19; p<.05). Es fiel weiterhin auf, dass die Standardabweichung in der Kontrollgruppe im Posttest (SD=15,0) deutlich niedriger als im Prätest (SD=18,4) war. Sie lag außerdem unter der Standardabweichung der Kontrollgruppe (SD=15,8) zum Zeitpunkt des Posttests.
Zusammenfassend lässt sich sagen, dass es in Bezug auf die allgemeine klinische Auffälligkeit eine signifikante Reduktion der Werte in der Interventionsgruppe gegeben hat. Diese ist auch in Hinblick auf die Kontrollgruppe statistisch bedeutsam. In der Kontrollgruppe kam es hingegen im gleichen Zeitraum zu einem leichten Anstieg der Werte.

Weitere Einflussfaktoren auf die Wirksamkeit des Programms

Eine Reihe weiterer Faktoren ging in die Analyse der Interventionsstudie ein. Hierzu zählen sowohl Personen- als auch strukturelle Merkmale. Auch wenn

diese keinen Zusammenhang mit dem Interventionseffekt aufwiesen, sollen sie im Folgenden kurz skizziert werden.
Als Einflüsse der Umgebung bzw. strukturelle Merkmale wurde untersucht, ob die Anzahl der Geschwister sich auf die Wirksamkeit des Programms auswirkte, was jedoch nicht der Fall war (r=.06). Weiterhin wurden der Einfluss weiterer im Haushalt des Schülers lebender Personen in Bezug auf das Programm untersucht, hierbei zeigten sich jedoch keine Effekte. Auch der Beruf der Eltern zeigte keinen bedeutsamen Zusammenhang zu der Wirksamkeit des Programms.
Als weitere Faktoren wurden Personenmerkmale der Teilnehmer beleuchtet. Hierzu zählten das Alter der Teilnehmer. Hierbei zeigten sich keine Interventionseffekte (r=.14). Auch die Anzahl der Freunde (r=.08), Aktivität mit Freunden (r=.07) oder das Vorhandensein eines besten Freundes zum Zeitpunkt des Prätests (r=.06) hatten keine bedeutsame Auswirkung auf die Wirksamkeit des Programms.

2.6 Diskussion der Ergebnisse

2.6.1 Diskussion der Einzelergebnisse

Wissenszuwachs als Folge der Programmteilnahme

Wie im Ergebnisteil deutlich wurde, haben die Interventionsteilnehmer in sehr deutlichem Maße von dem Programm profitiert. Dies bezog sich sowohl auf das Angstwissen als auch auf das Wissen über den Umgang mit Ängsten. Insofern konnten sie zumindest eine Woche nach dem Programm in sehr detaillierter Weise wiedergeben, was sie im Verlauf des Programms gelernt hatten. Die deutlichen Unterschiede im Subbereich *positives Denken* können darauf zurückgeführt werden, dass sie im Programm das Selbstbelohnungssystem gut eingeübt haben und deswegen über deutlich mehr Wissen in diesem Bereich verfügen. Dennoch bleibt die Problematik der Anwendung des angstbezogenen Wissens bestehen: auch wenn die Teilnehmer des Programms über deutlich mehr Wissen über die Wahrnehmung von Ängsten und über spezifische Bewältigungsstrategien verfügen können, bleibt offen, ob dies sich positiv auf ihr Verhaltensrepertoire auswirkt.
Deswegen wären weitere trennscharfe Items vonnöten, um die genaue Wirkweise des Programms besser spezifizieren zu können. Des Weiteren wäre es sinnvoll, den Teilnehmern die Frage zu stellen, welche Übung ihnen am meisten geholfen hat bzw. welche Elemente der einzelnen Übungen ihnen am sinnvollsten erschienen. Eine weitere Möglichkeit besteht auch darin, zu fragen, was am meisten Spaß gemacht hat. Andererseits sind solche Antworten mit Vorsicht zu genießen, da positiv bewertete Übungen nicht automatisch auch erfolgreich sein müssen und deswegen die soziale Validität eher ein Nebenkriterium für ein Programm darstellen sollte (Barrett et al. 2001c).

Reduktion der Ängstlichkeit aufgrund des Programms

Die Ängstlichkeit konnte in der Interventionsgruppe deutlich gegenüber der Kontrollgruppe gesenkt werden, was eindeutig für die Wirksamkeit des Programms spricht. Auffallend ist die hochsignifikante Reduktion der Ängstlichkeit in der Subskala genereller Ängstlichkeit bzw. Überängstlichkeit. Dies spricht für eine Anwendung des FREUNDE- Programms als generelles Programm, welches weniger auf spezifische Ängste oder Phobien abzielt, sondern die Teilnehmer in besonderem Maße mit generellen Strategien zur Bewältigung angsterzeugender Situationen ausstattet (Barrett 2000). Als weitere Teilbereiche mit einer deutlichen Reduktion der Ängstlichkeit fielen die Bereiche Sozialangst und Zwang auf. Die Sozialangst wurde durch verschiedene Übungen in besonderem Maße angesprochen und gezielt behandelt. Hier kommt auch das Peer-Lernen zum

Tragen: indem die Gruppenteilnehmer während des Programms voneinander lernen und es ihnen gelingt, soziale Ängste abzubauen und neue Verhaltensweisen an den Tag zu legen. Man kann mutmaßen, dass die Gruppe den nötigen Schutzraum für die Teilnehmer bot, um soziale Ängste abzubauen. Andererseits führte das Programm nur zu einer leichten Reduktion der Trennungsängste, was eventuell auf den Gruppenansatz zurückzuführen ist (Döpfner 1999). Trennungsängste hängen sehr stark mit der individuellen Lebensgeschichte zusammen. Weil die Biographie des Einzelnen und sein Lebenskontext in besonderem Maße zu berücksichtigen sind, bietet sich hier eher ein individueller Ansatz als Interventionsmaßnahme an. Probleme wie „Ich hätte Angst, alleine zu Hause zu sein" (Beispiel- Item) lassen sich in der Gruppe im Kontext der Schule nur schwerlich sinnvoll angehen.
Die Reduktion der Ängstlichkeit lässt sich vor allen Dingen auf die drei Bereiche *generelle Ängstlichkeit, soziale Ängstlichkeit* und *Zwang* zurückführen. Dies entspricht der Zielrichtung des Programms, welches in erster Linie auf die Reduktion genereller Ängstlichkeit abzielt. Abgesehen von der sozialen Angst stehen hierbei spezifische Ängste im Hintergrund. Die eher unspezifische Wirkweise des Programms spiegelt sich in den Ergebnissen der Angstskala wider. Es zeigten sich jedoch auch die Grenzen des Programms bei spezifischen Problemen wie z.B. *Angst vor physischer Bedrohung* oder *Panik.* In Bezug auf die Panikstörung sind spezifische, therapeutische Maßnahmen für eine deutlichere Veränderung notwendig. Bei der *Angst vor physischer Bedrohung* zeigte sich ein Geschlechtseffekt im Prätest. Dies und die geringe Veränderung sind als Indiz dafür zu werten, dass die *Angst vor physischer Bedrohung* im Kontext der Hauptschule nicht die Folge kognitiver Verzerrungen ist, sondern aufgrund des hohen Gewaltpotenzials einen Berechtigungsgrund hat. Ohne strukturelle Änderungen können hier bei einem personzentrierten Ansatz kaum Veränderungen bewirkt werden.

Programmbedingte Reduktion der Verhaltenshemmung

Wie der Ergebnisteil zeigte, kam es zu einer deutlichen Reduktion der *Verhaltenshemmung.* Ein interessanter Nebeneffekt stellte die geringere Streuung des Summenwertes in der Interventionsgruppe zum zweiten Messzeitpunkt dar, welcher auf eine größere Ähnlichkeit oder Verhaltensdichte der Schüler nach Durchführung des Programms hinweist. Dies kann vorsichtig interpretiert als indirekter Indikator für ein erfolgreiches Peer-Lernen gewertet werden. In der Kontrollgruppe hingegen kam es im gleichen Zeitraum sogar zu einem leichten Anstieg der Verhaltenshemmung – inwiefern dies der Beginn eines stärkeren Rückzugverhaltens in der mittleren Adoleszenz darstellt, lässt sich aufgrund des kurzen Messzeitraums von 4 Monaten jedoch nicht sagen.

Es bleibt weiterhin offen, inwieweit im Bereich der *Verhaltenshemmung* eine Veränderung überhaupt möglich bzw. erstrebenswert ist. Verhaltenshemmung kann ebenso wie Schüchternheit einerseits als Hemmschuh in der erfolgreichen Bewältigung des Alltags angesehen werden, andererseits ist sie in gewissem Maße auch überdauerndes Merkmal und somit Teil der Persönlichkeit (Hirshfeld et al. 1992; Mick & Telch 1998). Deswegen kann und soll nur die Reduktion eines Teils der *Verhaltenshemmung* Ziel des Programms werden: aus einem introvertierten schüchternen Schüler kann kein „Draufgänger" gemacht werden. Hier werden sowohl die inhaltlichen als auch die ethischen Grenzen eines Programms deutlich.

Perfektionismus

Es zeigte sich ein deutlicher Interventionseffekt in Bezug auf die Reduktion des *Perfektionismus*. Innerhalb der Interventionsgruppe wurde ein Geschlechtseffekt deutlich: die Jungen hatten zum einen höhere Ausgangswerte in Bezug auf den *Perfektionismus* als die Mädchen, andererseits profitierten sie etwas stärker vom Programm als die Mädchen. Dieser Geschlechtseffekt entspricht nicht den Befunden von Hewitt et al. (2002), welche einerseits einen Zusammenhang zwischen Perfektionismus und Ängstlichkeit fanden, in deren Untersuchung andererseits jedoch höhere Perfektionismuswerte bei Mädchen als bei Jungen vorlagen. Eine mögliche Erklärung für den umgekehrten Geschlechtseffekt in der vorliegenden Untersuchung kann in der hohen Wettbewerbsorientierung der an der Intervention teilnehmenden Jungen liegen. Diese bezog sich jedoch nicht auf schulische Leistungssituationen, also einem übertriebenen kognitiven Anspruchsniveau, sondern eher auf den direkten Wettbewerbsvergleich in anderen kompetitiven Situationen wie z.B. Sport. Dies zeigte sich beispielsweise beim Ballonrennen, an dem die Jungen sehr engagiert teilnahmen, während die Mädchen sich eher zurückhielten. Es zeigte sich andererseits beim Prätest, dass auch in der vorliegenden Untersuchung Perfektionismus hochsignifikant mit der Ängstlichkeit korrelierte (vgl. 2.3.8). Die genaueren Wirkzusammenhänge bzw. wichtige Moderatorvariablen des Zusammenhangs zwischen Ängstlichkeit und Perfektionismus, insbesondere die Bedeutung des Geschlechts, müssen zukünftige Untersuchungen klären. Hierbei mangelt es auch an einem plausiblen theoretischen Modell mit hinreichender empirischer Evidenz (Hewitt & Flett 1991; Hewitt et al. 2002).

Psychosoziale Beeinträchtigung

Die relative Stabilität der Werte der *psychosozialen Beeinträchtigung* in der Interventionsgruppe ist eventuell auf Bodeneffekte zurückzuführen. Sowohl die

Teilnehmer der Interventions- als auch die Kontrollgruppe gaben insgesamt sehr niedrige Werte an. Dies lässt sich eventuell auf die Formulierung der Items zurückführen, welche alle mit der Formulierung „Hast du Probleme..." beginnen. Es ist wahrscheinlich, dass Problemzuschreibungen nicht mit dem Selbstkonzept der Jugendlichen übereinstimmen (Pinquart & Silbereisen 2000). In Bezug auf die Verhaltensbeschreibungen der Ängstlichkeitsskala oder der Verhaltenshemmung fällt es ihnen anscheinend wesentlich leichter, schwierige Verhaltensweisen zuzugeben, als wenn sie wie bei der Columbia Impairment Scale direkt als Probleme bezeichnet werden.
Der Geschlechtseffekt innerhalb der Interventionsgruppe ist vermutlich darauf zurückzuführen, dass die Mädchen durch das Programm für Probleme stärker sensibilisiert wurden. Das Erlernen und Anwenden der Problemlösetechniken führte zu unterschiedlichen Effekten bei Jungen und Mädchen. Während die Jungen nach dem Programm eher davon ausgingen, dass sie kein Problem mehr haben, sehen sich die Mädchen aufgrund des Programms eher in der Lage, Probleme wahrzunehmen und besser mit ihnen umgehen zu können. Da sich die Werte jedoch insgesamt auf sehr niedrigem Niveau befinden, stellt die Sensibilisierung der Mädchen kein Argument gegen eine unbedenkliche Durchführung des Programms dar.

Soziale Fertigkeiten

In der Überprüfung der Programmwirksamkeit zeigte sich ein deutlicher Zuwachs der allgemeinen sozialen Fertigkeiten infolge des Programms. Dies spricht für die allgemeine Wirksamkeit und damit eher unspezifische Wirkweise des Programms: Die Teilnehmer sollen allgemeine Strategien und Fertigkeiten erwerben, welche sie auf unterschiedliche Situationen anwenden können.
Für den Zusammenhang von Ängsten und sozialen Fertigkeiten lieferten sowohl der Prätest als auch die Interventionseffekte wichtige Ergebnisse über den genaueren Zusammenhang zwischen diesen beiden Dimensionen. Es zeigte sich, dass soziale Fertigkeiten mit Ängstlichkeit einen sehr geringen, jedoch positiven Zusammenhang aufwiesen. Mit der Skala *Internalisierende Störungen* zeigte sich nahezu kein Zusammenhang. Es wäre hingegen ein deutlich negativer Zusammenhang zwischen sozialen Fertigkeiten und diesen beiden Skalen zu erwarten gewesen. Dies lässt die Schlussfolgerung zu, dass es verkürzt wäre zu sagen, dass durch soziale Fertigkeiten Ängste direkt kompensiert werden können: Ängste können demnach nicht vereinfacht als Mangel an sozialen Fertigkeiten beschrieben werden. Hieraus kann eine Schlussfolgerung für zukünftige Interventionsmaßnahmen gezogen werden: es sollte einerseits mit Hilfe von Wissen und Bewältigungsmaßnahmen die Reduktion von Ängsten angestrebt werden. Andererseits müssen soziale Fertigkeiten aufgebaut und hier speziell Strategien wie die des positiven Denkens angewendet werden. Dieses Vorgehen wurde von

Barrett angewendet, es fehlt jedoch eine bessere theoretische Untermauerung zur Begründung dieser zweigleisigen Vorgehensweise. Es bleibt weiterhin zu vermuten, dass die sozialen Fertigkeiten mittel- oder langfristig mit Hilfe des Aufbaus von Netzwerken auch zu einer Reduktion der sozialen Ängste führen können.

Geschlechtseffekte

Bei der Analyse der spezifischen Wirksamkeit des Programms zeigten sich entgegen der Erwartung keine durchgehenden Geschlechtseffekte zugunsten der Mädchen. In einigen Bereichen wie Verhaltenshemmung, Perfektionismus und psychosoziale Beeinträchtigung profitierten die Jungen und in anderen Bereichen wie Ängstlichkeit die Mädchen in stärkerem Maße von dem Programm. Beim Aufbau sozialer Fertigkeiten und angstbezogenen Wissens zeigten sich keine Unterschiede. Dieser Befund kann insofern positiv interpretiert werden, als er für den Einsatz des Programms als universelles Programm spricht. Gleichzeitig kann er als Argument gegen geschlechtshomogene Gruppen verwendet werden: wenn das Programm mit gemischten Gruppen sinnvoll einsetzbar ist und Jungen und Mädchen gleichermaßen profitieren, dann ist ein Einsatz des Programms im normalen Klassenkontext am sinnvollsten, weil dort am ehesten soziale Fertigkeiten in dieser Altersstufe eingeübt werden können. In der Analyse der Daten des Prätests fiel weiterhin auf, dass die Mädchen in der Stichprobe nur unbedeutend ängstlicher waren als die Jungen. Lediglich in der Gruppe Hochängstlicher befanden sich deutlich mehr Mädchen als Jungen. Dies deutet darauf hin, dass der häufige Befund des Geschlechtseffektes zwischen Jungen und Mädchen sich nur für die Extremgruppe der Hochängstlichen bewahrheitet, und nicht generell – zumindest im Kontext der Hauptschule – von einer höheren Ängstlichkeit der Mädchen ausgegangen werden kann. Die Gruppengröße war leider für einen Vergleich der hochängstlichen Jungen und Mädchen in der Interventionsgruppe zu klein, um statistisch haltbare Aussagen machen zu können. Es fiel weiterhin auf, dass die Mädchen in der Kontrollgruppe über deutlich mehr angstbezogenes Wissen verfügten als die Jungen. Dies bezog sich sowohl auf die Wahrnehmung von Ängsten als auch auf die Bewältigung von Ängsten. Dieser Befund kann dadurch erklärt werden, dass sich Mädchen in stärkerem Maße als Jungen mit ihren Ängsten auseinandersetzen. Sie besitzen eine höhere Sensitivität für Ängste und geben Ängste eher zu. Ob die Mädchen größere Probleme in der Umsetzung ihres angstbezogenen Wissens haben oder ob sie tatsächlich stärker durch Ängste beeinträchtigt sind, bleibt jedoch offen.

Extremgruppenvergleich

Die deutlichere Reduktion der Ängstlichkeit, Verhaltenshemmung und des Perfektionismus bei den Hochängstlichen im Vergleich zu den anderen beiden Gruppen der Intervention weist einerseits auf eine höhere Wirksamkeit des Programms bei Hochängstlichen hin. Dies wurde auch durch den Unterschied im Bereich des Wissens über den Umgang mit Ängsten bestätigt. Im Bereich der soziale Fähigkeiten war andererseits der Zuwachs bei den Niedrigängstlichen deutlich stärker. Hierbei müssen jedoch die Ausgangswerte der sozialen Fähigkeiten berücksichtigt werden, die bei den Hochängstlichen besonders hoch waren. Insgesamt kam es zu einer Homogenisierung der Gruppen im positiven Sinne: die Werte der Interventionsgruppe lagen nach der Intervention sowohl näher zusammen als auch auf einem positiveren Level – bei den Fähigkeiten auf einem höheren und bei den Symptomen auf einem niedrigeren Niveau. Die Homogenisierung der Gruppe spricht für die positiven Effekte des Peer-Lernens: die Schüler haben voneinander hilfreiche Verhaltensweisen gelernt und sind sich im positiven Sinne ähnlicher geworden. Die Unterschiede zwischen den Extremgruppen sprechen meiner Einschätzung nach nicht gegen eine universelle Durchführung des Programms mit einer unselektierten Gruppe: bei den Hochängstlichen wirkt das Programm stärker intervenierend, wohingegen es bei den Normal- und Niedrigängstlichen eher präventiven Charakter hat.

2.6.2 Klinische Bedeutsamkeit der Interventionseffekte und weitere Aspekte

Klinisch bedeutsame Ängste

Die Frage nach der klinischen Bedeutsamkeit der Interventionseffekte steht nicht im Zentrum dieser Arbeit, dennoch ist sie in Bezug auf die Wirksamkeit des Programms bei Hochängstlichen von Interesse. Sie kann aufschlussreiche Hinweise darüber geben, ob die Durchführung des Programms mit einer unselektierten Stichprobe Nachteile gegenüber einer selektierten Stichprobe aufweist.

Im Wissen um die Problematik des fließenden Übergangs von Normalität und Pathologie (vgl. Abschnitt Angstwürfel), haben wir in Anlehnung an die Untersuchungen von Spence (1997) als Kriterium für klinisch bedeutsame Ängstlichkeit den Cut-Off-Wert für den SCAS von 42,48 übernommen.

Im Prätest lag der Anteil der Schüler mit einer klinisch bedeutsamen Ängstlichkeit mit 6,2% in der Kontrollgruppe deutlich unter der Interventionsgruppe (14%). In der Kontrollgruppe nahm der Anteil der klinisch Ängstlichen um 6,8% zu, er verdoppelte sich. In der Interventionsgruppe hingegen befand sich nach der Intervention nur noch ein Schüler über dem Wert für klinische Auffälligkeit der Ängstlichkeit. Dieses Ergebnis spricht für eine deutliche Auswirkung des universellen Programms auch bei der Untergruppe der Personen mit klinisch bedeutsamen Ängsten.

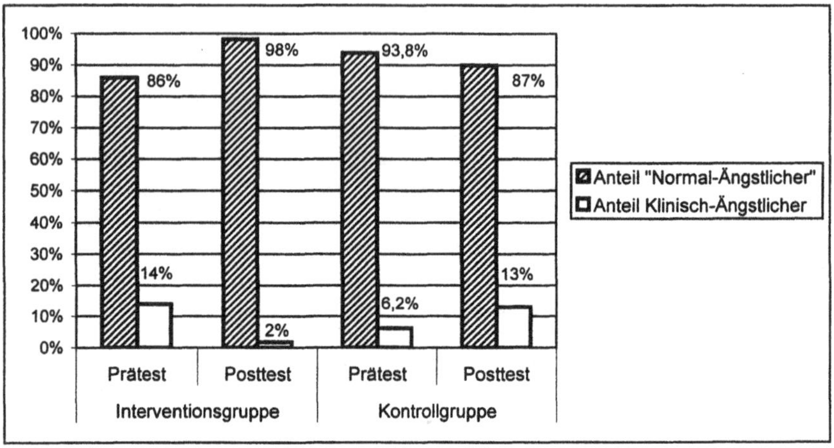

Abb. 34: Verhältnis Anteil Klinisch-Ängstlicher zu „Normal-Ängstlichen" (Prozentangaben)

Diese Ergebnisse dürfen jedoch nicht darüber hinwegtäuschen, dass die Schüler der Interventionsgruppe zwar einerseits nicht mehr eine klinisch bedeutsame Ängstlichkeit besaßen und eine signifikante Reduktion der Ängstlichkeit aufwiesen, sich dennoch ihre Ängstlichkeitswerte auf einem sehr hohen Niveau befanden.

Dimensionale Ebene

Die dimensionale Herangehensweise mittels Youth Self-Report bestätigte die Interventionseffekte der kategorialen Methoden. Bei den externalisierenden Störungen zeigte sich ein leichter Anstieg in beiden Gruppen, welcher jedoch statistisch nicht bedeutsam war. Dies kann als Indiz dafür gewertet werden, dass das Programm keine negativen Nebeneffekte im Bereich der externalisierenden Störungen aufweist oder es zu einer Symptomverschiebung von einer Angststörung hin zu einer Aggressionsstörung gekommen ist. Aufgrund der angstvermeidenden Dimension der Aggressivität wird die Gefahr dieser Problematik häufig übersehen. Ein Extremgruppenvergleich zeigte weiterhin, dass die Schüler mit hohen Werten auf der Skala externalisierende Störungen in besonders hohem Maße in den Bereichen Angst und internalisierende Störungen von dem Programm profitierten. Dies lässt sich unter anderem durch die hohe Komorbidität

der beiden Störungsarten erklären – in der vorliegenden Untersuchung korrelierten die beiden Skalen mit r=.55 hochsignifikant.
Bei den internalisierenden Störungen zeigten sich die gleichen Effekte wie auf der Ängstlichkeitsskala: es kam zu einer deutlichen Reduktion der Werte in der Interventionsgruppe im Vergleich zur Kontrollgruppe, wobei die Hochängstlichen stärker von dem Programm profitierten als die Normalängstlichen. Dies spricht zum einen für eine valide Messung der Veränderung und des Interventionseffekts, anderseits kann es als Indiz für die Wirksamkeit des Programms für den Bereich der Depressionsstörungen gelten.
Auf der Gesamtskala des Youth Self-Reports kam es zu einer Reduktion der allgemeinen klinischen Auffälligkeit. Diese ist größtenteils auf den Bereich der internalisierenden Störungen zurückzuführen, lässt sich jedoch nicht alleine durch diesen Effekt erklären. Weiterhin zeigt das Ergebnis, dass es auch nicht zu einer Symptomverschiebung in Richtung Zwang oder eine der anderen Skalen gekommen sein kann. Insgesamt sprechen die Ergebnisse für eine spezifische Wirkweise des Programms im Bereich der internalisierenden Störungen ohne negative Nebeneffekte – weiterhin zeigt sich eine Verbesserung des Gesamtwertes des Youth Self-Reports.

Kognitive Aspekte

Zur Überprüfung der Anwendbarkeit des Programms bei kognitiv schwächeren Schülern wurden positive Ergebnisse deutlich. Zum einen zeigte sich bei der Extremgruppe der leistungsschwächsten Schüler in der Interventionsgruppe eine deutliche Reduktion der Ängstlichkeit und eine Verbesserung im Bereich der sozialen Fähigkeiten. Die gleichen Ergebnisse wurden in der Intensivklasse erzielt, deren Schüler über geringere kognitive Leistungen verfügen als die Schüler der anderen Klassen. Die Intensivklasse zeigte ebenfalls eine deutliche Reduktion der Ängstlichkeit, Verhaltenshemmung und des Perfektionismus. Im Bereich des angstbezogenen Wissens schlossen sie jedoch schlechter ab als die restlichen Interventionsgruppen, wenngleich der Unterschied nicht signifikant war. Teilweise lässt sich der Unterschied auf die offenen Fragen zurückführen, bei denen diese Schüler mehr Probleme beim Formulieren der Antworten hatten als die Schüler der anderen Interventionsgruppen. Dennoch lagen ihre Summenwerte noch signifikant ($p<.001$) über der Kontrollgruppe. Auch wenn die Intensivklasse für einige Übungen besonders viel Zeit benötigte und bei einigen Übungen Verständnisschwierigkeiten hatte, deuten die Ergebnisse darauf hin, dass das Programm insgesamt für sie keine Überforderung darstellte und sie davon profitieren konnten. Dies lässt unserer Einschätzung nach die Schlussfolgerung zu, dass die Durchführung des kognitiv- behavioralen Programms auch bei schwächeren Schülern möglich ist.

Neben den generellen Modifikationen des Programms sollten speziell für die Zielgruppe der Hauptschüler jedoch einige zusätzliche Vereinfachungen vorgenommen werden, damit die Intervention ohne Probleme durchgeführt werden kann.

Klassenleitungseffekt

Vergleicht man die Interventionsgruppen, welche als Teil der Klasse die Intervention durchgeführt haben mit den Gruppen, welche die Intervention mit der ganzen Klasse durchgeführt haben (jeweils 3 Gruppen), lassen sich keine Unterschiede in Bezug auf die Ängstlichkeitsreduktion feststellen. Es zeigen sich jedoch signifikante Unterschiede in Bezug auf den Aufbau sozialer Fähigkeiten. Hinzu kam die Tatsache, dass in den Klassen, welche geschlossen an der Intervention teilnahmen, das Interesse seitens der Lehrkräfte an der Interventionsmaßnahme besonders hoch war und ein intensiver Austausch über die einzelnen Elemente der Intervention stattfanden. Ein positives Beispiel stellte auch die Übernahme der Gruppenregeln der Intervention als Klassenregeln dar. Weiterhin erhielten die Psychologen von diesen Lehrkräften in besonderem Maße Informationen darüber, ob die einzelnen Interventionsmaßnahmen zu Veränderungen geführt hatten und welche anderen besonderen Vorkommnisse sich in der Zwischenzeit zugetragen hatten.
Die genannten Faktoren verdeutlichen die Bedeutung einer intensiven Zusammenarbeit der Gruppenleiter mit dem jeweiligen Klassenleiter, um einen Transfer der erlernten Fähigkeiten in den Schulalltag zu erleichtern. Genannte Punkte sprechen dafür, das Programm als schulimmanente Prävention durchzuführen und alle zur Verfügung stehenden Personen mit einzubeziehen. Dass im vorliegenden Fall die Eltern nicht miteinbezogen wurden, stellt insofern Alltag und Realität der Hauptschule dar, weil hier nur in den seltensten Fällen mit einer aktiven und unterstützenden Funktion der Eltern gerechnet werden kann. Insofern stellen die gefundenen Effekte ein realistisches Abbild dessen dar, was unter „normalen" Bedingungen im Rahmen der Hauptschule möglich ist, wenn über einen begrenzten Zeitraum mit einer Gruppe von Schülern eine psychologische Intervention im Rahmen des Unterrichts stattfindet. Somit ist ein zentrales Kriterium der Evaluation, ob das Programm auch dann wirksam ist, wenn es in der Praxis unter realistischen Bedingungen durchgeführt wird, erfüllt (Wolke 1999).

2.6.3 Vergleich der Ergebnisse mit bisherigen Interventionsprogrammen

In diesem Punkt werden nur Untersuchungen verwendet, die eine universelle Durchführung von Programmen zum Inhalt hatten. Der Vergleich zu bisherigen Interventionsstudien über Ängste ist insofern schwierig, da bisher kaum Studien

mit vergleichbaren Stichproben, d.h. speziell mit Hauptschülern durchgeführt wurden. In Bezug auf das FREUNDE- Programm liegen bisher hauptsächlich Studien im englischsprachigen Raum vor.
In Deutschland wurde bisher erst eine größere Studie mit 128 unauffälligen Grundschülern im Alter von 8 bis 12 Jahren durchgeführt (Essau 2002b). Obwohl die Schüler im Durchschnitt etwas jünger waren als die Teilnehmer der vorliegenden Untersuchung, sind die Ergebnisse der universellen Durchführung des Programms im schulischen Kontext vergleichbar, insbesondere weil die gleichen Messinstrumente eingesetzt wurden. Im Bereich der selbstberichteten Ängstlichkeit zeigte sich wie in der vorliegenden Untersuchung eine deutliche Reduktion bei den Teilnehmern. Dieser Effekt war in den beiden Untersuchungen in den Bereichen generalisierte Angst, soziale Ängstlichkeit und Zwangssymptome besonderes hoch. In der vorliegenden Untersuchung fand auch in der Skala Trennungsangst eine leichte Reduktion der Werte statt, die Veränderung war jedoch geringer als bei der Untersuchung von Essau. Dies ist wahrscheinlich darauf zurückzuführen, dass die älteren Schüler im Prätest einen geringeren Wert in der Subskala Trennungsangst aufwiesen und deswegen auch ein geringerer Interventionseffekt zu erwarten war. Im Bereich der sozialen Fertigkeiten kam es in beiden Untersuchungen zu einer vergleichbaren Verbesserung der sozialen Fertigkeiten der Teilnehmer. Da bei der Interventionsstudie von Essau (2002b) kein Extremgruppenvergleich vorgenommen wurde, können keine weiteren Aussagen über die spezifische Wirkweise des Programms im Vergleich zur vorliegenden Untersuchung gemacht werden, die generellen Interventionseffekte stimmen jedoch weitgehend überein. Dies lässt den Schluss zu, dass das FREUNDE- Programm auch mit etwas älteren Schülern (6. Klasse) im Hauptschulkontext durchgeführt werden kann. Ab der siebten Klasse würde es sich jedoch empfehlen, auf die Version des FREUNDE- Programms für ältere Jugendliche zurückzugreifen, welches bisher allerdings erst in der englischen Originalversion vorliegt (Barrett et al. 2000a).
Im Vergleich zur bisherigen Durchführung des FREUNDE- Programms mit universellen Stichproben im englischsprachigen Raum zeigten sich vergleichbare Ergebnisse in der Reduktion der Ängstlichkeit. Barrett & Turner (2001) führten das Programm mit 10 bis 12jährigen Schülern durch, die entweder von Lehrern oder Psychologen angeleitet wurden. In der Studie kam es in beiden Interventionsgruppen zu einer Reduktion des SCAS- Summenwertes von etwa 7 Punkten, während es in der vorliegenden Untersuchung zu einer Reduktion von etwa 5 Punkten kam. Die Werte der vorliegenden Studie lagen insgesamt auch höher als bei der Studie von Barrett & Turner (2001). In deren Untersuchung hatten die Mädchen sowohl im Prätest als auch im Posttest signifikant höhere Angstwerte als die Jungen, es zeigten sich jedoch keine Geschlechtsunterschiede in der Wirksamkeit des Programms. Zusätzlich wurde mit Hilfe des Children's Depression Inventory (Kovacs 1981) gezeigt, dass das Programm zu einem leichten Rückgang der Depressionswerte führte, welche jedoch insgesamt auf

einem niedrigen Niveau waren. Barrett & Turner (2001) führten einen Extremgruppenvergleich durch: sie legten in Anlehnung an Spence den Wert von 42,48 als Cut-Off Wert fest und teilten ihre Gruppen in Risiko-Schüler und Gesunde ein. Es zeigte sich, dass in der einen Interventionsgruppe (Psychologen) der Anteil der Risikoschüler von 18% auf 5% und in der anderen von 18% auf 8% (Lehrer) reduziert wurde, während in der Kontrollgruppe der Wert von 11% auf 9% nur leicht zurückging. Hierbei konnte in der vorliegenden Arbeit auch die hohe klinische Bedeutsamkeit der Wirkung des Programms repliziert werden. Der Anteil der Schüler über dem Cut-Off-Wert des SCAS war mit 8,5% jedoch beträchtlich niedriger als in den Untersuchungen von Barrett und Turner (2001), in der Interventionsgruppe lagen jedoch alle Teilnehmer bis auf einen nach der Intervention unter dem Cut-Off Wert.
Die zweite große vergleichbare Intervention mit dem FREUNDE-Programm als universelle Intervention führten Lowry-Webster und andere (2001) mit 10 bis 13jährigen Schülern im Rahmen des Schulunterrichtes durch. Hierbei zeigte sich in der Ängstlichkeitsskala eine deutliche Reduktion der Ängstlichkeit (SCAS) im Vergleich von Prätest zu Posttest von etwa 10 Punkten.

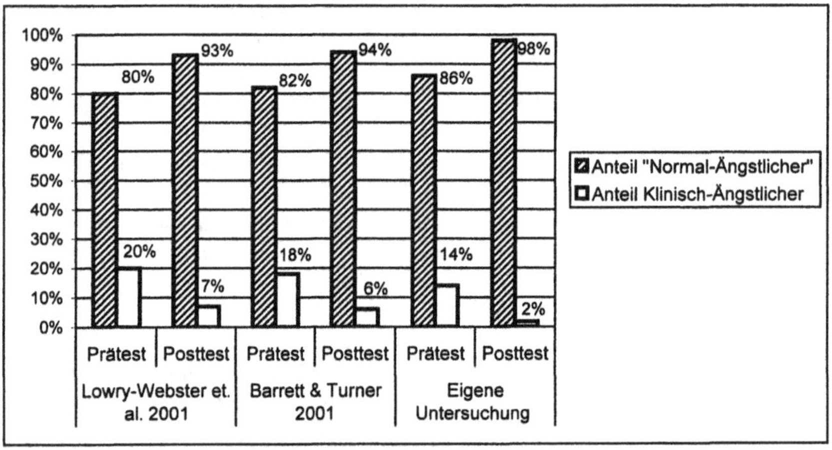

Abb. 35: Vergleich der Veränderung Klinisch-Ängstlicher in unterschiedlichen Studien

In der Kontrollgruppe kam es im Vergleichszeitraum ebenfalls zu einem leichten Rückgang der Werte. Lowry-Webster und andere (2001) legten ebenfalls den Cutt-Off Wert von Spence (1997) als Kriterium für klinisch bedeutsame Ängstlichkeit an. Es zeigte sich wie in der vorliegenden Untersuchung, dass es zu einer deutlich höheren Reduktion der Ängstlichkeit bei den Hochängstlichen gekommen war. Weiterhin stellte er eine leichte Reduktion der Depressionswerte in dieser Gruppe fest, während sich bei den restlichen Teilnehmern der Interven-

tion hier kein Unterschied zeigte. In der Interventionsgruppe betrug der Anteil der Hochängstlichen zum Zeitpunkt des Prätests 20% und in der Kontrollgruppe 22%. Zum Zeitpunkt des Posttests betrug der Anteil der Hochängstlichen in der Interventionsgruppe nur noch 7%, wohingegen er in der Kontrollgruppe 17% betrug.
Zusammenfassend kann man sagen, dass es in den beiden Studien zu einer deutlicheren Reduktion der Ängstlichkeit kam. Diese lässt sich jedoch auf den größeren Anteil der Hochängstlichen zurückführen, welcher in beiden Studien deutlich höher war als in der vorliegenden Untersuchung (vgl. Abb. 35). Diese machen den größten Teil des Interventionseffektes aus, da bei den Hochängstlichen die stärkste Angstreduktion stattfindet. Zudem kam es in der vorliegenden Untersuchung bei einem besonders hohen Anteil (93%) der Hochängstlichen zu einer Reduktion der klinischen Symptomatik im Vergleich zu den anderen beiden Untersuchungen. Insgesamt sprechen die Ergebnisse eindeutig für eine universelle Anwendung des Programms im Schulkontext.
Während im Bereich der externalisierenden Störungen eine ganze Reihe von Untersuchungen durchgeführt wurde, gibt es in Deutschland kaum Studien zur universellen Prävention von Ängsten. Die Arbeitsgruppe um Döpfner hat sich sehr intensiv mit der Angstprävention befasst, zielte mit ihren Vorhaben jedoch auf klinische Stichproben ab (Döpfner 2000; Duda-Kirchhof & Döpfner 2000).
Die Ergebnisse der Interventionsstudie sollen im Folgenden mit einem anderen universellen Programm verglichen werden. Hierzu gehört in zentraler Weise das Programm Gesundheit und Optimismus (GO!) von der Arbeitsgruppe um Manz (Manz et al. 2000, 2001), welches ebenfalls einen universellen Ansatz verfolgt und auf die Prävention von Angst und Depression abzielt. Die Vorgehensweise ist ähnlich wie bei Barrett (2000): mit Hilfe von Wissensvermittlung und Verhaltenstraining sollen negative Überzeugungen verringert und soziale Fertigkeiten aufgebaut werden (Manz et al. 2000). Das Programm wurde mit 15 bis 17jährigen Schülern an Mittelschulen und Gymnasien in Dresden durchgeführt und umfasste 8 Sitzungen. Die Ängstlichkeit wurde mit Hilfe des Becks Angst Inventars (BAI) erfasst, zusätzlich wurden das Becks Depressionsinventar (BDI) und der Youth Self-Report erhoben. Zur Spezifizierung der Effekte wurden Risikogruppen gebildet: hierzu zählten Schüler, die im BDI mehr als 11 Punkte oder im BAI mehr als 16 Punkte erzielten. In den zentralen Bereichen (BAI, BDI, YSR) zeigten sich keine Interventionseffekte. Es kam sogar zu positiveren Verläufen der Hauptkennwerte in der Kontrollgruppe gegenüber der Interventionsgruppe. Ein Vergleich zwischen Risikogruppen und Nichtrisikogruppen ergab in einzelnen Teilbereichen positivere Effekte bei den Schülern, welche zum Zeitpunkt des Prätests nicht zu den Risikogruppen gezählt wurden. Aufgrund dieser Ergebnisse kommen Manz und andere (2001a) zu dem Schluss, dass es sich bei GO! eher um ein Gesundheitsförderungsprogramm als ein Präventionsprogramm handelt. Die deutlich geringeren Effekte bei den Hochängstlichen im Vergleich zu der vorliegenden Untersuchung sind meiner Einschätzung nach auf

die Dauer und die Rahmenbedingungen des Programms zurückzuführen. Das FREUNDE- Programm wurde in wesentlich kleineren Gruppen durchgeführt, während in der Dresdner Studie mit ganzen Klassen gearbeitet wurde. Diese Vorgehensweise erschwert ein intensives Arbeiten: insbesondere ängstlichen Schülern fällt es in der Großgruppe schwer, die eigenen Gefühle und Probleme zu äußern. Auch die Rahmenbedingungen waren in der Untersuchung eher ungünstig: das Programm fand zu wechselnden Zeiten in wechselnden Räumen statt. Hierdurch wird den Teilnehmern nicht in notwendigem Maße eine Rahmenstruktur bereitgestellt, welche ihnen ein intensives Arbeiten ermöglichte. Weiterhin bleibt zu vermuten, dass es im Alter von 15 bis 17 Jahren bereits zu einer Chronifizierung von Ängsten gekommen ist und deswegen wesentlich massivere Maßnahmen mit stärker therapeutischem Charakter notwendig sind, um eine Angstreduktion zu bewirken. Aus genannten Gründen stimme ich mit Manz und anderen (2001) überein, dass das Programm im Rahmen der Gesundheitsförderung sinnvoll eingesetzt werden kann, jedoch weniger als Programm zur Angstprävention zu verstehen ist. Deswegen sollte zeitlich wesentlich früher angesetzt werden, um eine erfolgreiche Präventionsmaßnahme durchführen zu können, bevor es zur Ausprägung klinischer Ängste kommt (Barrett 2000; Lowry-Webster et al. 2001).

2.7 Implikationen für die Weiterentwicklung des Programms

Wie die Ergebnisse der vorliegenden Untersuchung zeigen, kann das FREUNDE-Programm als Präventionsprogramm zu Angststörungen im Kontext der Hauptschule erfolgreich eingesetzt werden. Sowohl das Gruppenleitermanual als auch die Arbeitsbücher für die Teilnehmer sind so gestaltet, dass das Programm ohne Schwierigkeiten im Schulkontext durchgeführt werden kann. Aufgrund der Erfahrungen und Beobachtungen, die im Rahmen dieser Untersuchung gemacht wurden, lassen sich jedoch einige Modifikationen ableiten, welche die Anwendung des Programms noch verbessern könnten. Diese sollen im Folgenden dargestellt werden. Einige der genannten Punkte sind bereits im Gruppenleitermanual (Barrett et al. 2003b) angedeutet, sollen aber aufgrund der Erfahrungen in der Programmdurchführung noch unterstrichen werden.

2.7.1 Rahmenbedingungen

Der vorgegebene zeitliche Rahmen von 45 bis 60 Minuten (Barrett et al. 2003b) ist aufgrund des Umfangs an Übungen für die einzelnen Sitzungen zu eng gesteckt, um genügend zeitlichen Spielraum für eine angemessene Durchführung des Programms zu haben. Insbesondere für das Auftreten von Problemen sollte genügend Zeit vorhanden sein, sich eingehend hiermit beschäftigen zu können und beispielsweise Verständigungsschwierigkeiten zu klären. Weiterhin ist zu berücksichtigen, dass die Schüler ein sehr unterschiedliches Arbeitstempo haben, in dem sie die Übungen durchführen. Die einzelnen Teilnehmer sollten genügend Zeit zum Nachdenken und Vertiefen zur Verfügung gestellt bekommen. Sie sollten die Möglichkeit haben, die Übungen im eigenen Tempo zu Ende zu führen und nicht auf eine vorzeitige Beendigung gedrängt werden. Vor allem ängstliche Kinder setzen sich meist sehr genau mit Fragestellungen auseinander, lesen Instruktionen mehrfach und benötigen eine gewisse Anlaufzeit, bis sie sich persönliche Äußerungen zutrauen, mit dem Ausfüllen eines Arbeitsblattes beginnen oder sich zur Beteiligung an einem Spiel überwinden können. Bei der Durchführung der einzelnen Übungen haben wir die Erfahrung gemacht, dass Wiederholungen sehr wichtig sind, um das Gelernte zu intensivieren und zu vertiefen. Zudem ging bei einigen Übungen von den Teilnehmern die Initiative aus, die Übung zu wiederholen, weil sie großen Spaß gemacht hatte oder „erst jetzt richtig verstanden“ wurde. Besonders bei Rollenspielen besteht bei einem großzügigeren zeitlichen Rahmen eher die Möglichkeit, mehrere Wechsel vorzunehmen und den Teilnehmern somit einen Perspektivenwechsel zu ermöglichen, durch den sie wichtige Lernerfahrungen machen können. Darüber hinaus erleichtert ein großzügiger zeitlicher Rahmen den Gruppenleitern einen flexibleren Umgang mit unvorhersehbaren Situationen: in einer Gruppe wurde eine Aufwärmübung auf eine halbe Stunde ausgedehnt, da hier eine Kleingruppe von vier

Jungen zum ersten Mal in der Lage war, in einem Team zusammenzuarbeiten. In einer anderen Situation kam es zu einem Streit zwischen einem Jungen und einem Mädchen, die eine Partnerarbeit nicht miteinander durchführen wollten, was anschließend in der Gruppe aufgegriffen und thematisiert wurde. Aufgrund der Durchführung des Programms in 90 Minuten bestand ausreichend zeitlicher Spielraum und musste trotz Vornehmen einiger Modifikationen nicht auf die folgenden Übungen verzichtet bzw. diese unter Zeitdruck durchgeführt werden. Aufgrund der positiven Erfahrungen wird eine Durchführung des Programms mit einem zeitlichen Rahmen von 90 Minuten für die einzelnen Sitzungen empfohlen – die Gefahr der Langatmigkeit oder eines Mangels an Übungen besteht unserer Einschätzung nach mit dem Programm nicht. Weiterhin hat sich die wöchentliche Durchführung des Programms, auch aus Sichtweise der Schüler, als positiv bewährt. Von einer höheren Frequenz würden wir absehen, da die Schüler sonst zu wenig Möglichkeiten haben, das Erlernte in anderen Kontexten erproben und anwenden zu können. Weiterhin hat die Meta-Studie von Greenberg et al. (2001) gezeigt, dass längerfristige Interventionen bessere Effekte zeigen als kurzfristige, intensive Interventionen. Entgegen den Programmempfehlungen (Barrett et al. 2003a), welche für eine Durchführung des Programms ohne Unterbrechung plädieren, sprechen wir uns aufgrund der positiven Erfahrungen mit einer derartigen Vorgehensweise für eine Pause von zwei Wochen nach der Hälfte des Programms aus. Einerseits kann hierdurch negativen gruppendynamischen Effekten, Ermüdungserscheinungen und Motivationsproblemen seitens der Teilnehmer vorgebeugt werden, andererseits ist die Pause kurz genug, um an dem bisher Erlernten anzusetzen und die erworbenen Fertigkeiten kontinuierlich ausbauen zu können.

Was die Struktur der einzelnen Gruppensitzungen anbetrifft, wäre zu Beginn jeder Sitzung anstelle der Aufwärmübung ein Ritual sinnvoll. Zum einen könnte somit noch deutlicher der Beginn der Gruppensitzung betont und die Schüler explizit zur Teilnahme am Programm eingeladen werden. Zum anderen würde das Gemeinschaftsgefühl innerhalb der Gruppe verstärkt, was auf die Bereitschaft zum Öffnen der einzelnen Teilnehmer und das Mitteilen persönlicher Erfahrungen positive Auswirkungen haben könnte. Die Aufwärmübungen waren bei den Schülern sehr beliebt und hatten einen hohen Aufforderungscharakter. Sie sind jedoch als Auflockerungsübungen insbesondere zwischen schwierigen Übungen sinnvoller anzusiedeln als zu Beginn des Programms. Weiterhin erschien die im Programm vorgesehene Vorstellung des Tagesprogramms zu Beginn der einzelnen Sitzungen, welche als Strukturierungshilfe für die Gruppenteilnehmer vorgesehen ist (Barrett et al. 2003b), als wenig hilfreich für die Durchführung des Programms. Hierdurch wird ein starres Raster aufgestellt, welches einen flexiblen Umgang mit dem Manual und den einzelnen Übungen unmöglich macht. Letzteres stellt jedoch eine notwenige Voraussetzung für die erfolgreiche Durchführung eines Programms dar (Kendall et al. 1998).

Für die Gruppenleiter ist es von zentraler Bedeutung, ausreichend Zeit für die Vor- und Nachbereitung des Programms einzurechnen. Bei FREUNDE handelt es sich zwar um ein manualisiertes Gruppenprogramm, dennoch ist ein großer zeitlicher Aufwand vonnöten, um sich inhaltlich gut auf die einzelnen Sitzungen und die unterschiedlichen Gruppen vorzubereiten. Hierbei sollte vermieden werden, zwei Gruppen direkt hintereinander durchzuführen. Ansonsten ist es schwer, den hohen Anforderungen des Programms an den Leiter gerecht zu werden. Es besteht zudem die Gefahr der Ermüdung und des Nichtbeachtens subtiler Unterschiede sowohl zwischen den Gruppenteilnehmern als auch zwischen den Gruppen. Es empfiehlt sich, unabhängig von der Gruppengröße, das Programm mit zwei Gruppenleitern durchzuführen. Hierdurch ist die Möglichkeit gegeben, dass eine Person die Leitungsfunktion übernimmt und in direkter Interaktion mit den Teilnehmern steht, während die zweite Person weniger involviert ist und als Beobachter fungiert. Zur besseren Strukturierung der Beobachtungen wurde im Laufe der einzelnen Sitzungen ein Beobachtungsschema entwickelt, welches eine systematische Beschreibung der Teilnehmer während der einzelnen Übungen erlaubt und so eine differenzierte Einschätzung der Sitzungsverläufe ermöglicht.

Führt man das Programm im Kontext der Schule durch, sollte die gesamte Klasse in zwei oder drei Gruppen aufgeteilt werden und am Programm teilnehmen. Diesem Vorgehen ist der Vorzug gegenüber der Teilnahme von Teilgruppen einer Klasse zu geben, da somit die Transfereffekte von der Gruppensituation auf den Schulalltag besonders groß sein und Labeling-Effekte minimiert werden können. Es ist jedoch davon abzuraten, die gesamte Klasse in einer Großgruppe am Programm teilnehmen zu lassen: insbesondere ängstlichen Schülern fällt es in großen Gruppen sehr schwer, sich zu beteiligen und persönliche Erfahrungen zu äußern. Es bleibt zu befürchten, dass in relativ großen Gruppen die Intensität der Arbeit nicht besonders hoch ist und das Programm keine sehr hohe Wirkung erzielt (Manz et al. 2000). Weiterhin ist von klassengemischten Gruppen abzuraten, auch wenn dies aus schulorganisatorischen Gründen häufig naheliegend erscheint. Hierbei könnten einige Störvariablen ins Spiel kommen, welche für eine wirksame Durchführung des Programms problematisch sind. Mit der Durchführung des Programms im Rahmen des normalen Schulunterrichtes am Vormittag wurden sehr positive Erfahrungen gemacht. Wenn möglich, sollte das Programm zu einem festen Zeitpunkt innerhalb des Stundenplanes durchgeführt werden. Hierbei ist einem frühen Zeitpunkt am Vormittag der Vorzug zu geben, da die Schüler noch motivierter und aufnahmefähiger sind. In den beiden Gruppen, die in den letzten beiden Schulstunden stattgefunden haben, hatten wir des öfteren mit Müdigkeit und Motivationsproblemen zu kämpfen. Von einer Durchführung des Programms am Nachmittag in Form von Arbeitsgemeinschaften würden wir eher abraten, da es hier schwer ist, die (notwendige) regelmäßige Teilnahme zu gewährleisten. Des Weiteren werden die Transfereffekte zum normalen Schulalltag erschwert.

Wir halten eine Durchführung des Programms in geschlechtshomogenen Gruppen nicht für sinnvoll. In einzelnen Übungen zeigte sich, dass Partner- und Kleingruppenarbeit zwischen Jungen und Mädchen in sinnvoller und bereichernder Art und Weise stattgefunden hat, nachdem ein gewisser anfänglicher Widerstand überwunden wurde. Die Teilnehmer äußerten sich hierüber in der Reflexionsrunde erstaunt, da eine solche Zusammenarbeit im „normalen" Klassenkontext häufig nicht möglich erschien. Auch im Hinblick auf die Zielsetzung des Programms als universelles Programm unter möglichst alltagsnahen Bedingungen ist einer Durchführung mit geschlechtsgemischten Gruppen gegenüber einer Trennung in eine Jungen- und eine Mädchengruppe der Vorzug zu geben.

2.7.2 Sprachliche Elemente

Das Programm FREUNDE fällt insgesamt durch eine gewisse Sprachlastigkeit auf, welches im Kontext der Hauptschule sehr deutlich wurde und die Durchführung häufig erschwerte bzw. zu einer Demotivierung der Gruppenteilnehmer führte. Zum einen besteht das Programm aus zu vielen und häufig zu langen Texten. Es erscheint wenig sinnvoll, einerseits die mangelnde Lesefertigkeit und -bereitschaft heutiger Jugendlicher – wie in der PISA- Studie geschehen – zu konstatieren und zu kritisieren, sich andererseits jedoch nicht die Mühe zu machen, die Schüler schrittweise an Lesetexte heranzuführen. Für die Durchführung des Programms ist eine hohe Lesefertigkeit erforderlich, welche bei der anvisierten Zielgruppe von acht- bis zwölfjährigen Schülern nur bedingt gegeben ist. Selbst wenn man berücksichtigt, dass sich die Erfahrungen mit Hauptschülern nur bedingt auf andere Schultypen übertragen lassen, ist der generell gesunkenen Lesefertigkeit der Schüler Rechnung zu tragen. Weiterhin ist die Bereitschaft zum Lesen relativ gering und nimmt im Verlauf des Programms, nachdem der anfänglich neue Charakter der Texte vorbei ist, merklich ab. Deswegen ist es zu einer interessanten Durchführung des Programms notwendig, die Lesetexte zu reduzieren oder andere sprachliche Formen zu wählen, um den „Deutschstundencharakter" des Programms (Text lesen, Fragen zum Text beantworten) zu reduzieren. Hierzu sollten stärker dialogische Texte eingebaut werden, wie dies ansatzweise im Programm schon verwirklicht wurde. Eine weitere Möglichkeit bestünde beispielsweise im kreativen Schreiben beim Erarbeiten der Wortfelder für Gefühle. Auch eine spielerische Erarbeitung des Akronyms FREUNDE wäre eine Möglichkeit, einen lebendigeren Umgang mit der Sprache zur Anwendung kommen zu lassen. Insgesamt müssen die Teilnehmer in den einzelnen Sitzungen zu viel aufschreiben: an die Stelle der Reflexion über Fragen und Problemstellung trat häufig die mechanische Beantwortung von Fragen. Darüber hinaus galt es bei einigen Teilnehmern eine Barriere zwischen Benennen und Aufschreiben zu überwinden.

Neben der Sprachlastigkeit stellte das Sprachniveau des Programms eine weitere Schwierigkeit dar. Die Teilnehmer hatten teilweise Probleme, die zentrale Problematik der Texte zu erfassen und nicht an der Erzählebene des Textes stehen zu bleiben. Zuweilen fiel ihnen auch der Transfer vom Text zum Programm bzw. von der Situation des Textes in ihre Alltagssituation schwer. Deswegen wäre es wichtig, den Erfahrungshintergrund der Kinder stärker mit einzubeziehen. Dies gilt ebenso für die allgemeinen Beispiele des Programms, welche durch aktuelle Beispiele ersetzt werden sollten. Wenn möglich sollten auch die Befindlichkeit der Teilnehmer und konkrete Erfahrungen einzelner Schüler berücksichtigt werden.

2.7.3 Arbeitsformen

Bei den unterschiedlichen vorgeschlagenen Arbeitsformen (Einzelarbeit, Partnerarbeit, Kleingruppenarbeit, Großgruppenarbeit) fiel auf, dass eine selbstständige Reflexion der Erfahrungen und Übungen in der Kleingruppe nicht möglich war. Die Teilnehmer waren eher in der Lage, in der Großgruppe zu äußern, wie sie eine Übung erlebt haben. Dies ist eventuell darauf zurückzuführen, dass die Arbeitsform der Kleingruppenarbeit für sie ungewohnt und neu war und deswegen in Verbindung mit dem Programm eine Überforderung darstellte. In der Partnerarbeit funktionierten die Übungen jedoch sehr gut und es kam häufig zu einem intensiven Austausch über die gemachten Erfahrungen. Hierbei erachten wir es für wichtig, Partnerwechsel innerhalb der Gruppe anzuregen, damit das soziale Lernen mit unterschiedlichen Interaktionspartnern eingeübt werden kann und nicht nur bestehende Freundschaften intensiviert werden. Wichtig wären auch mehr Methodenwechsel, um etwas mehr Abwechslung in die Sitzungen zu bringen. Insbesondere das lange Sitzen im Kreis ermüdete und störte viele Teilnehmer, was diese auch äußerten und jede Veränderung positiv aufnahmen. Deswegen würden wir wie bereits angesprochen dafür plädieren, die Aufwärmübungen als Auflockerungsübungen zwischen den Übungsblöcken einzubauen. Die genaue Position sollte im Programm vorgeschlagen werden, es ist jedoch wichtig, die Möglichkeit der flexiblen Handhabung offen zu lassen. Des Weiteren sollten neben den verbalen stärker handlungsorientierte Übungen eingesetzt werden, da diese zu einer höheren Aktivierung der Gruppenteilnehmer führen und ihr Interesse in besonderem Maße wecken. Dies zeigte sich beispielsweise bei dem Rollenspiel zur Gefühlswahrnehmung (Sitzung 2), an dem die Schüler mit viel Spaß teilnahmen und bei dem sie von sich aus mehrere Wiederholungen durchführten.

2.7.4 Erfahrungslernen

Einerseits wird im Rahmen des Programms betont, dass eine zentrale Lernphilosophie das Erfahrungslernen darstellt (Barrett et al. 2003b), andererseits bietet das Programm nur bedingt Möglichkeiten, konkrete Erfahrungen zu machen. Häufig wird den Kindern die Möglichkeit gegeben, von ihren Erfahrungen zu berichten, dennoch wirkte die Aufforderung („erzähle von einer Situation, in der du dich schlecht gefühlt hast") etwas unnatürlich, womit sich einige Schüler schwer taten. Insgesamt sollte den Teilnehmern bei mehr Übungen die Möglichkeit zur Selbst- und Gruppenerfahrung gegeben werden. Dies war beispielsweise bei der Kartenhausübung der Fall, bei der die Teilnehmer auf anschauliche Weise erfahren haben, dass sie eine Aufgabe bzw. ein Problem gemeinsam besser meistern können. Geht eine konkrete Erfahrungssituation voraus, fällt es den Kindern auf kognitiver Ebene wesentlich leichter, Änderungen vorzunehmen. Auch bei einem kognitiv-behavioralen Programm sollte man die Möglichkeit der emotionalen Erfahrung als Türöffner für die Kognitionen nicht vergeben.
Weiterhin sollten die Übungen und Spiele so gestaltet sein, dass sie neue Erfahrungen zulassen. Bei der Übung „Gefühle benennen" war dies möglich: die Teilnehmer nahmen Gefühle differenzierter wahr und konnten über diese Veränderungen reflektieren. Wenn die Teilnehmer den wichtigen Satz des Programms „Gedanken bestimmen Gefühle und Verhalten" internalisieren sollen (vgl. Sitzung 5; Barrett et al. 2003a), dann müssen die veränderten Gefühle und Verhaltensweisen auch erfahrbar gemacht werden. Ansonsten läuft das Programm Gefahr, in einer kognitiven Engführung zu landen, welche keine Veränderungen der Teilnehmer mehr zulässt. Eine Möglichkeit wird mit der Expositionstechnik schon eingeführt, sollte jedoch noch stärker ausgeführt werden. Eine mögliche Übung bestünde beispielsweise in der Anwendung der *Hilfreichen Gedanken* auf eine konkrete schwierige Situation in der Gruppe, anstatt die Vorgehensweise lediglich zu beschreiben (vgl. Sitzung 6; Barrett et al. 2003a).
Es hat sich als sehr hilfreich und anregend erwiesen, schwierige Situationen, die in der Gruppe aufgetreten sind, in einer späteren Sitzung wieder aufzugreifen. Das gleiche galt für Probleme der einzelnen Teilnehmer. Je besser es gelingt die Problemlage der einzelnen Teilnehmer zu treffen, anzusprechen und in den Gruppenprozess zu integrieren, desto mehr können die Teilnehmer lernen, von dem Programm zu profitieren, indem sie die erworbenen allgemeinen Fertigkeiten und Handlungsleitlinien in konkreten Situationen anwenden.

2.7.5 Einzelbeispiele und problematische Situationen

Im Folgenden werden einzelne Beispiele und Übungen herausgegriffen, welche sich bei der Durchführung als schwierig herausstellten und unserer Ansicht nach verbesserungswürdig sind. Hierzu gehört das Ballonrennen (vgl. Sitzung 7; Barrett et al. 2003a), das als praktische Anwendung des 6-Block-Problemlöseplans dienen sollte. Hierbei kam es jedoch in einigen Gruppen zu einer Akzentverschiebung: aufgrund des hohen Anregungsgehaltes des Rennens lag der zentrale Fokus der Teilnehmer auf einer erfolgreichen Durchführung des Rennens. Die eigentliche Aufgabenstellung, ein Problem zu definieren und in einzelnen Schritten zu lösen, trat hierbei vollkommen in den Hintergrund. Erst in der Reflexion konnten die einzelnen Schritte des 6-Block-Problemlöseplans wiederholt und auf das Ballonrennen angewendet werden. Deswegen wäre es sinnvoller, eine Aufgabe zu wählen, welche inhaltlich anspruchsvoller und zeitintensiver ist, damit die einzelnen Schritte der Problemlösestrategie in sinnvoller Weise durchgeführt werden können. Dies könnte beispielsweise die gemeinsame Konstruktion einer Brücke mit Hilfe von Material sein, das mehrere Lösungsmöglichkeiten offen lässt. Hierbei wären die Teilnehmer auch in stärkerem Maße gezwungen, an einer Lösung des Problems zusammenzuarbeiten, was beim Ballonrennen nur bedingt notwendig war. Eine weitere Schwierigkeit des 6-Block-Problemlöseplans lag darin, dass die Teilnehmer Probleme hatten, sich den sehr sperrigen Namen und die einzelnen Schritte zu merken. Eine Veranschaulichung beispielsweise mit einem Würfel (im Workbook angedeutet) oder einem zusammenfassenden Akronym (z.B. LEITER) wäre hier hilfreich. In den folgenden Sitzungen zeigte sich, dass die Teilnehmer eher von einfachen Strategien, die sie sich merken konnten, profitierten: z.B. wenig hilfreiche Gedanken durch hilfreiche zu ersetzen.

Das Gleiche gilt auch für die Problemlösetreppe in der folgenden Sitzung (Sitzung 8; Barrett et al. 2003a), welche ein zu komplexes Instrument darstellt, als dass die Schüler es in ihrem Alltag sinnvoll anwenden könnten. Hierbei erwies es sich als hilfreich, die Teilnehmer darauf hinzuweisen, dass es häufig ausreicht, ein Problem in zwei oder drei kleinere Schritte einzuteilen und diese nach und nach zu bewältigen. Sowohl im Übungsleitermanual als auch im Arbeitsbuch wird zudem nicht deutlich genug darauf hingewiesen, dass die beiden Problemlösestrategien sich gegenseitig ergänzen sollen und im optimalen Falle eine Kombination der beiden Strategien zur Anwendung kommen kann. Die Einführung der beiden Strategien innerhalb einer Sitzung führte bei den Teilnehmern zu Verwirrung und stellte eine Überforderung dar. Deswegen sollten die beiden Problemlösestrategien in zwei aufeinander folgenden Sitzungen vorgestellt und eingeführt werden, um dann in einem nächsten Schritt auf die Kombinationsmöglichkeit der beiden Strategien als sinnvolle Anwendung hinzuweisen.

Ein weiteres Problem trat bei der Aufforderung zum Malen der eigenen Person in einer glücklichen Situation (Sitzung 2) und des eigenen Körpers zur Veranschaulichung der Symptome in Angstsituationen auf (Sitzung 6). Besonders bei den Jungen zeigte sich eine sehr große Scheu bzw. Ablehnung, den eigenen Körper zu zeichnen. Deswegen empfiehlt es sich, den Teilnehmern freizustellen, ob sie sich selbst zeichnen oder ob sie eine schematische Darstellung eines

Strichmännchens bevorzugen. Insbesondere bei den Angstsymptomen sollte betont werden, dass die Körperwahrnehmung im Vordergrund steht, das Aufzeichnen jedoch eher sekundär ist und die Bereiche auch aufgeschrieben werden können. Gegebenenfalls hing die Problematik auch mit dem Alter der Schüler zusammen und zeigt sich bei neun- oder zehnjährigen Schülern nicht in diesem Maße.

Bei den Hausaufgaben sollte explizit betont werden, dass die Wiedergabe der persönlichen Erfahrungen im Vordergrund steht und nicht das Ausfüllen der Arbeitsblätter. Es ist mehrfach vorgekommen, dass einige Teilnehmer die Situationen voneinander abgeschrieben und in der Stunde als eigene präsentiert haben. Mit einem solchen Vorgehen wird natürlich die eigentliche Intention der Aufgaben karikiert. Eine alternative Möglichkeit besteht darin, die Schüler ihre Hausaufgaben erzählen zu lassen und anschließend gemeinsam darüber zu sprechen. Insgesamt wurde deutlich, dass die Teilnehmer, die sich während des Programms in besonderem Maße engagierten, auch die häuslichen Arbeitsaufträge sehr ernst nahmen.

Neben diesen programmbedingten Schwierigkeiten traten einige weitere Probleme auf, die hier kurz skizziert werden sollen. Ein genereller Punkt stellt das Verhältnis der Gruppe zur Institution Schule dar, in dem die Intervention stattfand. Hierbei zeigte sich, dass es zu Beginn des Programms wichtig ist, deutlich zu machen, dass alle Schulregeln auch innerhalb der Gruppe gelten und in der Gruppe eingehalten werden müssen.

Eine schwierige, mehrfach auftretende Situation stellte auch die Unmutsäußerung einiger Teilnehmer über das Programm dar. Insbesondere, wenn diese versuchten, die anderen Teilnehmer abzulenken oder zu „Boykottaktionen" anzustacheln. Hierbei erwies es sich als wichtig, je nach Situation flexibel zu reagieren. Bei einer häufig unmotivierten oder launischen Schülerin war es hilfreich, ihr besonders viel Aufmerksamkeit zukommen zu lassen, sie häufiger vorlesen zu lassen und sie mit Hilfe von Fragen zu einer direkten Mitarbeit zu ermuntern. Weiterhin bot es sich teilweise an, nach Arbeitstempo zu differenzieren und den schnelleren Schülern zusätzliche Übungen zur Verfügung zu stellen. Bei allen Schülern war es von zentraler Bedeutung, sie einerseits auf die Freiwilligkeit der Teilnahme hinzuweisen, ihnen andererseits auch klar zu machen, dass zu Beginn des Programms abgemacht wurde, das Programm mit allen 10 Sitzungen gemeinsam durchzuführen. Neben dem Unterzeichnen des gemeinsam erstellten Regelplakates wäre hier ein Vertrag zwischen den Teilnehmern und Gruppenleitern hilfreich: Es sollten gemeinsam Konsequenzen erarbeitet und festgehalten werden, die gelten, wenn die Gruppenregeln überschritten werden.

Berücksichtigt man die angesprochenen Problembereiche, treten weniger Schwierigkeiten auf und lässt sich das FREUNDE- Programm in sinnvoller Art und Weise als Präventionsprogramm von Angststörungen anwenden.

3. Fazit und Ausblick

Als generelles Fazit der Durchführung des Programms lässt sich zusammenfassend feststellen, dass das FREUNDE- Programm an der Hauptschule durchführbar ist und wirksame Effekte sowohl im Hinblick auf die Reduktion der Ängstlichkeit als auch für den Erwerb angstbezogenen Wissens und den Aufbau sozialer Fertigkeiten zeigte. Es sind jedoch Längsschnittuntersuchungen vonnöten, um zu überprüfen, ob diese Effekte auch mittel- und langfristig stabil bleiben. Insbesondere bei internalisierenden Störungen kann es sogar noch zu einem Anstieg der Effekte kommen, da die Schüler häufig Zeit brauchen, um die neu erworbenen Fertigkeiten in ihr Verhaltensrepertoire aufnehmen zu können (Durlak 1997, Greenberg et al. 2001).

In der vorliegenden Untersuchung handelte es sich um eine summative Evaluation der Wirksamkeit des Programms, d.h. es wurden die Ergebnisse des Programms untersucht. In einem nächsten Schritt wäre es von großem Interesse, in einer formativen Evaluation die einzelnen Sitzungen genauer zu beleuchten. Dies wurde von Barrett und anderen (2001c) bisher nur in Bezug auf die soziale Validität der Einzelsitzungen durchgeführt. Ferner wäre eine genaue Analyse der Wirkfaktoren des Programms vonnöten – es müsste untersucht werden, welches die ausschlaggebenden Faktoren für die Wirksamkeit des Programms sind. In der vorliegenden Untersuchung wurden hingegen bewusst wichtige Korrelate der Angst als Hauptskalen gewählt, um deren Veränderung und somit die allgemeine Wirksamkeit des Programms zu messen. Weitere wichtige zu erfassende Bereiche wären beispielsweise die Emotionsregulation und sozialkognitive Fähigkeiten (Southam-Gerow & Kendall 2002; Zahn-Waxler et al. 2000). Mit Hilfe einer genaueren Analyse dieser Wirkfaktoren wäre es in einem zweiten Schritt möglich, ein differenzierteres theoretisches Modell zur Beschreibung der Intervention bei Ängsten zu entwickeln, welches bislang vielfach postuliert wurde (Barrett 2000; Sonuga-Barke 1998; Ollendick et al. 2001). Es sollte weiterhin ein besonderes Augenmerk auf die Komorbidität von internalisierenden und externalisierenden Störungen gerichtet werden: die beiden Skalen des Youth Self-Reports korrelierten in der vorliegenden Untersuchung relativ hoch, die Intervention hatte jedoch nahezu keine Auswirkungen auf den Bereich der externalisierenden Störungen. Dennoch sollte umgekehrt geklärt werden, ob nicht eine Verbesserung in diesem Bereich sich positiv auf die Reduktion der Ängstlichkeit auswirken würde.

Für künftige Durchführungen mit dem Programm sind die bereits angesprochenen Modifikationen von zentraler Bedeutung. Dies gilt insbesondere bei einer Anwendung des Programms in der Hauptschule oder bei leistungsschwächeren Schülern. Hierbei empfiehlt es sich, das Begleitbuch und die Arbeitsmaterialien nicht als feststehendes Manual anzusehen, welches immer wieder in gleicher Weise angewendet werden soll, sondern vielmehr als ständig weiterzuentwickelndes Arbeitsbuch zu begreifen. Hierfür ist jedoch ebenso wie für einen fle-

xiblen Umgang mit dem Workbook eine genaue Analyse und Kenntnis der Grob- und Feinziele des Programms vonnöten (Kendall et al. 1998).
Nachdem aufgezeigt wurde, dass eine Durchführung des FREUNDE- Programms an Hauptschulen möglich ist und deutliche Interventionseffekte zeigt, wäre es weiterhin von Interesse das Programm an anderen Schularten durchzuführen und die Wirksamkeit zu vergleichen. Wenn hierbei deutliche Unterschiede auftreten würden, wären weitere Modifikationen des Programms vonnöten, die die jeweiligen Schulspezifika und das unterschiedliche kognitive Niveau der Schüler in größerem Maße berücksichtigen.
Von Barrett und anderen (2003a) wird eine stärkere Einbeziehung der Eltern in die Intervention gefordert und hierfür auch Materialien bereitgestellt. In der vorliegenden Untersuchung war es nicht möglich, die Eltern für eine unterstützende Teilnahme am Programm im Sinne von vier Elternabenden zu gewinnen. Meiner Einschätzung nach stellt dies einerseits ein grundsätzliches Problem der Hauptschule dar, in der es sehr schwierig ist, die Eltern für eine Mitarbeit zu gewinnen. Andererseits ist dies symptomatisch für die generelle Einschätzung der Problematik der internalisierenden Störungen: im Vergleich zu externalisierenden Störungen besteht hier eine wesentlich geringere Motivation zur Teilnahme an Programmen, während beispielsweise bei Hyperaktivitätsstörungen das Interesse seitens der Eltern aufgrund des Leidensdrucks sehr groß ist. Hier wäre es wichtig, neue Formen der Beteiligung zu finden und Anreize für die Eltern zu schaffen, an einem solchen Programm teilzunehmen, welches sich eventuell erst mittel- oder langfristig für ihre Kinder und damit auch für sie lohnt.
Prävention muss weiterhin etabliert und institutionalisiert werden, damit sie neben therapeutischen „Feuerwehrmaßnahmen" die Bedeutung erhält, die ihr zukommt. Dies gilt sowohl für den Bereich der Forschung, in dem Präventionsmaßnahmen stiefmütterlich behandelt werden, als auch für den Bereich des Gesundheitssystems, in dem lediglich für therapeutische Maßnahmen Geld vorhanden ist.
Was die konkrete Arbeit mit dem Programm anbetrifft, wäre eine Intensivierung des erfahrenden Lernens notwendig und sinnvoll. Dies bezieht sich insbesondere auf die gewählten Einzelbeispiele im Programm und die Einbindung der Erfahrungen der einzelnen Teilnehmer. Eine besondere Rolle kommt hierbei den Peers zu, welche von zentraler Bedeutung für die Lebenswelt der Heranwachsenden in diesem Alter sind. Deswegen ist eine Ausweitung des Peer-Lernens in den pädagogischen Raum notwendig, um einerseits die Durchführung des Programms sinnvoll vorzubereiten und andererseits mittel- und langfristige Effekte zu gewährleisten. Das Peer-Lernen stellt nicht nur ein didaktisches Modell der Gruppenarbeit dar, sondern bedeutet, dass die Jugendlichen einen Raum zur Verfügung gestellt bekommen, in dem sie sich in symmetrischen Beziehungen auf konstruktive Weise auseinandersetzen können. Diese Herangehensweise erfordert jedoch auch ein anderes Verständnis von Prävention und Intervention: Prävention darf nicht als kurzfristige Maßnahme missverstanden werden, welche

lediglich auf einen späteren Effekt abzielt oder hofft. Nur wenn Prävention in die pädagogischen Maßnahmen der Lehrer und die Institution der Schule als Ganzes einbezogen wird – und umgekehrt – und von den Eltern als notwendig anerkannt wird, kann sie langfristig sinnvoll und wirksam sein.
Dies zeigt, dass eine wirkungsvolle Prävention von Ängsten im Schulkontext dann besonders gut möglich ist, wenn das Kooperieren aller am Erziehungsprozess Beteiligten möglichst optimal ist.

Literaturverzeichnis

Achenbach, T. M. (1991). *Manual for the Youth Self-Report and 1991 Profile.* Burlington: University of Vermont, Department of Psychiatry.

Achenbach, T. M. & Edelbrock, C. S. (1978). The Classification of Child Psychology: A Review and Analyses of Empirical Efforts. *Psychological Bulletin, 85*, 1275-1301.

Achenbach, T. M., McConaughy, S. H., Howell, C. T. (1987). Child/adolescent behavioural and emotional problems: Implications of cross-informant correlations for situational specifity. *Psychological Bulletin, 101*, 213-232.

Albano, A. M. (1995). Treatment of social anxiety in adolescents. *Cognitive and Behavioural Practice, 2*, 271-298.

Albano, A.M. & Barlow, D.H. (1996). Breaking the vicious cycle: Cognitive-behavioral group treatment for socially anxious youth. In Hibbs, E.D. & Jensen, P.S. (Eds.), *Psychosocial treatments for child and adolescent disorders. Empirical based strategies for clinical practice (3rd edition, 43-62).* Washington: American Psychological Association.

Alessi, N. E. & Magen, J. (1988). Panic disorders in psychiatrically hospitalised children. *Journal of Psychiatry, 145*, 1450-1452.

Allen, J. (1973). Treatment of test anxiety by group-administered and self-administered relaxation. *Behaviour Therapy, 4*, 349-360.

Alsaker, F.D. & Flammer, A. (1999). *The adolescent experience: European and American Adolescents in the 1990s.* Hillsdale: Erlbaum.

American Academy of Child and Adolescent Psychiatry. (1997). Practice parameters for the assessment and treatment of children and adolescents with anxiety disorders. *Journal of the American Academy of Child and Adolescent Psychiatry, 36*, 69-84.

Arrindell, W.A., Emmelkamp, P.M.G., Monsma, A. & Brilman, E. (1983). The role of perceived parental rearing practices in the aetiology of phobic disorders: A controlled study. *British Journal of Psychiatry, 143,* 183-187.

Asher, S. R. & Coie, J. (1990). *Peer rejection in childhood.* Cambridge: Cambridge University Press.

Axelson, D. A. & Birmaher, B. (2001). Relation between anxiety and depressive disorders in childhood and adolescence. *Depression and Anxiety, 14*, 67-78.

Bagwell, C.L., Newcomb, A.F., & Bukowski, W.M. (1998). Preadolescent friendship and peer rejection as predictors of adult adjustment. *Child Development, 69,* 140-153.

Barlow, D. H. (1998). *Anxiety and its disorders.* New York: Guilford.

Barrett, P. M. (1998). Evaluation of Cognitive-Behavioural Group Treatments for Childhood Anxiety Disorders. *Journal of Clinical Child Psychology, 27*, 459-468.

Barrett, P. M. (2000). Treatment of Childhood Anxiety: Developmental aspects. *Clinical Psychology Review, 20*, 479-494.

Barrett, P. M., Dadds, M. R. & Rapee, R. M. (1996a). Family treatment of childhood anxiety: A controlled trial. *Journal of Consulting and Clinical Psychology, 64*, 333-342.

Barrett, P. M., Duffy, A. L., Dadds, M. R. & Rapee, R. M. (2001a). Cognitive-Behavioral Treatment of Anxiety Disorders in Children: Long-Term (6-Year) Follow-Up. *Journal of Consulting and Clinical Psychology*, 69, 135-141.

Barrett, P. M., Lowry-Webster, H. & Holmes, J. (1998). *The friends program.* Brisbane: Australian Academy Press.

Barrett, P. M., Lowry-Webster, H. & Turner, C. (2000a). *Friends program for youth: Participants workbook.* Brisbane: Australian Academy Press.

Barrett, P. M., Moore, A. F. & Sonderegger, R. (2000c). The FRIENDS program for young former-Yugoslavian. *Behaviour Change, 17*, 124-133.

Barrett, P. M., Rapee, R. M. Dadds, M. M. & Ryan, S. M. (1996b). Family enhancement of cognitive style in anxious and aggressive children. *Journal of Abnormal Child Psychology, 24*, 187-203.

Barrett, P. M, Shortt, A. L., Fox, T. L. & Wescombe, K. (2001c). Examing the Social Validity of the FRIENDS Treatment Program for Anxious Children. *Behaviour Change, 18*, 63-77.

Barrett, P. M., Sonderegger, R. & Sonderegger, N. L. (2001b). Evaluation of an Anxiety-prevention an Positive-coping Program (FRIENDS) for Children and Adolescents of Non-English-Speaking Background. *Behaviour Change, 18*, 78-91.

Barrett, P. M., Turner, C. M. & Sonderegger, R. (2000b). Childhood Anxiety in Ethnic Families: Current Status and Future Directions. *Behaviour Change, 17*, 113-123.

Barrett, P. & Turner, C. (2001). Prevention of anxiety symptoms in primary school: Preliminary results from a universal school-based trial. *British Journal of Clinical Psychology, 40*, 399-410.

Barrett, P., Webster, H. & Turner, C. (2003a). *Freunde für Kinder. Arbeitsbuch für Kinder (Aus dem Australischen Engl. übersetzt und bearbeitet von C.A. Essau und J. Conrath).* München: Reinhard.

Barrett, P., Webster, H. & Turner, C. (2003b). *Freunde für Kinder. Gruppenleitermanual - Trainingsprogramm zur Prävention von Angst und Depression (Aus dem Australischen Engl. übersetzt und bearbeitet von C.A. Essau und J. Conrath).* München: Reinhard.

Bauer, D. H. (1976). An exploratory study of developmental changes in children's fears. *Journal of Child Psychology and Psychiatry, 17*, 69-74.

Becker, P. (1986). Geschlecht und seelische Gesundheit. In Becker, P. & Minsel, B. (Hrsg.), *Psychologie der seelischen Gesundheit* (S. 120-183). Göttingen: Hogrefe.

Beidel, D. C., Fink, C. M. & Turner, S. M. (1996). Stability of anxious symptomatology in children. *Journal of Abnormal Child Psychology, 24*, 257-269.

Beidel, D.C. & Turner, S.M. (1988). Comorbidity of test anxiety and other anxiety disorders in children. *Journal of Abnormal Child Psychology, 16*, 275-287.

Beidel, D. C. & Turner, S. M. (1997). At risk for anxiety: I. Psychopathology in the offspring of anxious parents. *Journal of the American Academy of Child and Adolescent Psychiatry, 36*, 918-924.

Beidel, D. C. & Turner, S. M. (1999). *Shy children, phobic adults. Nature and treatment of Social Phobia.* Washington: APA.

Beidel, D. C., Turner, S. M. & Morris, T. L. (2000). Behavioral Treatment of Childhood Social Phobia. *Journal of Consulting and Clinical Psychology, 68*, 1072-1080.

Beidel, D., Turner, S.M. & Trager, K. (1994). Test anxiety and childhood anxiety disorders in African American and white school children. *Journal of Anxiety Disorders, 8*, 169-179.

Bernstein, G. A. (1991). Comorbidity and severity of anxiety and depressive disorders in a clinical sample. *Journal of the American Academy of Child and Adolescent Psychiatry, 30*, 43-50.

Bernstein, G. A., Borchardt, C. M. & Perwien, A. R. (1996). Anxiety disorders in children and adolescents: A review of the past 10 years. *Journal of the American Academy of Child and Adolescent Psychiatry, 35*, 1110-1119.

Bernstein, G. A., Garfinkel, B. D. & Haberman, H. M. (1989). Self-reported anxiety in adolescents. *Journal of Psychiatry, 146*, 384-386.

Bernstein, G. A., Hektner, J. M., Borchardt, C. M. & McMillan, M. H. (2001). Treatment of school refusal: One Year Follow-Up. *Journal of the American Academy of Child and Adolescent Psychiatry, 40*, 206-213.

Bernstein, G. A., Massie, E. D., Thuras, P. D., Perwin, A. R., Borchardt, C. M. & Crosby, R. D. (1997). Somatic symptoms in anxious-depressed school refusers. *Journal of the American Academy of Child and Adolescent Psychiatry, 36*, 661-668.

Bernstein, G. A., Warren, S. L., Massie, E. D. & Thuras, P. D. (1999). Family Dimensions in Anxious-Depressed School Refusers. *Journal of Anxiety Disorders, 13*, 513-528.

Biederman, J., Faraone, S. V., Keenan, K., Steingard, R. & Tsuang, M. T. (1991a). Familial association between attention deficit disorder and anxiety disorders. *American Journal of Psychiatry, 148*, 251-256.

Biederman, J. ,Faraone, S. V., Marrs, A., Moore, P., Garcia, J., Ablon, S., Mick, E., Gershon, J. & Kearns, M. E. (1997). Panic disorder and agoraphobia in consecutively referred children and adolescents. *Journal of the American Academy of Child and Adolescent Psychiatry, 36*, 214-223.

Biederman, J., Rosenbaum, J. F., Bolduc, E. A., Faraone, S. V. & Hirshfeld, D. R. (1991b). A high risk study of young children of parents with panic disorder and agoraphobia with and without comorbid major depression. *Psychiatry Research, 37*, 333-348.

Biederman, J., Rosenbaum, J. F. & Hirshfeld, D. F. (1990). Psychiatric correlates of behavioral inhibition in young children of parents with and without psychiatric disorders. *Archives of General Psychiatry, 47*, 21-26.

Bird H.R. & Gould, M.S. (1995). The use of diagnostic instruments and global measures of funktioning in child psychiatry epidemiological studies. In F. C. Verhulst & H. M. Koot (Eds.), *The epidemiology of child and adolescent psychopathology* (pp. 86-103). Oxford: Oxford University Press.

Bird, H. R., Canono, G., Rubio-Stipec, M., Gould, M. S., Ribera, J., Sesman, M., Woodbury, M., Huertas, S., Pagen, A., Sanchez-Lacay, A. & Moscosco, M. (1988). Estimates of the prevalence of childhood maladjustment in a community surves in Puerto Rico. *Archives of General Psychiatry, 45*, 1120-1126.

Bird, H., R., Gould, M. S. & Staghezza, B. M. (1993). Patterns of diagnostic comorbidity in a community sample of children aged 9 through 16 years. *Journal of the American Academy of Child and Adolescent Psychiatry, 32*, 361-368.

Bird, H. R., Yager, T. J., Staghezza, B., Gould, M. S. Canino, G & Rubio-Stipec, M. (1990). Impairment in the Epidemiological Measurement of Childhood Psychopathology in the Community. *Journal of the American Child Adolescent Psychiatry, 29*, 796-803.

Bishop, J.A. & Inderbitzen, H.M. (1995). Peer acceptance and friendship: An investigation of their relation to self-esteem. *Journal of Early Adolescence, 15*, 476-489.

Birmaher, B., Brent, D., Chiapetta, L, Bridge, J., Monga, S. & Bougher, M. (1999). Psychiometric Properties of the Screen for Child Anxiety Related Emotional Disorders (SCARED): A Replication Study. *Journal of the American Academy of Child & Adolescent Psychiatry, 38*, 1230-1236.

Bishop, J.A. & Inderbitzen, H.M. (1995). Peer acceptance and friendship: An investigation of their relation to self-esteem. *Journal of Early Adolescence, 15*, 476-489.

Blonk, R. W. B., Prins, P. J. M., Sergeant, J. A., Ringrose, J. & Brinkman, A. G. (1996). Cognitive-behavioral group therapy for socially incompetent children: Short-term and maintenance effects with a clinical sample. *Journal of Clinical Child Psychology, 25*, 215-224.

Bögels, S.-M. & Zigterman, D. (2000). Dysfunctional cognitions in children with social phobia, seperation anxiety disorder, and generalized anxiety disorder. *Journal of Abnormal Child Psychology, 28*, 205-211.

Bönninghoff, M. (1987). Prüfungsangst. *Quintessenz-Journal, 17*, 563-568.

Bolger, K.E., Patterson, C.J., Thompson, W.W. & Kupferschmidt, J.B. (1995). Psychosocial adjustment among children experiencing persistent and intermitted family economic hardship. *Child development, 66,* 1107-1129.

Borkovec, T. D. & Costello, E. (1993). Efficacy of Applied Relaxation and Cognitive-Behavioral Therapy in the Treatment of General Anxiety Disorder. *Journal of Consulting and Clinical Psychology, 61, 4,* 611-619.

Bowen, R., Offord, D. R. & Boyle, M. H. (1990). The prevalence of overanxious disorder and separation anxiety disorder: Results from the Ontario Child Health Study. *Journal of the American Academy of Child and Adolecent Psychiatry, 29,* 753-758.

Boyle, M. H., Offord, D. R., Hoffman, H. G., Catlin, G. P., Byles, G. A., Cadman, D. T., Crawford, J. W., Links, P. L., Rae-Grant, N. I. & Szatmari, P. (1987). Ontatrio Child Health Study: Methodology. *Archives of General Psychiatry, 44,* 826-831.

Bradley, S. & Hood, J. (1993). Psychiatrically referred adolescents with panic attacks: Presenting symptoms, stressors and comorbidity. *Journal of the American Academy of Child and Adolescent Psychiatry, 32,* 826-829.

Breidenstein, G. & Kelle, H. (2000). Die Schulklasse als Publikum. Zum Verhältnis von Peer Culture und Unterricht. *Die Deutsche Schule, 94, 3,* 318-329.

Bronfenbrenner, U. (1979). *The ecology of human development.* Cambridge: Harvard University Press.

Buchanan, G. M,, Gardenswartz, C. A. R. & Seligman, M. E. P. (2001). Physical Health Following a Cognitive-Behavioral Intervention. *Prevention & Treatment, Vol. 2, Article 10.*

Buhs, E. S. & Ladd, G. W. (2001). Peer Rejection as an Antecedent of Young Children's School Adjustment: An Examination of Mediating Process. *Developmental Psychology, 37,* 550-560.

Burnham, J. J. & Gullone, E. (1997). The Fear Survey Schedule for Children-II: A psychometric investigation with American Data. *Behavior Research and Therapy, 35,* 165-173.

Burns, D. D. & Eidelson, R. J. (1998). *Why are Depression and Anxiety Correlated? A Test of the Tripartite Model.*

Buss, A. H. (1980). *Self-consciousness and social anxiety.* San Francisco: Freeman.

Butler, G. & Mathews, A. (1983). Cognitive processes in anxiety. *Advances in Behavior Research and Therapy, 5,* 51-62.

Caplan, G. (1961). *Prevention of Mental Disorders in Children.* New York: Basic Books.

Caplan, G. (1964). *Principles of preventive psychiatry.* New York: Behavioral Publications.

Capps, L., Sigman, M., Sena, R. & Henker, B. (1996). Fear anxiety and perceived control in children of agoraphobic patients. *Journal of Child Psychology and Psychiatry, 37,* 445-452.

Catalano, R. F., Berglund, M. L., Ryan, J. A. M., Lonczak, M. A. & Hawkins, J. D. (1998). Positive Youth Development in the United States: Research Findings of Positive Youth Development Programs. *http://www.aspe.hhs.gov/hsp/positiveyouthdev99/.*

Chambless, D. L. & Gillis, M. M. (1993). Cognitive Therapy of Anxiety Disorders. *Journal of Consulting and Clinical Psychology, 61,* 248-260.

Chambless, D. L. & Hollon, S. D. (1998). Defining Empirically Supported Therapies. *Journal of Consulting and Clinical Psychology, 66,* 7-18.

Chansky, T. E. & Kendall, P. C. (1997). Social expectances and self-perceptions in anxiety-disordered children. *Journal of Anxiety Disorders, 11,* 347-363.

Chorpita, B. F. (2002). The Tripartite Model and Dimensions of Anxiety and Depression: An Examination of Structure in a Large School Sample. *Journal of Abnormal Child Psychology, 30,* 177-190.

Chorpita, B. F., Albano, A. M. & Barlow, D. H. (1996). Cognitive processing in children: Relation to anxiety and family influences. *Journal of Child Clinical Psychology, 24*, 170.176.

Chorpita, B. F. & Barlow, D. H. (1998). The development of anxiety: The Role of Control in the Early Environment. *Psychological Bulletin, 124*, 3-21.

Chorpita, B. F., Brown, T. A. & Barlow, D. H. (1998). Perceived control as a mediator of family environment in etiological models of childhood anxiety. *Behaviour Therapy, 29*, 457-476.

Chorpita, B. F., Yim, L., Moffit, C., Umemoto, L. A. & Francis, S. E. (2000). Assessment of symptoms of DSM-IV anxiety and depression in children: a revised child anxiety and depression scale. *Behavior Research and Therapy, 38*, 835.

Cicchetti, D. & Toth, S. L. (1991). A Developmental Perspective on Internalizing and Externalizing Disorders. In Cicchetti, D. & Toth, S. L. (Eds.), *Internalizing and Externalizing Expression of Dysfunction* (pp. 1-17). Hilsdale: Erlbaum.

Cicchetti, D. & Toth, S. L. (1995). Developmental Psychopathology and Disorders of Affect. In Cicchetti, D. & Cohen, D. J. (Eds.), *Developmental Psychopathology* (pp. 369-420). New York: Wiley.

Cicchetti, D. & Rogosch, F. A. (1996). Equifinality and multifinality in developmental psychopathology. *Development and Psychopathology, 8*, 597-200.

Cicchetti, D. & Tooth, S. T. (1998). The Development of Depression in Children and Adolescents. *American Psychologist,53*, 221-241.

Cohen, P., Cohen, J., Kasen, S., Velez, C. N., Hartmark, C., Johnson, J., Rojas, H., Brook, J. & Streuning, E. L. (1993). An epidemiological study of disorders in late childhood and adolescence - I: Age- and gender-specific prevalence. *Journal of Child Psychology and Psychiatry, 34*, 851-867.

Coie, J. D., Watt, N. F., West, Hawkins, J. D. Asarnow, J. R., Markman, H. J. Ramey, S. L. Myrna, B. S. & Long, B. (1993). A conceptual framework and some Directions for a national research program. *American Psychologist, 48*, 1013-1022.

Cole, D. A., Peeke, L. G, Martin, J. M. Truglio, R. & Seroczynski, A. D. (1998). A Longitudinal Look at the Relation between Depression and Anxiety in Children and Adolescents. *Journal of Consulting and Clinical Psychology, 66*, 451-460.

Cole, D. A., Truglio, R. & Peeke, L. (1997). Relation between symptoms of anxiety and depression in children: A multitrait-multimethod-multigroup assessment. *Journal of Consulting and Clinical Psychology, 65*, 110-119.

Compas, B. E., Hinden, B. R. & Gerhardt, C. A. (1995). Adolescent Development: Pathways and Processes of Risk and Resilience. *Annual Review of Psychology, 46*, 265-293.

Compton, S., Nelson, A. & March, J. (2000). Social Phobia and Seperation Anxiety Symptoms in Community and Clinical Samples of Children and Adolescents. *Journal of the American Academy of Child and Adolescent Psychiatry, 39*, 1040-1046.

Conger, R.D., Ge, X., Elder, G.H.Jr., Lorenz, F.O. & Simons, R.L. (1994). Economic stress, coercive family process, and developmental problems of adolescents. *Child Development, 65*, 541-561.

Cornwall, E., Spence, S. H. & Schotte, D. (1996). The effectiveness of emotive imagery in the treatment of darkness phobia in children. *Behaviour Change, 13*, 223-229.

Costello, E. J. & Angold, A. (1995). Epidemiology. In March, J. S. (Eds.), *Anxiety Disorders in children and adolescents* (pp. 109-124). New York: Guilford Press.

Craig, K. D. & Dobson, K. S. (1995). *Anxiety and Depression in adults and children.* London: Sage.

Craske, M. G. (1997). Fear and anxiety in children and adolescents. *Bulletin of the Menninger Clinic, 61*, 4-36.

Crijnen, A., Achenbach, T. & Verhulst, F. C. (1997). Comparisons of problems reported by parents of children in 12 cultures: total problems, externalizing, and internalizing. *Journal of the American Academy of Child and Adolescent Psychiatry, 36*, 1269-1277.

Crijnen, A., Achenbach, T. & Verhulst, F. C. (1999). Problems reported by parents of children in multiple cultures: The Child Behavior Checklist syndrome constructs. *American Journal of Psychiatry, 156*, 569-574.

Crotti, E. & Magni, A. (2002). *Die verborgenen Ängste der Kinder.* München: Beust.

Cummings, E. M. & Davies, P. (1996). Emotional security as a regulatory process in normal development andt the development of psychopathology. *Development and Psychopathology, 8*, 123-139.

Curle, C. E. & Williams, C. (1996). Post-traumatic stress reactions in children: Gender differences in the incidence of trauma reactions at two years and examination of factors influencing adjustment. *British Journal of Clinical Psychology, 35*, 297-309.

Curry, J. F. & Murphy, L. B. (1995). Comorbidity of Anxiety Disorders. In March, J. S. (Eds.), *Anxiety Disorders in children and adolescents* (pp. 301-317). New York: Guilford Press.

Dadds, M. R. & Barrett, P. M. (1996). Family process in child and adolescent anxiety and depression. *Behavior Change, 13*, 231-239.

Dadds, M. R., Holland, D. E., Laurens, K. R., Mullins, M., Barrett, P. M. & Spence, A. H. (1999). Early Intervention and prevention of anxiety disorders in children: results of a 2-year follow-up. *Journal of Consulting and Clinical Psychology, 64*, 145-150.

Dadds, M. R., Spence, S. H., Holland, D. E., Barrett, P. M. & Laurens, K. R. (1997). Prevention and Early Intervention for Anxiety Disorders: A controlled trial. *Journal of Consulting and Clinical Psychology, 65*, 627-635.

Damon, W. & Hart, D. (Eds.) (1988). *Self-understanding in childhood and adolescence.* Cambridge: Cambridge University Press.

Dekovic, M. (1999) Risk and protective factors in the development of problem behavior during adolescence. *Journal of Youth and Adolescence, 28*, 667-698.

Denny, M. R. (1991). *Fear, Avoidance and Phobias. A fundamental Analysis.* Hillsdale: Lawrence.

Derryberry, D. & Reed, M. A. (1994). Temperament and the self-organization of personality. *Development and Psychopathology, 6*, 653-676.

Döpfner, M. (1995). Behandlung eines Kindes mit Sozialphobie und sozialer Angst. *Kindheit und Entwicklung, 4*, 248-253.

Döpfner, M. (1997). Verhaltenstherapie mit Kindern und Jugendlichen - Konzepte, Ergebnisse und Perspektiven der Therapieforschung. In Petermann, F. (Hrsg.), *Kinderverhaltenstherapie* (S. 331-366). Baltmannsweiler: Schneider.

Döpfner, M. (1999). Agoraphobie, soziale Angst, generalisierte Angst, Trennungsangst, Zwang, Depression? *Kindheit und Entwicklung, 8*, 247-253.

Döpfner, M. (2000). Diagnostik und funktionale Analyse von Angst- und Zwangsstörungen bei Kindern und Jugendlichen - ein Leitfaden. *Kindheit und Entwicklung, 9*, 143-160.

Döpfner, M., Berner, W. & Lehmkuhl, G. (1995). Reliabilität und faktorielle Validität der Youth Self-Report der Child Behavior Checklist bei einer klinischen Stichprobe. *Diagnostica, 41*, 221-244.

Döpfner, M. & Lehmkuhl, G. (1997). Von der kategorialen zur dimensionalen Diagnostik. *Praxis der Kinderpsychologie und Kinderpsychiatrie, 46*, 519-547.

Döpfner, M. & Lehmkuhl, G. (2002). Die Wirksamkeit von Kinder- und Jugendlichenpsychotherapie. *Psychologische Rundschau, 53*, 184-193.

Döpfner, M., Lehmkuhl, G., Heubrock, D. & Petermann, F. (2000b). *Diagnostik psychischer Störungen im Kindes- und Jugendalter.* Göttingen: Hogrefe.

Döpfner, M, Lehmkuhl, G., Petermann, F. & Scheithauer, H. (2000a). Diagnostik psychischer Störungen. In Petermann, F. (Hrsg.), *Lehrbuch der klinischen Kinderpsychologie und -psychotherapie* (S. 95-140). Göttingen: Hogrefe.

Döpfner, M., Melchers, P., Fegert, J., Lehmkuhl, G., Lehmkuhl, U., Schmeck, K., Steinhausen, H. C. & Poustka, F. (1994). Deutschsprachige Konsensus-Versionen der Child Behavior Checklist (CBCL 4-18), der Teacher Report Form (TRF) und der Youth Self Report Form (YSR). *Kindheit und Entwicklung, 3*, 54-59.

Döpfner, M., Plück, J., Berner, W., Englert, E., Fegert, J. M., Huss, M., Lenz, K., Schmeck, K., Lehmkuhl, G., Lehmkuhl, U. & Poustka, F. (1998). Psychische Auffälligkeiten und psychosoziale Kompetenzen von Kindern und Jugendlichen in den neuen und alten Bundesländern - Ergebnisse einer bundesweit repräsentativen Studie. *Zeitschrift für Klinische Psychologie, 27*, 9-19.

Döpfner, M., Plück, J., Berner, W., Fegert, J., Huss, M., Lenz, K., Schmeck, K., Lehmkuhl, U., Poustka, F. & Lehmkuhl, G. (1997). Psychische Auffälligkeiten und psychosoziale Kompetenzen von Kindern und Jugendlichen in Deutschland - Ergebnisse einer repräsentativen Studie: Methodik, Alters-, Geschlechts- und Beurteilereffekte. *Zeitschrift für Kinder- und Jugendpsychiatrie und Psychotherapie, 25*, 218-233.

Döpfner, M., Schmeck, K., Berner, W., Lehmkuhl, G. & Poustka, F. (1994). Zur Reliabilität und faktoriellen Validität der Child Behavior Checklist - eine Analyse in einer klinischen und einer Feldstichprobe. *Zeitschrift für Kinder- und Jugendpsychiatrie, 22*, 189-205.

Dombeck, M. J., Siegle, G. J. & Ingram, R. E. (1996). *Cognitive Interference and Coping strategies in vulnerability to negative affect* (S. 299-323). Mahwah: Erlbaum.

Donovan, C. L. & Spence, S. H. (2000). Prevention of Childhood Anxiety Disorders. *Clinical Psychology Review, 20*, 509-531.

Dreher, E. & Dreher, M. (1985). Wahrnehmung und Bewältigung von Entwicklungsaufgaben im Jugendalter: Fragen, Ergebnisse und Hypothesen zum Konzept einer Entwicklungs- und Pädagogischen Psychologie des Jugendalters. In Oerter, R. (Hrsg.), *Lebensbewältigung im Jugendalter* (S. 30-61). Weinheim: VCH Verlagsgesellschaft.

Dreher, E. & Dreher, M. (1991). Entwicklungsrelevante Ereignisse aus Sicht der Jugendlichen. *Schweizerische Zeitschrift für Psychologie, 50*, 24-33.

DSM-III-R. (1989). *Diagnostisches und Statistisches Manual Psychischer Störungen.* Weinheim: Beltz.

DSM-IV. (1998). *Diagnostisches und Statistisches Manual psychischer Störungen (2. verb. Aufl.).* Göttingen: Hogrefe.

Duda-Kirchhof, K & Döpfner, M. (2000). Therapieprogramm für Kinder und Jugendliche mit Angststörungen - Behandlungskonzept und Behandlungseffekt. *Kindheit und Entwicklung, 9*, 161-170.

Durlak, J. A. (1995). *School-Based Prevention Programs for Children and Adolescents.* London: Sage.

Durlak, J. A. (1997). *Successful Prevention Programs for Children and Adolescents.* New York: Plenum.

Eder, F. (Hrsg.)(1995). *Das Befinden von Kindern und Jugendlichen in der Schule.* Innsbruck: Studien-Verlag.

Eder, F. & Felhofer, G. (1994). Schule als Lebenswelt. In Wilk, L. & Bacher, J. (Hrsg.), *Kindliche Lebenswelten* (S. 197-251). Opladen: Leske + Budrich.

Edwards, J. M. & Trimble, K. (1992). Anxiety, Coping and Academic performance. *Anxiety, Stress and Coping, 5*, 337-350.

Ehlers, W. (Hrsg.)(1996). *Grundlagen der klinischen Psychologie.* Göttingen: Hogrefe.

Emelkamp, P. M. G. & Scholing, A. (1997). Anxiety disorder. In Essau, C. A. & Petermann, C. A. (Eds.), *Developmental Psychopathology* (pp. 219-263). London: Harwood.

Epkins, C. C. (1996). Cognitive Specifity and affective confounding in social anxiety and dysphoria in children. *Journal of Psychopathology and Behavioral Assessment, 18,* 83-101.

Essau, C. A. (2002b). Durchführbarkeit und Wirksamkeit des FREUNDE-Programms zur Prävention von Angst bei Kindern. In von der Meer, E., Hagendorf, H., Beyer, R., Krüger, F., Nuthmann, A. & Schulz, S. (Hrsg.), *43. Kongress der Deutschen Gesellschaft für Psychologie* (S. 118). Lengerich: Pabst Science Publisher.

Essau, C. A. (2002a). *Depression bei Kindern und Jugendlichen.* München: Reinhard.

Essau, C. A. & Barrett, P. (2001). Developmental Issues in the Assessment of Anxiety. In Essau, C. A. & Petermann, F. (Eds.), *Anxiety disorders in Children and Adolescents: Epidemiology, Risk Factors and Treatment (pp 75-110).* Hove: Brunner-Routledge.

Essau, C. A., Conradt, J. & Petermann, F. (1999). Frequency of panic attacks and panic disorder in adolescents. *Depression and Anxiety, 9,* 19-26.

Essau, C. A., Conradt, J. & Petermann, F. (2000). Häufigkeit und Komorbidität somatoformer Störungen bei Jugendlichen: Ergebnisse der Bremer Jugendstrudie. *Zeitschrift für Klinische Psychologie und Psychotherapie, 29,* 97-108.

Essau, C. A., Conradt, J. & Petermann, F. (2002a). Course and outcome of anxiety disorders in adolescents. *Journal of Anxiety Disorders.*

Essau, C. A., Feehan, M. & Üstun, M. (1997). Classification and assessment strategies. In Essau, C. A. & Petermann, F. (Eds.), *Developmental psychopathology: Epidemiology, diagnosis and treatment* (S. 19-62). London: Harwood.

Essau, C. A., Karpinski, N. A., Petermann, F. & Conradt, J. (1998). Häufigkeit und Komorbidität von Angststörungen bei Jugendlichen: Ergebnisse der Bremer Jugendstudie. *Verhaltenstherapie, 8,* 105-124.

Essau, C. A., Muris, P. & Ederer, E. M. (2002b). Reliability and validity of the Spence Children's Anxiety Scale and the Screen vor Child Anxiety Related Emotional Disorders in German children. *Journal of Behavior Therapy and Experimental Psychiatry, Vol. 33, 1,* 1-18.

Essau, C., Conradt, J., Petermann, F. & Petermann, U. (2002c). Frequency, Comorbidity, and Psychosocial Impairment of Anxiety Disorders in German Adolescents. *Journal of Anxiety Disorders, 14,* 263-279.

Esser, G., Ihle, W., Schmidt, M. & Blanz, B. (2000). Der Verlauf psychischer Störungen vom Kindes- zum Erwachsenenalter. *Zeitschrift für Klinische Psychologie und Psychotherapie, 29,* 276-283.

Esser, G., Schmidt, M. H. & Woerner, W. (1990). Epidemiology and course of psychiatric disorders in school-age children - Results of a longitudinal study. *Journal of Child Psychology and Psychiatry, 31,* 243-264.

Federer, M., Stüber, S., Margraf, J., Schneider, S. & Herrle, J. (2001). Selbst- und Fremdeinschätzung der Kinderängstlichkeit. *Zeitschrift für Differentielle und Diagnostische Psychologie, 22,* 194-205.

Fend, H. (1997). *Der Umgang mit Schule in der Adoleszenz.* Bern: Huber.

Fend, H. (1998). *Eltern und Freunde. Soziale Entwicklung im Jugendalter.* Bern: Huber.

Fend, H. (2000). *Entwicklungspsychologie des Jugendalters.* Opladen: Leske + Budrich.

Fergusson, D. M., Horwood, L. J. & Lynskeyl, M. T. (1993). Prevalence and comorbidity of DSM-III-R diagnoses in an birth cohort of 15 year olds. *Journal of the American Academy of Child and Adolescent Psychiatry, 32,* 1127-1134.

Ferro, T., Carlson, G. A., Grayson, P. & Klein, D. N. (1994). Depressive disorders: Distinctions in children. *Journal of the American Academy of Child and Adolescent Psychiatry, 33*, 664-670.

Fischer, A. (1992). Entwicklung der Meßskalen. In Jugendwerk der deutschen Schell (Hrsg.), *Jugend '92*. Opladen: Leske und Budrich.

Flakierska-Praguin, N., Lindström, M. & Gillberg, L. (1997). School phobia with separation anxiety disorders: A comparative 20- to 29-year follow-up study of 35 school refusers. *Comprehensive Psychiatry, 38*, 17-22.

Flammer, A. & Alsaker, F. D. (2001). *Entwicklungspsychologie der Adoleszenz*. Bern: Huber.

Flannery-Schroeder, E. C. & Kendall, P. C. (2000). Group and Individual Cognitive-Behavioral Treatment for Youth with Anxiety Disorders: A Randomized Clinical Trial. *Cognitive Therapy and Research, 24*, 251-278.

Forkel, I., Silbereisen, R. K. & Wiesner, M. (2001). Elterliche ökonomische Belastungen und depressive Verstimmungen bei Jugendlichen aus den alten und neuen Bundesländern. *Zeitschrift für Entwicklungspsychologie und Pädagogische Psychologie, 33*, 221-229.

Fox, J., Houston, K. & Pittner, M. (1983). Trait anxiety and children's cognitive behaviors in an evaluative situation. *Cognitive Therapy and Research, 7*, 149-154.

Fox, T. L., Barrett, P. M. & Shortt, A. L. (2002). Siblings Relationships of Anxious Children: A Preliminary Investigation. *Journal of Clinical Child and Adolescent Psychology, 31*, 375-383.

Francis, G. (1988). Assessing cognitions in anxious children. *Behavior Modification, 12*, 267-280.

Franzis, G. & Beidel, D. (1995). Cognitive-Behavioral Psychotherapy. In March, J. S. (Eds.), *Anxiety Disorders in children and adolescents* (pp. 321-340). New York: Guilford Press.

Frederickson, B. L. (2000). Cultivating Positive Emotions to Optimize Health and Well-Being. *Prevention and Treatment, 3*, 1-24.

French, D.J., Conrad, J. & Turner, T. (1995). Adjustment of antisocial and nonantisocial rejected adolescents. *Development and Psychopathology, 7*, 857-874.

Fuchs, M. & Elschenbroich, G. (Hrsg.). (1996). *Funktionelle Entspannung in der Kinderpsychotherapie (2. Aufl.)*. München: Reinhard.

Fyer, A. J. (1993). Heritability of social anxiety: A brief review. *The Journal of Clinical Psychiatry, 54 (Suppl. 12)*, 10-12.

Galassi, J., Frierson, H. & Sharer, R. (1981). Behavior of high, moderate and low test anxious students during an actual test situation. *Journal of Consulting and Clinical Psychology, 49*, 51-62.

Garrison, C. Z., Addi, C. L., Jackson, K. L., McKeown, R. E. & Waller, J. L. (1992). Major depressive disorder and dysthymia in young adolescence. *American Journal of Epidemiology, 135*, 792-802.

Gartner, F. & Jirasko, M. (1999). "Ehrgeizige" Eltern und schlechte Schulleistungen. Fördern überhöhte elterliche Ausbildungswünsche kindliche Prüfungsangst? *Report Psychologie, 24*, 272-279.

Gerbert, K. (1989). Prüfungsangst. *Medizinische Monatsschrift für Pharmakologie, 4*, 106-110.

Gerlsma, C., Emmelkamp, P. & Arrindell, W. (1990). Anxiety, depression and perceptions of early parenting: A meta-analysis. *Clinical Psychology Review, 10*, 251-278.

Ginsberg, G. S., Silverman, W. K. & Kurtines, W. M. (1995). Family involvement in treating children with phobic and anxiety disorders: A look ahead. *Clinical psychology Review, 15*, 457-473.

Gjone, H. & Stevenson, J. (1997). The association between internalizing and externalizing behavior in childhood and early adolescence: Genetic or environmental common influence? *Journal of Abnormal Child Psychology, 25*, 277-286.

Goldfried, M., Linehan, M. & Smith, J. (1978). Reduction of test anxiety through cognitive restructuring. *Journal of Consulting and Clinical Psychology, 46*, 32-39.

Goodyer, I., Herbert, J., Secher, S. & Pearson, J. (1997). Short term outcome of major depression: I. Comorbidity and severity at presentation as predictors of persistent disorder. *Journal of the American Academy of Child and Adolescent Psychiatry, 36*, 179-187.

Gray, M.R. & Steinberg, S.L. (1999). Unpacking authoritative parenting: reassassing a multidimensional construct. *Journal of marriage and the family, 61*, 574-587.

Greco, L. A. & Morris, T. L. (2001). Treating Childhood Shyness and Related Behavior: Empirically Evaluated Approaches to Promote Positive Social Interactions. *Clinical Child and Family Psychology Review, 4*, 299-318.

Greenberg, M. T., Domitrovich, C. & Bumbarger, B. (2001). The Prevention of Mental Disorders in School-Aged Children: Current State of the Field. *Prevention & Treatment, Vol. 4, Article 1.*

Greve, W. (2000). Psychologie des Selbst - Konturen eines Forschungsthemas. In Greve, W. (Hrsg.), *Psychologie des Selbst* (S. 15-36). Weinheim: Beltz.

Grindler, M. (1988). Effects of cognitive monitoring strategies on the test-anxieties of elementary students. *Psychology in the Schools, 25*, 428-436.

Groot, A. de, Koot, H. M. & Verhulst, F. C. (1994). Cross-Cultural Generalizability of the Child Behavior Checklist Cross-Informant Syndromes. *Psychological Assessment, 6* , 225-230.

Gruner, K., Muris, P. & Merckelbach, H. (1999). The relationship between axious rearing behaviors and anxiety disorders symptomatology in normal children. *Journal of Behavior Therapy and Experimental Psychiatry, 30*, 27-35.

Gullone, E. (2000). The Development of normal Fear: A century of Research. *Clinical Psychology Review, 20*, 429-451.

Gullone, E. & King, N. J. (1997). Three year follow-up of normal fear in children and adolescents aged 7 to 18 years. *British Journal of Developmental Psychology, 15*, 97-111.

Habermas, T. (2001). Die Entwicklung eines stabilen Selbstkonzepts als Beitrag zur Zunahme der Depression im späten Kindes- und Jugendalter. *Zeitschrift für Entwicklungspsychologie und Pädgogische Psychologie, 33*, 215-220.

Hager, W. & Hasselhorn, M. (2000). Kriteriumsmaße bei der Evaluation von Interventionsprogrammen. In Hager, W., Patry, J.-L. & Brezing, H. (Hrsg.), *Handbuch Evaluation psychologischer Interventions-maßnahmen* (S. 169-179). Bern: Huber.

Hamm, A. (1993). Progressive Muskelentspannung. In Vaitl, D. & Petermann, F. (Hrsg.), *Handbuch der Entspannungsverfahren. Band 1: Grundlagen und Methoden* (S. 245-271). Weinheim: Beltz.

Hamm, A. (1993). Progressive Muskelentspannung. In Vaitl, D. & Petermann, F. (Hrsg.), *Handbuch der Entspannungsverfahren, Bd. 1* (S. 245-271). Weinheim: Beltz.

Harrington, R., Rutter, M. & Fombone, E. (1996). Developmental pathways in depression: Multiple meanings, antecedents, and endpoints. *Development and Psychopathology, 8*, 601-616.

Harter, S. (1999). *The construction of the self. A developmental perspective.* New York: Guilford Press.

Havighurst, R.J. (1948). *Developmental tasks and education.* Chicago: University Press of Chicago.

Hayward, C., Killen, J. D., Hammer, L. D., Litt, F. F., Wilson, D. M., Simmonds, B. & Taylor, C. B. (1992). Pubertal stage and panic attack history in sixth- and seventh-grade girls. *American Journal of Psychiatry, 149*, 1239-1243.

Hayward, C., Killen, J. D., Kraemer, H. C., Blair-Greiner, A., Strachowski, D., Cunning, D. & Taylor, C. B. (1997). Assessment and phenomenology of nonclinical panic attacks in adolescent girls. *Journal of Anxiety Disorders, 11*, 17-32.

Heemann, A., Schulte-Markwort, M., Ruhl, U. & Knölker, U. (1998). Posttraumatische Belastungsstörung bei Kindern und Jugendlichen. *Kindheit und Entwicklung, 7*, 129-142.

Heinrichs, N., Saßmann, H., Hahlweg, K. & Perrez, M. (2002). Prävention kindlicher Verhaltensstörungen. *Psychologische Rundschau, 53*, 170-183.

Hermans, H. J. M., ter Laak, J. J. & Maes, P. C. (1972). Achievement motivation and fear of failure in family and school. *Developmental Psychology, 6*, 520-528.

Hewitt, P. L., Caelian, C. F., Flett, G. L., Sherry, S. B., Collins, L. & Flynn, C. A. (2002). Perfectionism in children: associations with depression, anxiety and anger. *Personality and Individual Differences, 32*, 1049-1061.

Hewitt, P. L. & Flett, G. L. (1991). Perfectionism in the Self and Social Contexts: Conceptualisation, Assessment, and Association. *Journal of Personality and Social Psychology, 60*, 456-470.

Hill, H. M., Levermore, M., Twaite, J. & Jones, L. P. (1996). Exposure to community violence and social support as predictors of anxiety and social and emotional behavior among African American children. *Journal of child and Family Studies, 5*, 399-414.

Hill, K. T. & Sarason, S. (1966). The relation of test anxiety and defensiveness to test and school performance over the elemenatry-school years. *Monographs of the Society for Research in Child Development, 31*, 1-76.

Himmelhoch, J. Levine, J. & Gershon, S. (2001). Historical overview of the relationship between anxiety disorders and affective disorders. *Depression and Anxiety, 14*, 53-66.

Hirshfeld, D. R., Rosenbaum, J. F., Biederman, J., Bolduc, E. A., Faraone, S. V., Snidman, M., Reznick, J. S. & Kagan, J. (1992). Stable behavioral inhibition and its association with anxiety disorder. *Journal of the American Academy of Child and Adolescent Psychiatry, 31*, 103-111.

Höfer, R. (2000). *Jugend, Gesundheit und Identität. Studien zum Kohärenzgefühl.* Opladen: Leske & Budrich.

Holahan, C., Richardson, F., Puckett, S. & Bell, K. (1979). Evaluation of two test-anxiety reduction treatments in a secondary preventon program. *American Journal of Community Psychology, 7*, 679-687.

Hollandsworth, J. G., Glazeski, R. C., Kirkland, K., Jones, G. E. & Van Norman, L. R. (1979). An analysis of the nature and effects of test anxiety: Cognitive, behavioral, and physiological components. *Cognitive Therapy and Research, 3*, 165-180.

Holroyd, K. (1976). Cognition and desensitization in the group treatment of test anxiety. *Journal of Consulting and Clinical Psychology, 44*, 991-1001.

Houston, B. K., Fox, J. E. & Forbes, L. (1984). Trait anxiety and children's state anxiety, cognitive behavior, and performance under stress. *Cognitive Therapy and Research, 8*, 631-641.

Howard, B. L. & Kendall, P. C. (1996). Cognitive-behavioral family therapy for anxiety-disordered children: A multiple-baseline evaluation. *Cognitive Therapy and Research, 20*, 423-443.

Hülshoff, T. (1999). *Emotionen: eine Einführung für beratende, therapeutische, pädagogische und soziale Berufe.* München: Reinhard.

Hurrelmann, K., Linssen, R., Albert, M. & Quellenberg, H. (2002). Eine Generation von Egotaktikern? Ergebnisse der bisherigen Jugendforschung. In Deutsche Schell (Hrsg.), *Jugend 2002* (S. 31-52). Frankfurt: Fischer.

Hurrelmann, K. & Settertobulte, W. (2002). Prävention und Gesundheitsförderung im Kindes- und Jugendalter. In Petermann, F. (Hrsg.), *Lehrbuch der Klinischen Kinderpsychologie und -psychiatrie* (5. Aufl., S. 131-148). Göttingen: Hogrefe.

Hussian, R. & Scott, L. (1978). The reduction of test, state and trait anxiety by test-specific and generalized stress inoculation training. *Cognitive Therapy and Research, 2*, 25-37.

Ialongo, N., Edelsohn, G., Werthamer-Larsson, L., Crockett, L. & Kellam, S. (1996). The course of aggression in firstgrade children with and without comorbid anxious symptoms. *Journal of Abnormal Child Psychology, 24*, 445-456.

Ihle, W. & Esser, G. (2002). Epidemiologie psychischer Störungen im Kindes- und Jugendalter: Prävalenz, Verlauf, Komorbidität und Geschlechtsunterschiede. *Psychologische Rundschau, 53*, 159-169.

Ihle, W., Esser, G., Schmidt, M. H. & Blanz, B. (2000). Prävalenz, Komorbidität und Geschlechtsunterschiede psychischer Störungen vom Grundschul- bis ins frühe Erwachsenenalter. *Zeitschrift für Klinische Psychologie und Psychotherapie, 29*, 263-275.

Ingram, R. E. & Malcarne, V. L. (1995). Cognition in Depression and Anxiety: Same, different or a little bit of both? In Craig, K. D. & Dobson, K. S. (Eds.), *Anxiety and Depression in adults and children* (pp. 37-56). London: Sage.

Institute of Medicine. (1994). *Reducing risks for mental disorders: Frontiers for preventive intervention research.* Washington: National Academy Press.

Jacobson, E. (1990). *Entspannung als Therapie. Progressive Relaxation in Theorie und Praxis.* München: Pfeiffer.

Kagan, J. Reznick, J. S. & Snidman, N. (1988). Biological bases of childhood shyness. *Science, 240*, 167-173.

Kanders, M. (1996). Das Bild der Schule aus der Sicht von Schülern und Lehrern. In Rolf, H.-G. et al. (Hrsg.), *Jahrbuch der Schulentwicklung, Band 9* (S. 57-113). Weinheim: Juventa.

Kashani, J. H., Carlson, G. A., Beck, N. C., Hoeper, E. W., Corcoran, D. M., McAllister, J. A., Fallahi, C., Rosenberg, T. K. & Reid, J. C. (1987). Depression, depressive symptoms, and depressed mood among a community sample of adolescents. *American Journal of Psychiatry, 144*, 931-934.

Kashani, J. H. & Orvaschel, H. (1990). A community study of anxiety in children and adolescents. *American Journal of Psychiatry, 147*, 313-318.

Kashdan, T. B. & Herbert, J. D. (2001). Social Anxiety Disorder in Childhood and Adolescence: Current Status and Future Directions. *Clinical Child and Family Psychology Review, 4*, 37-61.

Katahn, M., Strenger, S. & Cherry, N. (1966). Group counseling and behavior therapy with test-anxious college students. *Journal of Consulting Psychology, 30*, 544-549.

Katzelnick, D. J., Kobak, K. A., DeLeire, T., Henk, H. J., Greist, J. H., Davidson, J. R. T., Schneider, F. R., Stein, M. B. & Helstad, C. P. (2001). Impact of Generalized Social Anxiety Disorder in Managed Care. *American Journal of Psychiatry, 158*, 1999-2007.

Kazdin, A. E. & Weisz, J. R. (1998). Identifying and Developing Empirically Supported Child and Adolescent Treatments. *Journal of Consulting and Clinical Psychology, 66*, 19-36.

Kearny, C. A. (1993). Depression and School Refusal Behavior: A Review With Comments on Classification and Treatment. *Journal of School Psychology, 31*, 267-279.

Kearny, C. A., Albano, A. M., Eisen, A. R., Allen, W. D. & Barlow, D. M. (1997). The phenomenology of panic disorder in youngsters: An empirical study of a clinical sample. *Journal of Anxiety Disorders, 11*, 49-62.

Kearny, C. A. & Silverman, W. K. (1998). A critical review of pharmacotherapy for youth with anxiety disorders: Things are not as they seem. *Journal of Anxiety Disorders, 12*, 83-102.

Keefe, K. & Berndt, T. (1996). Relations of friendship quality to self-esteem in early adolescence. *Journal of Early Adolescence, 16*, 110-129.

Keller, M. B., Lavori, P. W., Wunder, J., Beardslee, W. R., Schwartz, C. E. & Roth, J. (1992). Chronic course of anxiety disorders in children and adolescents. *Journal of the American Academy of Child and Adolescent Psychiatry, 31*, 596-599.

Kendall, P. C. (1992). *Coping Cat workbook.* Ardmore: Workbook Publishing.

Kendall, P. C. (1993). Cognitive-Behavioral Therapies with Youth: Guiding Theory, Current Status, and Emerging Developments. *Journal of Consulting and Clinical Psychology, 61*, 235-247.

Kendall, P. C. (1994). Treating anxiety disorders in children: results of a randomized clinical trial. *Journal of Consulting and Clinical Psychology, 62*, 100-110.

Kendall, P. C. (1998). Empirically Supported Psychological Therapies. *Journal of Consulting and Clinical Psychology, 66*, 3-6.

Kendall, P. C. (2000). Anxiety Disorders. In Kendall, P. C. (Eds.), *Childhood Disorders* (pp. 83-94). Hove, UK: Psychology Press.

Kendall, P. C. & Brady, E. U. (1995). Comorbidity in the Anxiety Disorders of Childhood: Implications for Validity and Clinical Significance. In Craig, K. D. & Dobson, K. S. (Eds.), *Anxiety and Depression in adults and children* (pp. 3-36). London: Sage.

Kendall, P. C. & Chansky, T. E. (1991). Considering cognition in anxiety-disordered children. *Journal of Anxiety Disorders, 5*, 167-185.

Kendall, P. C. & Flannery-Schroeder, E. C. (1998). Methodological issues in treatment research for anxiety disorders in youth. *Journal of Abnormal Child Psychology, 26*, 27-38.

Kendall, P. C., Flannery-Schroeder, E. C., Panichelli-Mindel, S. M., Southam- Gerow, M., Henin, A. & Warman, M. (1997). Therapy for youths with anxiety disorders: A second randomized clinical trial. *Journal of Consulting and Clinical Psychology, 65*, 366-380.

Kendall, P. C., Hayes, C. & Nauta, M. (1998). Breathing Life into a Manual: Flexibility an Creativity With Manual-Based Treatments. *Cognitive and Behavioral Practice, 5*, 177-198.

Kendall, P. C., Howard, B. L. & Epps, J. (1988). The anxious child. *Behavior Modification, 12*, 281-310.

Kendall, P. C., Kortlander, E., Chansky, T. E. & Brady, E. U. (1992). Comorbidity of Anxiety and Depression in Youth: Treatment implications. *Journal of Consulting and Clinical Psychology, 60*, 869-880.

Kendall, P. C. & Southam-Gerow, M. A. (1996). Long-Term Follow-Up of a Cognitive-Behavioral Therapy for Anxiety-Disordered Youth. *Journal of Consulting and Clinical Psychology, 64*, 724-730.

Kendall, P. C. & Sugarman, A. (1997). Attribution in the treatment of childhood anxiety disorders. *Journal of Consulting and Clinical Psychology, 65*, 883-888.

Keyserlingk, L. von. (1999). *Geschichten gegen die Angst (3. Aufl.).* Freiburg: Herder.

King, N. J. & Bernstein, G. A. (2001). School refusal in children and adolescents: A review of the past 10 years. *Journal of the American Child and Adolescent Psychiatry, 40*, 197-205.

King, N. J.,Tonge, B. J., Heyne, D. & Ollendick, T. (2000). Trends in Research on Child Anxiety and School Refusal: An Introduction. *Clinical Psychology Review*, *20*, 427-428.

King, N., Mietz, A., Tinney, L. & Ollendick, T. (1995). Psychopathology and cognition in adolescents experiencing severe test anxiety. *Journal of Clinical Child Psychology*, *24*, 49-54.

King, N., Murphy, G. C. & Heyne, D. (1997). The nature and treatment of social phobia in youth. *Counselling Psychology Quarterly*, *10*, 377-387.

Kirchhoff, H. & Döpfner, M. (1999). Behandlung eines Kindes mit Trennungsangst durch Exposition im häuslichen Umfeld. *Kindheit und Entwicklung*, *8*, 111-116.

Kirchner, H. (1990). *Prüfungsangst. Eine empirische Studie bei Auszubildenden an Krankenpflegeschulen.* Düsseldorf: Selbstverlag.

Klein, R. G. & Last, C. (1989). *Anxiety disorders in children.* Newbury Park: Sage.

Klein-Heßling, J. & Lohaus, A. (1995). Streßbewältigung im Kindesalter: Modifikation und Evaluation einer Präventionsmaßnahme. *Kindheit und Entwicklung*, *4*, 240-247.

Klein-Hessling, J., Lohaus, A., Eichler, A. & Hinzmann, S. (1999). Entspannung für Kinder: Eine empirische Studie zur Wirkung unterschiedlicher Trainingsbedingungen. *Psychologie in Erziehung und Unterricht*, *46*, 201-211.

Kortlander, E., Kendall, P. C. & Panichelli-Mindel, S. M. (1997). Maternal expectations and attributions about coping in anxious children. *Journal of Anxiety Disorders*, *11*, 297-315.

Kovacs, M. (1981). Rating scales to asses depression in school-aged children. *Acta Paedopsychiatry*, *46*, 305-314.

Kovacs, M., Akiskal, H. S., Gatsonis, C. & Parrone, P. S. (1994). Childhood-onset dysthymic disorder. *Archives of General Psychiatry*, *51*, 365-374.

Kovacs, M. & Devlin, B. (1998). Internalizing disorders in childhood. *Journal of Child Psychology and Psychiatry*, *39*, 47-63.

Kracke, B. & Held, M. (1994). *Dokumentation der Erhebungsinstrumente. Unveröffentlichter Bericht des Forschungsprojektes "Individuation und sozialer Wandel".* Mannheim: Universität Mannheim.

Kröger, C., Kutza, R., Walden, K. & Reese, A. (1998). Implementation eines Lebenskompetenzprogrammes für fünfte Klassen an Hauptschulen und Gymnasien. *Kindheit und Entwicklung*, *7*, 231-238.

Krohne, H. W. & Hock, M. (1994). *Elterliche Erziehung und Angstentwicklung des Kindes. Untersuchungen über die Entwicklungsbedingungen von Ängstlichkeit und Angstbewältigung.* Bern: Huber.

Kruse, J. (2001). Erziehungsstil und kindliche Entwicklung: Wechselwirkungsprozesse im Längsschnitt. In: Walper, S. & Pekrun, R. (Hrsg.), *Familie und Entwicklung (S. 63-83).* Göttingen: Hogrefe.

Kuklinski, M. R. & Weinstein, R. S. (2001). Classroom and Developmental Differences in a Path Model of Teacher Expectancy Effects. *Child Development*, *72*, 1554-1578.

Lafreniere, P. J. & Capuano,F. (1997). Preventive intervention as means of clarifying direction of effects in sozialization: Anxious-withdrawn preschoolers case. *Development and Psychopathology*, *9*, 551-564.

Lamborn, S. D., Mounts, N. S., Steinberg, L. & Dornbusch, S. M. (1991). Patterns of competence and adjustment among adolescents from authoritative, autoritarian, indulgent, and neglectful families. *Child Development*, *62*, 1049-1065.

Last, C. B., Perrin, S., Hersen, M. & Kazdin, A. (1992). DSM-III-R anxiety disorders in children: Sociodemographic and clinical characteristics. *Journal of the American Academy of Child and Adolescent Psychiatry*, *31*, 1070-1076.

Last, C. G., Hansen, C. & Franco, N. (1997). Anxious children in adulthood: A prospective study of adjustment. *Journal of the American Academy of Child and Adolescent Psychiatry, 36*, 645-652.

Last, C. G., Perrin, S., Hersen, M. & Kazdin, A. E. (1996). A prospective study of childhood anxiety disorders. *Journal of the American Academy of Child and Adolescent Psychiatry, 35*, 1070-1076.

Last, C., Hersen, M. Kazdin, A., Orvaschel, H. & Perrin, S. (1991). Anxiety disorders in children and their families. *Archives of General Psychiatry, 48*, 928-934.

Laucht, M, Esser, G. & Schmidt, M. H. (1997). Wovor schützen Schutzfaktoren? Anmerkungen zu einem populären Konzept der modernen Gesundheitsforschung. *Zeitschrift für Entwicklungspsychologie und Pädagogische Psychologie, 29*, 260-270.

Laucht, M., Esser, G. & Schmidt, M. H. (2000). Längsschnittforschung zur Entwicklungsepidemiologie psychischer Störungen: Zielsetzungen, Konzeption und zentrale Befunde der Mannheimer Risikokinderstudie. *Zeitschrift für Klinische Psychologie und Psychotherapie, 29*, 246-262.

Lazarus, R. S. (1966). *Psychological Stress and the Coping Process.* New York: McGraw.

Lazarus-Mainka, G. & Siebeneick, S. (2000). *Angst und Ängstlichkeit.* Göttingen: Hogrefe.

Leal, L. L., Baxter, E. G., Martin, J. & Marx, R. W. (1981). Cognitive modification and systematic desensitization with test anxious high school students. *Journal of Counseling Psychology, 28*, 525-528.

Lehmkuhl, G., Döpfner, M., Plück, J., Berner, W., Fegert, J., Huss, M., Lenz, K., Schmeck, K., Lehmkuhl, U. & Poustka, F. (1998). Häufigkeit psychischer Auffälligkeiten und somatischer Beschwerden bei vier- bis zehnjährigen Kindern in Deutschland im Urteil der Eltern - ein Vergleich normorientierter und kriterienorientierter Modelle. *Zeitschrift für Kinder- und Jugendpsychiatrie und Psychotherapie, 26*, 83-96.

Lehmkuhl, G., Doll, U. & Blanz, B. (1988). Schulphobisches Verhalten. *Sozialpäddiatrie, 10*, 278-283.

Leitenberg, H., Yost, L. W. & Carroll-Wilson, M. (1986). Negative cognitive errors in children: Questionaire development, and comparisons between children with and without self-reported symptoms of depression, low self-esteem, and evaluation anxiety. *Journal of Consulting and Clinical Psychology, 54*, 528-536.

Lempp, R. (1991). Die Belastung der Familie durch die Schule. *Pädagogik, 7*, 25-27.

Lenze et al. (2001). Comorbidity of Depression and Anxiety in later life. *Depression and Anxiety, 14*, 86-93.

Leppin, A., Freitag, M., Pieper, E., Szirmak, Z. & Hurrelmann, K. (1998). Schulische Prävention von Alkoholkonsum bei jüngeren Jugendlichen: Die Rolle situativer und personaler Bedingungsfaktoren für die Entwicklung von Konsumintentionen. *Kindheit und Entwicklung, 7*, 239-243.

Lewinsohn, P. M., Gotlib, I. H., Lewinsohn, M., Seeley, J. R. & Allen, N. B. (1998). Gender differences in anxiety disorders and anxiety symptoms in adolescents. *Journal of Abnormal Psychology, 107*, 109-117.

Lewinsohn, P. M., Hops, H., Roberts, R. E., Seeley, J. R. & Andrews, J. A. (1993). Adolescent psychopathology: I. Prevalence and incidence of depression and other DSM-III-R disorders in high school students. *Journal of Abnormal Psychology, 102*, 133-144.

Lewinsohn, P. M., Zinbarg, R., Seeley, J. R., Lewinsohn, M. & Sack, W. H. (1997). Lifetime comorbidity among anxiety disorders and other mental disorders in adolescents. *Journal of Anxiety Disorders, 11*, 377-394.

Liebert, R. M. & Morris, L. W. (1967). Cognitive and emotional components of test anxiety: A distinction and some initial data. *Psychological Reports, 20*, 975-978.

Lilienfeld, S. O. & Penna, S. (2001). Anxiety Sensitivity: Relations to psychopathy, DSM IV personality disorder features and personality traits. *Journal of anxiety disorders, 15*, 367-393.

Linssen, R., Leven, I. & Hurrelmann, K. (2002). Wachsende Ungleichheit der Zukunftschancen? Ergebnisse der bisherigen Jugendforschung. In Deutsche Schell (Hrsg.), *Jugend 2002* (S. 53-90). Frankfurt: Fischer.

Little, S. & Jackson, B. (1974). The treatment of test anxiety through attentional and relaxation training. *Psychotherapy: Theory, Research and Practice, 11*, 175-178.

Little, T. D. & Lopez, D. F. (1997). Regularities in the Development of Children's Causality Beliefs About School Performance Across Six Sociocultural Contexts. *Developmental Psychology, 33*, 165-175.

Loeber, R., Green, S. M., Lahey, B. B. & Stouthamer-Loeber, M. (1989). Optimal informants on childhood disruptive behaviors. *Development and Psychopathology, 1*, 317-337.

Lotzgeselle, M. (1990). Schulphobisches Verhalten - Entstehungsbedingungen und Verläufe. *Praxis Kinderpsychologie und Kinderpsychiatrie, 39*, 18-25.

Lowry-Webster, H. M., Barrett, P. M. & Dadds, M. R. (2001). A Universal Prevention Trial of Anxiety and Depressive Symptomatology in Childhood: Preliminary Data from an Australian Study. *Behaviour Change, 18*, 36-50.

Mackenberg, H. (1996). Fallstudie zur Behandlung einer Schulphobie unter Einsatz eines variierten Reizkonfrontationsverfahrens. *Praxis der Kinderpsychologie und Kinderpsychiatrie, 45*, 57-63.

MacLeod, C. (1996). Anxiety and cognitive Processes. In I. G. Sarason, G. R. Pierce & B. R. Sarason (Eds.), *Cognitive interference: theories, methods, and findings* (pp. 47-76). Mahwah: Erlbaum.

Manassis, K. & Hood, J. (1998). Individual and familial predictors of impairment in childhood anxiety disorders. *Journal of the American Academy of Child and Adolescent Psychiatry, 37*, 428-434.

Mancini, C., Van Ameringen, M., Szatmari, P., Fugere, C. & Bogle, M. (1996). A high-risk pilot study of the children of adults with social phobia. *Journal of the American Academy of Child and Adolescent Psychiatry, 35*, 1511-1517.

Mann, J. & Rosenthal, T. (1969). Vicarious and direct counterconditioning of test anxiety through individual and group desensitization. *Behaviour Research and Therapy, 7*, 359-367.

Manz, R., Junge, J. & Marggraf, J. (2000). Angst und Depression bei Schülern. Eine Untersuchung bei Dresdnern Mittelschulen und Gymnasien. *Zeitschrift für Kinder- und Jugendpsychiatrie und Psychotherapie, 28*, 263-273.

Manz, R., Junge, J. & Margraf, J. (2001). Prävention von Angst und Depression bei Jugendlichen. *Zeitschrift für Gesundheitspsychologie, 9*, 168-179.

March, J. S. (Ed.) (1995). *Anxiety disorders in children and adolescents.* New York: Guilford Press.

March, J.S. & Albano, A.M. (1998). New developments in assessing pediatric anxiety disorders. *Advances in Clinical Child Psychology 20*, 213-241.

March, J. S., Parker, J. D. A., Sullivan, K., Stallings, P. & Conners, L. K. (1997). The multidimensional anxiety scale for children (MASC): factor structure, reliability, and validity. *Journal of the American Academy of Child and Adolescent Psychiatry, 36*, 554-565.

Mathews, A. (1990). Why worry? The cognitive function of anxiety. *Behaviour Research and Therapy, 28*, 455-468.

Mathews, A. & Mackintosh, B. (1998). A cognitive Model of Selective Processing in Anxiety. *Cognitive Therapy and Research, 22*, 539-560.

McClure, E. B., Brennan, P. A., Hammen, C. & Le Brocque, R. M. (2001). Parental Anxiety Disorders, Child Anxiety Disorders, and the Perceived Parent-Child-Relationship in an Australian High-Risk Sample. *Journal of Abnormal Child Psychology, 29*, 1-10.

McConaughy, S. H. & Achenbach, T. M. (1994). Comorbidity of empirically based syndromes in matched general population and clinical samples. *Journal of Child Psychology and Psychiatry, 35*, 1141-1157.

McGee, R., Feehan, M., Williams, S., Partridge, F., Silva, P. A. & Kelly, J. (1990). DSM-III disorders in al large sample of adolescents. *Journal of the American Academy of Child and Adolescent Psychiatry, 29*, 611-619.

Melfsen, S. (1998). Die deutsche Fassung der Social Anxiety Scale for Children Revised (SASC-R-D): Psychometrische Eigenschaften und Normierung. *Diagnostika, 44*, 153-163.

Melfsen, S., Florin, I. & Walter, H.-J. (1999). Die deutsche Fassung des social phobia and anxiety inventory for children (SPAI-C-D): Psychometrische Eigenschaften und Normierung. *Diagnostika, 45*, 95-103.

Melfsen, S. & Florin, J. (1997). Ein Fragebogen zur Erfassung sozialer Angst bei Kindern (SASC-R-D). *Kindheit und Entwicklung, 6*, 224-229.

Melfsen, S., Osterlow, J. & Florin, I. (2000). Vorläufer- und Begleitsymptome der sozialen Angst und sozialen Phobie aus der retrospektiven Sicht von Müttern. *Zeitschrift für Klinische Psychologie und Psychotherapie, 29*, 43-51.

Messer, S. C., Beidel, D. (1994). Psychosocial correlates of childhood anxiety disorders. *Journal of the American Academy of Child and Adolescent Psychiatry, 33*, 975-983.

Metzke, C. W. & Steinhausen, H.-C. (2001). Merkmale der Schulumwelt und psychische Befindlichkeit. In *Zeitschrift für Entwicklungspsychologie und Pädagogische Psychologie, 33*, 30-41.

Mendlowitz, S. L., Manassis, K., Bradley, S., Scapillato, D., Miezitis, S & Shaw, B. F. (1999). Cognitive-Behavioral Treatments in Childhood Anxiety Disorders: The Role of Parental Involvement. *Journal of the American Academy of Child & Adolescent Psychiatry, 38*, 1223-1229.

Metzke, C. W. & Steinhausen, H.-C. (1999). Risiko-, Protektions- und Vulnerabilitätsfaktoren für die seelische Gesundheit und psychische Störungen im Jugendalter. *Zeitschrift für Klinische Psychologie, 28*, 45-53.

Metzke, C. W. & Steinhausen, H.-C. (2001). Merkmale der Schulumwelt und psychische Befindlichkeit. *Zeitschrift für Entwicklungspsychologie und Pädagogische Psychologie, 33*, 30-41.

Mick, M. A. & Telch, M. J. (1998). Social anxiety and history of behavioral inhibition in young adults. *Journal of Anxiety Disorders, 12*, 1-20.

Mittag, W. & Hager, W. (2000). Ein Rahmenkonzept zur Evaluation psychologischer Interventionsmaßnahmen. In Hager, W., Patry, J.-L. & Brezing, H. (Hrsg.), *Handbuch Evaluation psychologischer Interventions-maßnahmen* (S. 102-128). Bern: Huber.

Mokros, H. B., Poznanski, E., Grossman, J. A. & Freeman, L. N. (1987). A comparison of child and parent ratings of depression for normal and clinically referred children. *Journal of Child Psychology and Psychiatry, 28*, 613-627.

Munoz,R. F., Mrazek, P. J. & Haggerty, R. J. (1996). Institute of Medicine Report on Prevention of Mental Disorders. *American Psychologist, 51*, 1116-1122.

Muris, P. (2002). Relationship between self-efficacy and symptoms of anxiety disorders and depression in a normal sample. *Personality and Individual Differences, 32*, 337-348.

Muris, P., Meesters, C., Merckelbach, H., Sermon, A. & Zwackhalen, S. (1998). Worry in normal children. *Journal of the American Academy of Child and Adolescent Psychiatry, 37*, 703-701.

Muris, P. & Merckelbach, H.. (1998). Perceived parental rearing behavior and anxiety disorders symptoms in normal children. *Personality and individual differences, 24*, 1199-1206.

Muris, P., Merckelbach, H., Gadet, B. & Moulaert, V. (2000). *Fears, worries and scary dreams in 4- to 12-year old children: Their content, development pattern and origins.*

Muris, P., Merckelbach, H. & Luijten, M. (2002b). The connection between cognitive development and specific fears and worries in normal children and children with below-average intellectual abilities: a preliminary study. *Behaviour Research and Therapy, 40*, 37-56.

Muris, P., Merckelbach, H., Meesters, C. & van Lier, P. (1997). What do children fear most often? *Journal of Behavioral Therapy and Experimental Psychiatry, 28*, 263-267.

Muris, P., Merckelbach, H., Ollendick, T., King, N. & Bogie, N. (2002a). Three traditional and three new childhood anxiety questionnaires: their reliability and validity in a normal adolescent sample. *Behavior Research and Therapy, 40*, 753-772.

Muris, P., Merckelbach, H., Schmidt, H., Gadet, B. & Bogie, N. (2001a). Anxiety and depression as correlates of self-reported behavioral inhibition in normal adolescents. *Behavior research and Therapy, 39*, 1051-1061.

Muris, P., Rapee, R., Meesters, C., Schouten, E. & Geers, M. (2002c). Threat perception abnormalities in children: the role of anxiety disorders symptoms, chronic anxiety, and state anxiety. *Journal of Anxiety disorders, 41*, 1-17.

Muris, P., Steerneman, P., Merckelbach, H. & Meesters, C. (1996). The role of parental fearfulness and modeling in children's fear. *Behaviour Research and Therapy, 34*, 265-268.

Muris, P., Vlaeyen, J. & Meesters, C. (2001b). The relationship between anxiety sensitivity and fear of pain in healthy adolescents. *Behaviour Research and Therapy, 39*, 1357-1368.

Niedermeier, C. L., Searight, H. R., Handal, P. J. Manley, C. M. & Brown, N. Y. (1995). Perceived family functioning among adolescent psychiatric impatients: Validity of the family-of-origin scale. *Child Psychiatry and Human Development, 25*, 253-265.

Nilzon, K. R. & Palmérus, K. (1997). Anxiety in depressed school children. *School Psychology International, 18*, 165-177.

Ninan, P. T. & Berger, J. (2001). Symptomatic and syndromal anxiety and depression. *Depression and Anxiety, 14*, 79-85.

Nissen, G. (1995). Alters- und entwicklungsabhängige Erscheinungsformen der Angst. In Nissen, G. (Hrsg.), *Angsterkrankungen. Prävention und Therapie* (S. 9-18). Bern: Huber.

Noam, G. (1996). High-Risk Youth: Transforming Our Understanding of Human Development. *Human Development, 39*, 1-17.

Nottelmann, E. & Hill, K. (1977). Test anxiety and off-task behavior in evaluative situations. *Child Development, 48*, 225-231.

Oelsner, W. & Lehmkuhl, G. (2002). *Schulangst. Ein Ratgeber für Eltern und Lehrer.* Düsseldorf: Walter.

Oerter, R. (2002). Kultur, Ökologie und Entwicklung. In Oerter, R. & Montada, L. (Hrsg.), *Entwicklungs-psychologie* (S. 72-104). Weinheim: Beltz.

Oerter, R. & Dreher, E. (2002). Jugendalter. In Oerter, R. & Montada, L. (Hrsg.), *Entwicklungspsychologie* (S. 258-318). Weinheim: Beltz.

Oerter, R. & Noam, G.G. (1999). Der konstruktivistische Ansatz. In Oerter, R., Röper, G, von Hagen, C. & Noam, G. (Hrsg.), *Klinische Entwicklungspsychologie* (S. 45-78). Weinheim: Beltz.

Oerter, R, Schneewind, K. A. & Resch, F. (1999). Modelle der klinischen Entwicklungspsychologie. In Oerter, R., Röper, G, von Hagen, C. & Noam, G. (Hrsg.), *Klinische Entwicklungspsychologie* (S. 79-117). Weinheim: Beltz.

Öst, L. C. (1987). Age of onset in different phobias. *Journal of Abnormal Psychology*, *96*, 223-229.

Offord, D. R., Boyle, M. H., Szatmari, P., Rae-Grant, N. I., Links, P. L., Cadman, D. T., Byles, G. A., Crawford, J. W. (1987). Ontatrio Child Health Study: II. Six month prevalence of disorders and rates of service utilization. *Archives of General Psychiatry*, *44*, 832-836.

Ollendick, T. H. (1995). Assessment of Anxiety and Phobic Disorders in Children. In Craig, K. D. & Dobson, K. S. (Eds.), *Anxiety and Depression in adults and children* (pp. 99-124). London: Sage.

Ollendick, T. H., Grills, A. E. & Alexander, K. L. (2001). Fears, Worries, and Anxiety in Children and Adolescents. In Essau, C. A. & Petermann, F. (Eds.), *Anxiety Disorders in Children and Adolescents* (pp. 1-35). Hove: Brunner-Routledge.

Ollendick, T. H. & King, N. J. (1998). Empirically supported treatments for children with phobic and anxiety disorders: Current status. *Journal of Clinical Child Psychology*, *27*, 156-167.

Ollendick, T. H., Mattis, S. G. & King, N. J. (1994). Panic in children and adolescents: A review. *Journal of Child Psychology*, *35*, 113-134.

Ollendick, T., Weist, M., Borden, C. & Greene, R.W. (1992). Sociometric status and academic behavioral, and psychological adjustment: A five-year longitudinal study. *Journal of Consulting and Clinical Psychology*, *60*, 80-87.

Olson, D. H. & McCubbin, H. I. (1983). *Families. What makes them work?* Beverly Hills: Sage Publications.

Pekrun, R. (1998). Schüleremotionen und ihre Förderung: Ein blinder Fleck der Unterrichtsforschung. *Zeitschrift für Psychologie, Erziehung und Unterricht*, *44*, 230-248.

Pekrun, R. (2001). Familie, Schule und Entwicklung. In: Walper, S. & Pekrun, R. (Hrsg.), *Familie und Entwick-lung (S. 84-105)*. Göttingen: Hogrefe.

Pekrun, R. & Helmke, A. (1991). Schule und Persönlichkeitsentwicklung: Theoretische Perspektiven und Forschungsstand. In Pekrun, R. & Fend, H. (Hrsg.), *Schule und Persönlichkeitsentwicklung* (S. 33-56). Stuttgart: Enke.

Perrin, L. & Last, C. G. (1992). Do Childhood Anxiety Measure Anxiety? *Journal of Abnormal Child Psychology*, *20*, 567-578.

Perrin, S. & Last, C. G. (1997). Worrisome thoughts in children clinically referred for anxiety disorder. *Journal of Clinical Child Psychology*, *26*, 181-189.

Petermann, F. (1997). Methoden und Anwendungsgebiet der Kinderverhaltenstherapie. In Petermann, F. (Hrsg.), *Kinderverhaltenstherapie* (S. 10-21). Baltmannsweiler: Schneider.

Petermann, F. & Bochmann, F. (1993). Metaanalyse von Kinderverhaltenstrainings: Eine erste Bilanz. *Zeitschrift für Klinische Psychologie*, *22*, 137-152.

Petermann, F. Lehmkuhl, G., Tertermann, U. & Döpfner. M. (1995). Klassifikation psychischer Störungen im Kindes- und Jugendalter nach DSM-IV - ein Vergleich mit DSM-III-R und ICD-10. *Kindheit und Entwicklung*, *4*, 171-182.

Petermann, F. & Petermann, U. (1996). *Training mit Jugendlichen (5. Aufl.)*. Weinheim: Beltz.

Petermann, F. & Senftleben, S. (1990). Training sozialer Kompetenzen mit sehbehinderten Grundschulkindern. *Heilpädagogische Forschung, 16*, 53-60.

Petermann, F. & Walter, H.-J. (1989). Wirkungsanalyse eines Verhaltenstrainings mit sozial unsicheren, mehrfach beeinträchitgten Kindern. *Praxis der Kinderpsychologie und Kinderpsychiatrie, 38*, 118-125.

Petermann, U. (1997). Training mit sozial unsicheren Vor- und Grundschulkindern. In Petermann, F. (Hrsg.), *Kinderverhaltenstherapie* (S. 244-269). Baltmannsweiler: Schneider.

Petermann, U. (1999). *Entspannungstechniken für Kinder und Jugendliche (2. Aufl.).* Weinheim: Beltz.

Petermann, U., Essau, C. A. & Petermann, F. (2002). Angststörungen. In Petermann, F. (Hrsg.), *Lehrbuch der Klinischen Kinderpsychologie und -psychiatrie* (5. Aufl., S. 227-270). Göttingen: Hogrefe.

Petermann, U. & Petermann, F. (2000). *Training mit sozial unsicheren Kindern (7. Aufl.).* Weilheim: Beltz.

Petersen, A. & Lehmkuhl, G. (1990). Zum Verlauf von Phobien im Kindes- und Jugendalter: Eine katamnestische Untersuchung. *Zeitschrift für Kinder- und Jugendpsychiatry, 18*, 12-17.

Pina, A. A., Silverman, W. K., Saavedra, L. M. & Weems, C. F. (2001). An analysis of the RCMAS lie scale in a clinic sample of anxious children. *Journal of Anxiety disorders, 15*, 443-457.

Pine, D. S, Wasserman, G. A. & Workman, S. B. (1999). Memory and Anxiety in Prepubertal Boys at Risk for Delinquency. *Journal of the American Academy of Child & Adolescent Psychiatry, 38*, 1024-1031.

Pinquart, M. & Silbereisen, R. K. (2000). Das Selbst im Jugendalter. In Greve, W. (Hrsg.), *Psychologie des Selbst* (S. 75-95). Weinheim: Beltz.

Ploeg-Stapert, J. van der & Ploeg, H. van der. (1986). Behavioral group treatment of test anxiety: An evaluation study. *Journal of Behavior Therapy and Experimental Psychiatry, 17*, 255-259.

Plück, J., Döpfner, M., Berner, W., Englert, E., Fegert, J., Huss, M., Lenz, K., Schmeck, K., Lehmkuhl, U., Poustka, F. & Lehmkuhl, G. (1997). Die Bedeutung unterschiedlicher Informationsquellen bei der Beurteilung psychischer Störungen im Jugendalter - ein Vergleich von Elternurteil und Selbstein-schätzung Jugendlicher. *Praxis der Kinderpsychologie und Kinderpsychiatrie, 46*, 566-582.

Plück, J., Döpfner, M. & Lehmkuhl, G. (2000). Internalisierende Auffälligkeiten bei Kindern und Jugendlichen in Deutschland - Ergebnisse der PAK-KID-Studie. *Kindheit und Entwicklung, 9*, 133-142.

Posner, M. I. & Rothbart, M. K. (2000). Developing mechanisms of self-regulation. *Development and Psychopathology, 12*, 427-441.

Poulton, R. & Menzies, R. G. (2002). Non-associative fear acquisition: a review of the evidence from retrospective and longitudinal research. *Behavior Research and Therapy, 40*, 129-149.

Poulton, R., Trainor, P., Stanton, W., McGee, R., Davis, S. & Siva, P. (1997). The (in)stability of adolescent fears. *Behaviour Research and Therapy, 35*, 159-163.

Preuschhoff, G. (1998). *Kleine und große Ängste bei Kindern. Wie Eltern helfen können (3. Aufl.).* München: Kösel.

Price, R. H. & Johnson, S. B. (2001). Cognitive Behavioral Approaches to the Prevention of Depression, Anxiety and Health problems: New Results and Future Prospects. *Prevention & Treatment, Vol. 2, Article 7.*

Prins, P. J. (1986). Children's self-speech and self-regulation during a fear-provoking behavioral test. *Behaviour Research and Therapy, 24*, 181-191.

Prins, P. J. & Hanewald, J. F. P. (1997). Self-statements of test-anxious children: thought-listing and questionnaire approaches. *Journal of Consulting and Clinical Psychology, 65*, 440-447.

Prior, M., Smart, D. Sanson, A. & Oberklaid, F. (2000). Does Shy-Inhibited Temperament in Childhood Lead to Anxiety problems in Adolescence? *Journal of the American Academy of Child & Adolescent Psychiatry, 39*, 461-468.

Projektgruppe Belastung. (1998). *Belastung in der Schule. Eine Untersuchung an Hauptschulen, Realschulen und Gymnasien Baden-Württembergs.* Weinheim: Beltz.

Quamma, J. P. & Greenberg. (1994). Children's experience of life stress. The role of family social support and social problem-solving skills as protective factors. *Journal of Clinical Child Psychology, 23*, 295-305.

Rapee, R. M. (1997). Potential role of childrearing practices in the development of anxiety and depression. *Clinical Psychology Review, 17*, 47-67.

Rapport, M. D., Denney, C. B., Chung, K.-M. & Hustace, K. (2001). Internalizing Behavior Problems and Scholastic Achievement in Children: Cognitive and Behavioral Pathways as Mediators of Outcome. *Journal of Clinical Child Psychology, 30*, 536-551.

Raskind, L. T. & Nagle, R. J. (1980). Modeling effects on the intelligence test performance of test-anxious children. *Psychology in the Schools, 17*, 351-355.

Reinherz, H. Z., Giaconia, R. M., Lefkowitz, E. S., Pakiz, B. & Frost, A. K. (1993). Prevalence of psychiatric disorders in a community population of older adolescents. *Journal of the American Academy of Child and Adolescent Psychiatry, 32*, 369-377.

Reitzle, & Riemenschneider (1996). Gleichaltrige und Erwachsene als Bezugspersonen. In: Silbereisen, R.K., Vaskovics, L.A. & Zinnecker, J. (Hrsg.), *Jungsein in Deutschland* (S. 301-313). Opladen: Leske + Budrich.

Rende, R., Warner, V., Wickramarante, P. & Weissmann, M. M. (1999). Sibling aggregation for psychiatric disorders in offspring at high and low risk for depression: 10-year follow-up. *Psychological Medicine, 29*, 1291-1298.

Resch, F. (1999). *Entwicklungspsychopathologie des Kindes- und Jugendalters (2. Aufl.).* Weinheim: Beltz.

Ribordy, S. C., Tracy, R. J. & Bernotas, T. D. (1981). The effects of an attentional training procedure on the performance of high and low test-anxious children. *Cognitive Therapy and Research, 5*, 19-28.

Roberts, N, Vargo, B. & Ferguson, H. B. (1989). Measurement of anxiety and depression in children and adolescents. *Psychiatric Clinics of North America, 12*, 837-859.

Robin, K. H., Caplan, R. J., Fox, N. A. & Calkins, S. D. (1995). Emotionality, emotion regulation, and preschooler's social adaption. *Development and Psychopathology, 7*, 49-62.

Ronen, T. (1997). *Cognitive Developmental Therapy with Children.* New York: Wiley.

Rokach, A. (2000). Causes of Loneliness in Adolescence: A Cross-Cultural Study. *International Journal of Adolescence and Youth, 1*, 65-80.

Ronen, T. (2000). *Kognitive Verhaltenstherapie mit Kindern. Wege zur Selbstkontrolle bei Störungen der sozialen und emotionalen Entwicklung.* Bern: Huber.

Rosenbaum, J. F., Biederman, J., Hirshfeld, D. R., Bolduc, E. A. & Chaloff, J. (1991). Behavioral inhibition in children: A possible precursor to panic disorder or social phobia. *Journal of Clinical Psychiatry, 52*, 5-9.

Roth, M. (1999). Die Differenzierung der Selbstaufmerksamkeit im Jugendalter. *Zeitschrift für Differentielle und Diagnostische Psychologie*, 20, 116-125.

Roth, M. (2000). Überprüfung des Youth Self-Report an einer nichtklinischen Stichprobe. *Zeitschrift für Differentielle und Diagnostische Psychologie, 21*, 105-110.

Rothbart, M. K. & Bates, J. E. (1998). Temperament. In Damon, W. & Eisenberg, N. (Eds.), *Handbook of child psychology. Vol. 3: Social, emotional and personality development* (pp. 105-176). New York: Wiley.

Rutter, M., McDonald, H., LeCouteur, A., Harrington, R., Bolton, P. & Baily, A. (1990). Genetic factors in child psychiatric disorders II. Empirical findings. *Journal of Child Psychology and Psychiatry, 31*, 39-83.

Rutter, M. & Sroufe, L. A. (2000). Developmental Psychopathology: Concepts and Challenges. *Development and Psychopathology, 12*, 265-296.

Ryan, M. R., Deci, L. D. & Grolnik, W. S. (1995). Autonomy, Relatedness, and the Self: Their Relation to Development and Psychopathology. In Cicchetti, D. & Cohen, D. J. (Eds.), *Developmental Psychopathology* (pp. 618-655). New York: Wiley.

Ryan, M. R., Kuhl, J. & Deci, E. L. (1997). Nature and autonomy: an organizational view of social and neurobiological aspects of self-regulation in behavior and development. *Development and Psychopathology, 9*, 701-728.

Rynn, M. A., Siqueland, L. & Rickels, K. (2001). Placebo- Controlled Trial of Sertraline in the Treatment of Children With Generalized Anxiety Disorder. *American Journal of Psychiatry, 158*, 2008-2014.

Saarni, C. (1997). Coping with Aversive Feelings. *Motivation and Emotion, 2*, 45-63.

Salis, T. von. (1995). Die Behandlung von Ängsten und Phobien im Kindes- und Jugendalter. In Nissen, G. (Hrsg.), *Angsterkrankungen. Prävention und Therapie* (S. 118-125). Bern: Huber.

Sameroff, A.J., Seifer, R. & Elias, P. (1987). Sociocultural variability in infant temperament ratings. *Child development, 53*, 164-173.

Sameroff, A.J. (Ed.)(2000). *Handbook of developmental psychopathology*. New York: Kluwer Academic.

Sandler, I. (1999). Progress in Developing Strategies and Theory for the Prevention of Depression and Anxiety. *Prevention & Treatment, Vol. 2, Article 9*.

Sarason, S.B. (1971). *Angst bei Schulkindern.* Stuttgart: Klett.

Satow, L. (1999b). *Klassenklima und Selbstwirksamkeitsentwicklung. Eine Längsschnittstudie in der Sekundarstufe I.* Berlin: Selbstverlag.

Satow, L. (1999a). Schulbezogene Selbstwirksamkeitserwartungen und Prüfungsangst - eine Mehrebenenanalyse mit latenten Variablen. *Zeitschrift für Pädagogische Psychologie, 13, 4*, 207-211.

Satow, L. (1999c). Zur Bedeutung des Unterrichtsklimas für die Entwicklung schulbezogener Selbstwirk-samkeitserwartungen. *Zeitschrift für Entwicklungspsychologie und Pädagogische Psychologie, 31*, 171-179.

Satow, L. & Bäßler, J. (1998). Selbstwirksamkeit und körperliches Befinden Jugendlicher. *Unterrichts-wissenschaft, 26*, 127-139.

Sawyer, M. G., Baghurst, P. & Mathias, J. (1992). Differences between informant's reports describing emotional and behavioural problems in sommunity and clinic-referred children: a research note. *Journal of Child Psychology and Psychiatry, 33*, 441-449.

Sawyer, M. G., Clark, J. J. & Baghurst, P. (1993). Childhood emotional and behavioural problems: A comparison of children's reports with reports from parents and teachers. *Journal of Paediatrics and Child Health, 29*, 119-125.

Schellhas, B. (1993). *Die Entwicklung der Ängstlichkeit in Kindheit und Jugend. Befunde einer Längsschnitt-studie über die Bedeutung der Ängstlichkeit für die Entwicklung der Kognition und des Schulerfolgs.* Berlin: Edition Sigma.

Schmidt, M. H. & Brink, A. (1995). Verhaltenstherapie und Pharmakotherapie. *Kindheit und Entwicklung, 4*, 236-239.

Schmitt-Traub, S. (2001). *Selbsthilfe bei Angst im Kindes- und Jugendalter.* Göttingen: Hogrefe.

Schnabel, K. U. (1998). *Prüfungsangst und Lernen: empirische Analysen zum Einfluss fachspezifischer Leistungs-ängstlichkeit auf schulischen Lernfortschritt.* Münster: Waxmann.

Schneewind, K. A., Beckmann, M. & Hecht-Jaeckl, A. (1995). *Das Familiendiagnostische Test-System. Unveröffentlichtes Manual.* München: Universität München.

Schneider, M. & Faber, S. (2002). *Angstbewältigung in der Gruppe. Ein Behandlungsmaterial in 20 Schritten.* Stuttgar: Pfeiffer.

Schneider, S. (1994). Angstdiagnostik bei Kindern. *Kindheit und Entwicklung, 3*, 164-171.

Schneider, S. (1998). Wie die Eltern so das Kind? Protektive und pathogene Faktoren in der Entwicklung von Angsterkrankungen. In Margraf, J. & Schneider, S. (Hrsg.), *Gesundheits- oder Krankheitstheorie* (S. 161-167). Berlin: Springer.

Schniering, C. A., Hudson, J. L. & Rapee, R. M. (2000). Issues in the Diagnosis and Assessment of anxiety disorders in children and adolescents. *Clinical Psychology Review, 20*, 453-478.

Schröer, S. (1999). Das Anregen der Selbstorganisation komplexer Systeme: Ressourcenstärkung jugendlicher Suizidalität. In R. Oerter, C. von Hagen, G. Röper & G. Noam (Hrsg.). *Klinische Entwick-lungspsychologie* (S. 487-509). Weinheim: Beltz.

Schulte, D., Hartung, J. & Wilke, F. (1997). Handlungskontrolle der Angstbewältigung. Was macht Reiz-konfrontationsverfahren so effektiv? *Zeitschrift für Klinische Psychologie, 26*, 118-128.

Schwartz, C. E., Snidman, N. & Kagan, J. (1996). Early temperamental predictors of stroop interference to threatening information at adolescence. *Journal of Anxiety Disorders, 10*, 89-96.

Schwartz, C. E., Snidman, N. & Kagan, J. (1999). Adolescent Social Anxiety as an Outcome of Inhibited Temperament Childhood. *Journal of the American Academy of Child & Adolescent Psychiatry, 38*, 1008-1015.

Schwarz, B. & Silbereisen, R. K. (1996). Anteil und Bedeutung autoritativer Erziehung in verschiedenen Lebenslagen. In Zinnecker, J. & Silbereisen, R. K. (Hrsg.), *Kindheit in Deutschland* (S. 229-242). Weinheim: Juventa.

Schwarz, B., Walper, S., Gödde, M. & Jurasic, S. (1997). Dokumentation der Erhebungsinstrumente der 1. Hauptbefragung. In *Berichte aus der Arbeitsgruppe "Familienentwicklung nach der Trennung"* (Bd. 14 / 1997). München: Universität München.

Schwarzer, R. (1996). *Thought Control of action: Interfering Self-Doubts.* Mahwah: Erlbaum.

Schwarzer, R. (2000). *Stress, Angst und Handlungsregulation (4. Aufl.).* Stuttgart: Kohlhammer.

Scott, D. G., Graham-Bermann, S. A. & Hartup, W. W. (2001). Peer Experience: Common and Unique features of Number of Friendship, Social Network Centrality and Sociometric Status. *Social Development, 10*, 23-40.

Scriven, M. (1991). *Evaluation thesaurus (4th edition).* Newbury Park: Sage.

Sedikides, C. & Brewer, M.B. (2001). Individual Self, Relational Self, and Collective Self: Partners, Opponents, or Strangers? In C. Sedikidis & M.B. Brewer (Eds.). *Individual Self, Relational Self, Collective Self (pp. 1 - 6).* Psychology Press: Ohio.

Segal, Z. V. (1996). Cognitive Interference in Depressive and Anxiety-Based Disorders. In I. G. Sarason, G. R. Pierce & B. R. Sarason (Eds.), *Cognitive interference: theories, methods, and findings* (pp. 325-345). Mahwah: Erlbaum.

Seiffge-Krenke, I. (1997). Wie verändern sich familiäre Beziehungen im Jugendalter? *Zeitschrift für Entwicklungspsychologie und Pädagogische Psychologie*, *19*, 133-150.

Seiffge-Krenke, I. (1989). Bewältigung alltäglicher Problemsituationen: Ein Coping-Fragebogen für Jugendliche. *Zeitschrift für Differentielle und Diagnostische Psychologie*, *10*, 201-220.

Seipp, B. (1990). *Angst und Leistung in der Schule und Hochschule. Eine Meta-Analyse.* Frankfurt: Lang.

Seipp, B. & Schwarzer, C. (1991). Leistung und Angst - eine Meta-Analyse empirischer Befunde. *Zeitschrift für Pädagogische Psychologie*, *5*, 85-97.

Seligman, M. E. P. (1971). Phobias and preparedness. *Behavior Therapy*, *2*, 307-321.

Seligman, M. E. P., Schulman, P. & DeRubeis, R. J. (2001). The Prevention of Depression and Anxiety. *Prevention & Treatment*, *Vol. 2, Article 8*.

Shortt, A. L., Barrett, P. M., Dadds, M. R. & Fox, T. L. (2001b). The influence of Family and Experimental Context on Cognition in Anxious Children. *Journal of Abnormal Child Psychology*, *29*, 585-596.

Shortt, A. L., Barrett, P. M. & Fox, T. L. (2001a). Evaluating the FRIENDS Program: A Cognitive-Behavioral Group Treatment for Anxious Children and Their Parents. *Journal of Clinical Child Psychology*, *30*, 525-535.

Sigurdsson, E., Van Os, J. & Fombonne, E. (2002). Are Impaired Childhood Motor Skills a Risk for Adolescent Anxiety? Results From the 1958 U.K. Birth Cohort and the National Child Development Study. *American of Psychiatry*, *159*, 1044-1046.

Silbereisen, R.K. (1986). Entwicklung als Handlung im Kontext. Entwicklungsprobleme und Problemverhalten im Jugendalter. *Zeitschrift für Sozialisationsforschung und Erziehungssoziologie, 6,* 29-46.

Silbereisen, R. K. (1996). Jugendliche als Gestalter ihrer Entwicklung. In: Schumann-Hengsteler, R. & Trautner, H. M. (Hrsg.), *Entwicklung im Jugendalter (S. 1-18).* Göttingen: Hogrefe.

Silbereisen, R.K. & Albrecht, H.T. (1990). Konstanz und Wandel der Ablehnung durch Gleichaltrige. In Steinhausen, H.-C. (Hrsg.), *Das Jugendalter. Entwicklung – Probleme – Hilfen* (S. 31-46). Bern: Huber.

Silverman, W. K. & Ginsberg, G. (1995). Specific Phobias and Generalized Anxiety Disorders. In March, J. S. (Ed.), *Anxiety Disorders in Children and Adolescents* (pp. 151-180). New York: Guilford Press.

Silverman, W. K., Kurtines, W. M., Ginsburg, G. S., Weems, C. F., Rabian, B. & Serafini, L. T. (1999). Contingency Managment, Self Control, and Education Support in the Treatment of Childhood Phobic Disorders: A Randomized Clinical Trial. *Journal of Consulting and Clinical Psychology*, *67*, 675-687.

Silverman, W. K., Kurtines, W. M., Ginsburg, G. S., Weems, C. F. Lumpkin, P. W. & Carmichael, D. H. (1999). Treating Anxiety Disorders in Children With Cognitive-Behavioral Therapy: A Randomized Clinical Trial. *Journal of Consulting and Clinical Psychology*, *67*, 995-1003.

Silverman, W. K. & Serafini, L. T. (1998). Assessment of Child behavior problems: Internalizing disorders. In Bellack, A. S. & Hersen, M. (Eds.), *Behavioral Assessment: A practical handbook* (4th ed., pp. 342-360). Boston: Allyn & Bacon.

Silverman, W., La Greca, A. & Wasserstein, S. (1995). What do children worry about? Worries and their relation to anxiety. *Child Development*, *66*, 671-686.

Simonoff, E., Pickles, A., Meyer, J. M., Silberg, J. L., Maes, H. H., Loeber, R., Tutter, M., Hewitt, J. K. & Eaves, L. J. (1997). The Virginia Twin Study of Adolescent Behavioral Development. Influences of age, sex and unpairment on rates of disorder. *Archives of General Psychiatry*, *54*, 801-808.

Simons, R. L., Lorenz, F. O., Conger, R. D. & Wu, C. I. (1992). Support from spouse as mediator of the disruptive influence of economic strain on parenting. *Child Development, 63*, 1282-1301.

Siqueland, L., Kendall, P. C. & Steinberg, L. (1996). Anxiety in children: Perceived family environments and observed family interaction. *Journal of Clinical Child Psychology, 25*, 225-237.

Skinner, E. A. (1995). *Perceived control, motivation and coping.* London: Sage.

Skinner, E. A. & Belmont, M. J. (1993). Motivation in the Classroom: Reciprocal Effects of Teacher Behavior and Student Engagement Across the School Year. *Journal of Educational Psychology, 85*, 571-581.

Smith, R. E. (1996). Performance anxiety, cognitive interference, and concentration enhancement strategies in sports. In I. G. Sarason, G. R. Pierce & B. R. Sarason (Eds.), *Cognitive interference: theories, methods, and findings* (pp. 261-283). Mahwah: Erlbaum.

Smith, P.K., Morita, Y., Junger-Tas, J., Olweus, D., Catalano, R. & Slee, P.T. (1999). *The nature of school bullying: A cross-natural perspective.* London: Routledge.

Sonneck, G. (2000). *Krisenintervention und Suizidverhütung.* Wien: Facultas.

Sonuga-Barke, E. J. S. (1998). Categorial Models of Childhood Disorder: A Conceptual and Empirical Analysis. *Journal of Child Psychology and Psychiatry*, 115-133.

Southam-Gerow, M. A. (2001). Generalized Anxiety Disorder. In Essau, C. A. & Petermann, F. (Eds.), *Anxiety Disorders in Children and Adolescents* (pp. 219-260). Hove: Brunner-Routledge.

Southam-Gerow, M. A. & Kendall, P. C. (2002). Emotion regulation and understanding: implications for child psychopathology and therapy. *Clinical Psychology Review, 22*, 189-222.

Specht, M. K. I. (2000). *Angststörungen im Kindesalter. Implementierung eines kognitiv-behavioralen Trainings im Rahmen der stationären Jugendhilfe.* Aachen: Shaker.

Spence, S. H. (1997). Structure of anxiety symptoms among children: A confirmatory factor-analytic study. *Journal of Abnormal Psychology, 106*, 280-297.

Spence, S. H. (1998). A measure of anxiety symptoms among children. *Behavior Research and Therapy, 36*, 545-566.

Spence, S. H. & Dadds, M. R. (1996). Preventing childhood anxiety disorders. *Behaviour Change, 13*, 241-249.

Spence, S. H., Donovan, C. & Brechman-Toussaint, M. (1999). Social Skills, Social Outcomes and cognitive Features of Childhood Social Phobia. *Journal of Abnormal Psychology, 108*, 211-221.

Spence, S. H., Donovan, C. & Brechman-Toussaint, M. (2000). The Treatment of Childhood Social Phobia: The Effectiveness of a Social Skills Trained-based, Cognitive-behavioral Intervention, with and without Parental Involvement. *Journal of child psychology and psychiatry and allied disciplines, 41*, 713-726.

Spielberger, C. D. (1966). *Anxiety and behavior.* New York: Academic Press.

Sroufe, L. A. (1997). Psychopathology as an outcome of development. *Development and Psychopathology, 9*, 251-268.

St. James-Roberts & Singh, C. S. (2001). Can mentors help primary school children with behavior problems? *Home Office Research Study, 233.*

Staal, N. G., Crijnen, A., Döpfner, M. & Verhulst, F. C. (1999). Körperliche Beschwerden bei Kindern in Deutschland und in den Niederlanden. *Monatsschrift Kinderheilkunde, 147*, 122-127.

Stallings, P. & March, J. S. (1995). Assessment. In March, J. S. (Eds.), *Anxiety Disorders in children and adolescents* (pp. 125-150). New York: Guilford Press.

Stanger, C. & Lewis, M. (1993). Agreement among parents, teachers, and children on internalising and externalising behavior problems. *Journal of Clinical Child Psychology, 22,* 107-115.

Stangier, U., Heidenreich, T., Berardi, A., Golbs, U. & Hoyer, J. (1999). Die Erfassung sozialer Phobie durch die Social Interaction Anxiety Scale (SIAS) und die Social Phobia Scale (SPS). *Zeitschrift für Klinische Psychologie, 28,* 28-36.

Stapf, K.H. (1975). Elterlicher Erziehungsstil und seine empirische Erfassung. In Klauer, K.J. (Hrsg.), *Handbuch der pädagogischen Diagnostik (Bd. 1, S. 527-548).* Düsseldorf: Schwann.

Stark, K., Humphrey, L., Crook, K. & Lewis, K. (1990). Perceived family environments of depressed and anxious children: Child's and maternal figure's perspectices. *Journal of Abnormal Child Psychology, 18,* 527-547.

Steinhausen, H. C. (2000). Emotionale Störungen. In Steinhausen, H. C. (Hrsg.), *Psychische Störungen bei Kindern und Jugendlichen* (4. Aufl.). München: Urban & Fischer.

Stemberger, R. T., Turner, S. M., Beidel, D. C. & Calhoun, K. S. (1995). Social phobia: An analysis of possible developmental factors. *Journal of Abnormal Psychology, 104,* 526-531.

Stevens, R. & Pihl, R. (1983). Learning to cope with school: A study of the effects of a coping skill training program with test-vulnerable 7th-grade students. *Cognitive Therapy and Research, 7,* 155-158.

Strauss, C. (1994). Overanxious disorder. In Ollendick,T. , King, N. & Yule, W. (Eds.), *International handbook of phobic and anxiety disorders in children and adolescents* (pp. 80-97). New York: Plenum.

Strauss, C. C. & Last, C. G. (1993). Social and simple phobias in children. *Journal of Anxiety Disorders, 7,* 141-152.

Strauss, C. C., Lease, C. A., Last, C. G. & Francis, G. (1988). Overanxious disorder: An examination of developmental difference. *Journal of Abnormal Child Psychology, 16,* 433-443.

Strian, F. (2000). *Angst und Angstkrankheiten (4. Aufl.).* München: Beck.

Strittmatter, P. (1993). *Schulangstreduktion. Abbau von Angst in schulischen Leistungssituationen.* Neuwied: Luchterhand.

Strittmatter, P. & Bedersdorfer, H. W. (1991). Pädagogische Interventionsforschung: Abbau von Angst in schulischen Leistungssituationen. In Pekrun, R. & Fend, H. (Hrsg.), *Schule und Persönlichkeits-entwicklung* (S. 298-323). Stuttgart: Enke.

Stück, M. & Bley, K. (1996). Schulangst - ein Verhaltenstraining mit Yogaelementen. In Witruk, E. & Reschke, K. (Hrsg.), *Zur gesunden Schule unterwegs* (S. 43-56). Regensburg: Roderer.

Suhr, L. & Döpfner, M. (2000). Leistungs- und Prüfungsängste bei Kindern und Jugendlichen - Ein multi-modales Therapiekonzept. *Kindheit und Entwicklung, 9,* 171-186.

Tausch, R. & Tausch, A.M. (1973). *Erziehungspsychologie (7.Aufl.).* Göttingen: Hogrefe.

Thapar, A. & McGuffin, P. (1995). Are anxiety symptoms in childhood heritable? *Journal of Child Psychology and Psychiatry, 36,* 439-447.

Thomas, A. & Chess, S. (1986). The New York Longitudinal Study: From infancy to early adult life. In Plomin, R. & Dunn, J. (Eds.), *The study of temperament: Changes, continuities and challenges* (pp. 39-52). Hillsdale: Erlbaum.

Threadwell, K. R., Flannery-Schroeder, E. C. & Kendall, P. C. (1995). Ethnicity and gender in relation to adaptive functioning, diagnostic status, and treatment outcome in children from an anxiety clinic. *Journal of Anxiety Disorders, 9,* 373-384.

Thurner, F. & Tewes, U. (2001). Bestimmung und Nutzung der Konstruktvalidität von Items bei der Entwicklung von Fragebögen. *Zeitschrift für Differentielle und Diagnostische Psychologie, 22*, 229-238.

Topolski, T. D., Hewitt, J. K., Eaves, L. J., Silberg, J. L., Meyer, J. M., Rutter, M., Pickles, A. & Simonoff, E. (1997). Genetic and environmental influences on child reports of manifest anxiety and symptoms of separation anxiety and overanxious disorder: A community-based twin study. *Behavior Genetics, 27*, 15-28.

Toren, P. et. al. (2000). Case Series: Brief Parent-child Group Therapy for Childhood Anxiety Disorders Using a Manual-Based Cognitive-Behavioral Technique. *Journal of the American Academy of Child & Adolescent Psychiatry, 39*, 1309-1312.

Trautner, H. M. (1991). *Lehrbuch der Entwicklungspsychologie. Band 1: Grundlagen und Methoden (2. Aufl.).* Göttingen: Hogrefe.

Tryon, G. S. (1980). The measurement and treatment of test anxiety. *Review of Educational Research, 50*, 343-344.

Tücke, M. (1999). Generelle Lernstörungen II: Schulangst. In Tücke, M. (Hrsg.), *Psychologie in der Schule - Psychologie für die Schule* (S. 195-218). Münster: Lit-Verlag.

Turner, S., Beidel, D. & Costello, A. (1987). Psychopathology in the offspring of anxiety disorders patients. *Journal of Consulting and Clinical Psychology, 55*, 229-235.

Ulich, K. (1993). *Schule als Familienproblem. Konfliktfelder zwischen Schülern, Eltern und Lehrern.* Frankfurt: Fischer.

Ulich, K. (2001). *Einführung in die Sozialpsychologie der Schule.* Weinheim: Beltz.

Ullrich, M. (1999). *Wenn Kinder Jugendliche werden. Die Bedeutung der Familienkommunikation im Übergang zum Jugendalter.* München: Juventa.

Ullrich, M. & Kreppner, K. (1997). Noten der Kinder – Noten der Eltern? *Zeitschrift für Entwicklungspsychologie und Pädagogische Psychologie, 29*, 330-347.

Vaitl, D. (1993). Psychophysiologie der Entspannungsverfahren. In Vaitl, D. & Petermann, F. (Hrsg.), *Handbuch der Entspannungsverfahren. Band 1: Grundlagen und Methoden* (S. 25-63). Weinheim: Beltz.

Vasey, M. W., Crnic, K. A. & Carter, W. G. (1994). Worry in childhood: A developmental perspective. *Cognitive Therapy and Research, 18*, 529-549.

Verhulst, F. C., Althaus, M. & Berden, G. F. M. G. (1987). The child assessment schedule: parent-child agreement and validity measures. *Journal of Child Psychology and Psychiatry, 28*, 455-466.

Verhulst, F. C. & van der Ende, J. (1992). Agreement between parents' reports and adolescents' self-reports of problem behavior. *Journal of Child Psychology and Psychiatry, 33*, 1111-1023.

Verhulst, F. C., van der Ende, J., Ferdinand, R. F. & Kasius, M. C. (1997). The prevalence of DSM-III R diagnoses in a national sample of Dutch adolescents. *Archives of General Psychiatry, 54*, 329-336.

Vitiello, B., Behar, D., Wolfson, S. & McLeer, S. V. (1990). Diagnosis of panic disorder in prepubertal children. *Journal of the American Academy of Child and Adolescent Psychiatry, 29*, 782-784.

von Salisch, M. (2000). Zum Einfluss von Gleichaltrigen (Peers) und Freunden auf die Persönlichkeits-entwicklung. In Amelang, M. (Hrsg.), *Determinanten individueller Unterschiede (S. 345-405).* Göttingen: Hogrefe.

Walper, S. (1988). *Familiäre Konsequenzen ökonomischer Deprivation.* München: Psychologische Verlags Union.

Walper, S. (1997). Wenn Kinder arm sind – Familienarmut und ihre Betroffenen. In Böhnisch, L. & Lenz, K. (Hrsg.), *Familien. Eine interdisziplinäre Einführung (S. 265-282).* München: Juventa.

Walper, S. & Gerhard, A.K. (1999). Konflikte der Eltern, Trennung und neue Partnerschaft. In Walper, S. & Schwarz, B. (Hrsg.), *Was wird aus den Kindern? Chancen und Risiken für die Entwicklung von Kindern aus Trennungs- und Stieffamilien (S. 143-179).* München: Juventa.

Walper, S., Gerhard, A.-K., Schwarz, B. & Gödde, M. (2001). Wenn an den Kindern gespart werden muss: Einflüsse der Familienstruktur und der finanziellen Knappheit auf die Befindlichkeit von Kindern und Jugendlichen. In: Walper, S. & Pekrun, R. (Hrsg.), *Familie und Entwicklung* (S. 266-291). Göttingen: Hogrefe.

Walter, H. -J., Petermann, F. & Podziemski, A. (1997). Schulverweigerung als Ausdruck einer Sozialen Phobie. *Kindheit und Entwicklung, 6*, 247-254.

Warnke, A. (2001). Soziale Ängste, Schüchternheit und Selbstwertprobleme. In Lauth, G. W., Brack, U. B. & Liederkamp, F. (Hrsg.), *Verhaltenstherapie mit Kindern und Jugendlichen* (S. 192-201). Weinheim: Beltz.

Warren, M., Ollendick, T. & King, N. (1996). Test anxiety in girls and boys: A clinical-developmental analysis. *Behavior Change, 13*, 157-170.

Warren, S. L., Huston, L., Egeland, B. & Sroufe, L. A. (1997). Child and adolescent disorders and early attachment. *Journal of the American Academy of Child and Adolescent Psychiatry, 36*, 637-644.

Warren, S., Schmitz, S. & Emde, R. (1999). Behavioral Genetic Analyses of Self-Reported Anxiety at 7 Years of Age. *Journal of the American Academy of Child & Adolescent Psychiatry, Vol 38*, 1403-1408.

Weissman, M. M., Wolk, S., Wickramaratne, P., Goldstein, R. B., Adams, P., Greenwald, S., Ryan, N. D., Dahl, R. E. & Steinberg, D. (1999). Children With Prepubertal-Onset Major Depressive Disorder and Grown Up. *Archives of General Psychiatry, 56*, 794-801.

Weisz, J. R., Weiss, B., Alicke, M. D. & Klotz, M. L. (1987). Effectiveness of psychotherapy with children and adolescents: A meta-analysis for clinicians. *Journal of Consulting and Clinical Psychology, 55*, 542-549.

Weisz, J. R., Weiss, B., Han, S. S., Granger, D. A. & Morton, T. (1995). Effects of psychotherapy with children and adolescents revisited: A meta-analyses of treatment aoutcome studies. *Psychological Bulletin, 117*, 450-468.

Whitaker, A., Johnson, J., Shaffer, D., Rapoport, J. L., Kalikow, W., Walsh, T. B., Davies, M., Braiman, S. & Dolinsky, A. (1990). Uncommon troubles in young people: Prevalence estimates of selected psychiatric disorders in a nonreferred adolescent population. *Archives of General Psychiatry, 47*, 487-496.

White, K. S., Bruce, S. E., Farrell, A. D. & Kliewer, W. (1998). Impact of exposure to community violence on anxiety: A longitudinal study of family support as protective factor for urban children. *Journal of Child and Family Studies, 7*, 187-203.

WHO (2000a). *Internationale Klassifikation psychischer Störungen. ICD-10: Klinisch diagnostische Leitlinien (4. korr. Aufl.).* Bern: Huber.

WHO (2000b). *Internationale Klassifikation psychischer Störungen. ICD-10: Forschungskriterien (2. korr. Aufl.).* Bern: Huber.

Wiebe, D., Alderderfer, M. A., Palmer, S. C., Lindsay, R. & Jarrett, L. (1994). Behavioral Self-Regulation in Adolescents With Type I Diabetes: Negative Affectivity and Blood Glucose Symptom Perception. *Journal of Consulting and Clinical Psychology, 62*, 1204-1212.

Wieczerkowski, W., Nickel, H., Janowski, A., Fittkau, B. & Rauer, W. (1981). *Angstfragebogen für Schüler.* Göttingen: Hogrefe.

Wiesener, M. & Reitzle, M. (2001). Prävention depressiver Störungen im Kindes- und Jugendalter. *Kindheit und Entwicklung, 10*, 248-257.

Williams, S., McGee, R., Anderson, J. & Silva, P. A. (1989). The structure and correlates of self-reported symptoms in 11-year-old children. *Journal of Abnormal Child Psychology, 17*, 55-71.

Wilson, N. H. & Rotter, J. D. (1986). Anxiety management training and study skills counselling for students on self-esteem and test-anxiety and performance. *The School Counselor, 9*, 18-31.

Wine, J. (1971). Test anxiety and direction of attention. *Psychological Bulletin, 76*, 92-104.

Wine, J. (1979). Test anxiety and evaluation threat: Children's behaviour in the classroom. *Journal of Abnormal Child Psychology, 7*, 45-59.

Winett, R. A. (1998). Prevention: A proactive developmental-ecological perspective. In Ollendick, T. H. & Hersen, M. (Eds.), *Handbook of child psychopathology* (3rd ed., pp. 637-671). New York: Plenum Press.

Wittchen, H.-U., Nelson, C. B. & Lachner, G. (1998). Prevalence of mental disorders and psychosocial impairments in adolescents and young adults. *Psychological Medicine, 28*, 109-126.

Wittchen, H.-U. & Vossen, A. (1996). Komorbiditätsstrukturen. In Marggraf, J. (Hrsg.), *Lehrbuch der Verhaltenstherapie, Band 1* (S. 217-235). Berlin: Springer.

Wolke, D. (1999). Methoden und Kriterien entwicklungsorientierter Evaluation. In Oerter, R., Röper, G, von Hagen, C. & Noam, G. (Hrsg.), *Klinische Entwicklungspsychologie* (S. 522-556). Weinheim: Beltz.

Youniss, J. & Smollar, J. (1985). *Adolescent relation with mothers, fathers, and friends.* Chikago: University of Chikago.

Zahn-Waxler, C., Klimes-Dougan, B. & Slattery, M. J. (2000). Internalizing problems of childhood and adolescence: Prospect, pitfalls, and progress in understanding the development of anxiety and depression. *Development and Psychopathology, 12*, 443-466.

Zatz, S. & Chassin, L. (1983). Cognitions of test-anxious children under naturalistic test-taking conditions. *Journal of Consulting and Clinical Psychology, 53*, 393-401.

Zimbardo, P. G. (1977). *Shyness.* Reading: Madison-Wesley.

Zimbardo, P. G. (1999). *The shy child: A parents guide to preventing an Overcoming Shyness from infancy to Adulthood.* New York: Malor books.

Zimmermann, P. (1999). Emotionsregulation im Jugendalter. In Friedlmeier, W. & Holodynski, M. (Hrsg.), *Emotionale Entwicklung* (S. 219-240). Heidelberg: Spektrum.

Zuckerman, M. (1976). General and situation-specific traits and states; New approaches to assessment of anxiety and other constructs. In Zuckerman, M. & Spielberger, C. D. (Eds.), *Emotions and Anxiety: New concepts, methods and applications* (pp. 133-174). Hillsdale: Erlbaum.

Abbildungsverzeichnis:

Tabellenverzeichnis:

Martin K. W. Schweer (Hrsg.)

Das Jugendalter

Perspektiven pädagogisch-psychologischer Forschung

Frankfurt am Main, Berlin, Bern, Bruxelles, New York, Oxford, Wien, 2003.
164 S., zahlr. Abb. und Tab.
Psychologie und Gesellschaft. Herausgegeben von Martin K. W. Schweer. Bd. 1
ISBN 3-631-51736-X · br. € 24.80*

Unter einer interdisziplinären Perspektive vereint der Band aktuelle Beiträge zur komplexen Thematik des Jugendalters, wobei die Autorinnen und Autoren hierbei die vielfältigen Facetten dieser kritischen Lebensphase beleuchten.
Die hier versammelten Abhandlungen bieten gleichermaßen Gelegenheit, das eigene Wissen über besagte Thematik zu erweitern und gleichzeitig (dies gilt insbesondere für Multiplikatoren) die häufig vorhandenen Fehleinschätzungen und Irrtümer über den Mythos Jugendalter auszuräumen. Neben grundlegenden empirischen Daten zu verschiedenen Fragen der Jugend heute gehören Medien, Mutproben, Fremdenfeindlichkeit und Jugendkriminalität genauso zu den Inhalten des Bandes wie ein Trainingsprogramm für psychisch belastete Jugendliche oder Fragen zur vieldiskutierten Hochbegabtenforschung.

Aus dem Inhalt: Jugend und Medien · Jugendkriminalität · Mutproben · Hochbegabung · Psychische Belastungen · Fremdenfeindlichkeit · Kriminalität

FSC
www.fsc.org
MIX
Papier | Fördert gute Waldnutzung
FSC® C083411

Kolibri 360 GmbH
Ferdinand-Jühlke-Straße 7
99095 Erfurt, Deutschland
produktsicherheit@kolibri360.de

Druck:
CPI Druckdienstleistungen GmbH
im Auftrag der
Kolibri 360 GmbH
Ferdinand-Jühlke-Str. 7
99095 Erfurt